일대일로와 신(新)한중 협력

일대일로와 신(新)한중 협력

초판 1쇄 인쇄 2020년 8월 10일
초판 1쇄 발행 2020년 8월 24일

기 획 중국 연변대학조선한국연구중심
저 자 전홍진

발행인 윤관백
발행처 도서출판 선인

등 록 제5-77호(1998. 11. 4)
주 소 서울특별시 마포구 마포대로 4다길 4
전 화 02-718-6252
팩 스 02-718-6253
E-mail sunin72@chol.com

정 가 28,000원

ISBN 979-11-6068-395-0 93340

일대일로와 신(新)한중 협력

중국 연변대학조선한국연구중심 기획
전홍진 저

도서출판 선인

시진핑 중국 국가 주석은 2013년 9월과 10월에 일대일로를 국제사회에 제안하여 큰 호응을 얻었습니다. 일대일로는 국가 간 협력을 통하여 사람과 상품의 자유로운 이동을 실현하는 것입니다.

일대일로는 새로운 국제협력체를 만드는 것이 아니라 고대 실크로드 정신을 이어받아, 기존의 양자·다자 국제조직과 지역통합 플랫폼을 활용하여 참여국가와 경제협력의 동반자 관계를 더욱 발전시켜, 정치신뢰·경제통합·문화포용의 이익공동체, 운명공동체, 책임공동체를 함께 건설하는 것입니다.

일대일로 건설의 기본원칙은 모든 프로젝트는 함께협의(共商)하여 결정하고, 결정한 프로젝트는 함께건설(共建)하며, 건설한 성과는 함께나눔(共享)을 실현하는 것입니다.

일대일로는 국제사회에 제안한 이래 큰 성과를 얻고 있습니다. 국내적으로는 2017년 10월 24일 제19차 중국 공산당 전국대표대회에서 당장(黨章)으로 채택됨으로써 1978년 개혁개방에 이어 21세기에 걸맞은 글로벌 대외개방 기본국책으로 추진할 수 있는 확고한 기반을 마련하였습니다. 국제적으로는 UN, G20, APEC, ASEM 등 주요 국제기구의 결의안 또는 중요 문건에 채택되었을 뿐만 아니라 고대 실크로드 선상의 국가에서 유럽, 아프리카, 중남미 등 세계 138개 국가가 참여하는 세계의 공공재가 되었습니다.

이제 일대일로는 실크로드 선상의 국가와 사업에 필요한 기본 토대를 완료하고, 동북아경제통합을 적극 추진할 계획으로 있습니다. 동북아경제통합의 중심은 중한일 3개국입니다. 특히, 중국과 한국은 코로나19로 인하여 어려울 때 서로 돕는 이웃이라는 데 인식을 같이하고 있습니다. 지난 1992년 8월 24일 중한 국교 수립 이후 중한 교류는 다양한 분야에서 비약적인 발전을 이루었습니다. 교역 규모는 1992년 63억 달러에서 2019년 2,434억 달러로 약 39배 증가하였으며, 2019년 말 기준, 중국은 한국의 최대 교역 대상국이 되었습니다. 양국 간 인적교류는 1992년 13만명에서 2019년 1,037만명으로 약 80배 증가하였습니다. 중한 간의 교류는 정치, 경제, 사회, 문화 등 다양한 분야로 확대되고 있습니다.

앞으로 중한 관계는 지금보다 한 단계 더 높은, 신(新)중한 시대를 열어가야 합니다. 신(新)중한 시대란 남북 철도와 도로를 통하여 중한 양국 국민이 자유롭게 왕래하는 시대입니다.

중국은 그간 일대일로 추진 성과를 바탕으로 한국과 협력을 통하여 신(新)중한 시대는 물론 평화와 번영의 신(新)동북아 시대를 함께 열어갈 것입니다.

이와 같이 일대일로와 연계한 동북아경제통합을 추진하는 중요한 시기에 우리 대학의 조선한국연구중심에서 『일대일로와 신(新)한중 협력』 책자를 발간하게 된 것을 매우 뜻깊게 생각합니다. 그리고 이 책의 편찬에 노고를 아끼지 않으신 전홍진 교수님께도 깊은 감사의 인사를 드립니다.

이 책자를 통하여 중한 양국 간의 경제협력 증진에 조금이나마 도움이 될 수 있기를 진심으로 희망합니다.

감사합니다.

2020년 7월
연변대학교 총장
김 웅

邢大使为《一带一路与新韩中合作》出版致祝词

祝贺全洪镇先生所著《一带一路与新韩中合作》出版发行。

2013年, 中国国家主席习近平提出共建"一带一路"倡议, 以和平合作、开放包容、互学互鉴、互利共赢为核心的丝路精神, 在国际社会产生广泛共鸣, 赢得世界热烈反响和普遍好评。推动"一带一路"建设是习近平新时代中国特色社会主义思想和习近平外交思想的重要组成部分, 是习近平主席深刻思考人类前途命运以及中国和世界发展大势, 为促进全球共同繁荣、打造人类命运共同体所提出的宏伟构想和中国方案。

"一带一路"倡议提出六年多来, 世界各国广泛参与、深化合作, 在发展政策对接、基础设施投资、经济走廊、经贸合作区、产业园区、金融和贸易合作、创新和技术、海上合作、商业联系、人文交流等领域取得丰硕成果。合作创造机遇, "一带一路"为经济增长开辟了新动力, 为各国经济社会发展增加了新潜力, 为实现联合国可持续发展目标作出了贡献。展望未来, 中国愿同世界各国一道, 坚持共商共建共享原则, 坚持开放、绿色、廉洁理念, 坚持高标准、惠民生、可持续方式, 高质量共建"一带一路", 通过促进政策沟通、设施联通、贸易畅通、资金融通和民心相通, 加强各方互联互通, 深化务实合作, 增进各国人民福祉。

中韩是友好近邻和战略合作伙伴。1992年建交以来, 中韩关系全面发展, 双边贸易额突破3000亿美元, 人员往来进入"千万人次"时代, 正努力成为实现共同发展、致力地区和平、携手振兴亚洲、促进世界繁荣的"四个伙伴", 堪称友好邻国以及不同制度间国与国交往的典范。在抗击新冠疫情的斗争中, 两国和两国人民守望相助、同舟共济, 充分展示了朋友情、邻里义, 进一步拉近了双边关系。我充分相信, "一带一路"建设将大大促进中韩务实合作, 并提供更加广阔的舞台, 充分发挥中韩在资本、技术、市场等方面不同优势, 扩大贸易、投资、金融等领域合作规模, 深化信息通信、人工智能、大数据、5G等高新技术合作, 共同开拓第三方市场, 助推中韩两国的各自发展和中韩关系的提质升级更上一层楼。

中韩携手, 共同开创两国关系更加美好的明天!

中华人民共和国驻大韩民国
特命全权大使
邢海明
2020年7月

전홍진 선생님께서 저술하신《일대일로와 신한중 협력》발간을 축하드립니다.

2013년 시진핑(习近平) 중국 국가주석은 '일대일로' 공동 건설 구상을 제안하여, 평화협력, 개방포용, 상호학습, 호혜상생을 핵심으로 하는 실크로드 정신이 국제사회에서 폭넓은 공감을 얻고 있으며 세계인들의 뜨거운 반응과 보편적인 호평을 받고 있습니다. '일대일로' 건설의 추진은 시진핑 신시대 중국특색 사회주의 사상과 시진핑 외교 사상의 중요한 부분이며, 시진핑 주석이 인류의 앞날 그리고 중국과 세계 발전의 큰 흐름에 대한 깊은 사유를 바탕으로 전 세계의 공동번영을 촉진하고 인류 운명공동체를 만들기 위해 주창한 웅대한 구상이자 중국의 방안입니다.

'일대일로' 구상을 제안한 이래 6년여 동안, 세계 각국이 광범위하게 참여하여 협력을 심화시켰으며 정책연계, 인프라 투자, 경제회랑, 경제무역협력구, 산업단지, 금융·무역 협력, 혁신·기술, 해상협력, 상업연계, 인문교류 등 분야에서 많은 성과를 거두었습니다.

협력은 기회를 창출합니다. '일대일로'는 경제성장을 위한 새로운 동력을 창출하고 각국의 경제사회 발전을 위한 새로운 잠재력을 확충했으며, 유엔의 지속 가능한 발전 목표를 달성하는 데 기여했습니다. 앞으로 중국은 세계 각국과 함께 공동 상의, 공동 건설, 공동 향유의 원칙과 개방, 친환경, 청렴의 이념을 견지하고, 고표준, 민생혜택, 지속 가능한 방식을 견지하며, 높은 수준의 '일대일로' 공동 건설을 추진할 것입니다. 또한 정책소통, 인프라 연결, 무역 원활화, 자금융통, 민심상통을 촉진시켜 각국 간 상호 연계를 강화하고 실무적 협력을 심화하여 각국 국민의 복지를 증진시키고자 합니다.

중한 양국은 우호적인 이웃 국가이며 전략적 협력동반자 관계입니다. 1992년 수교 이래, 중한 관계는 전면적으로 발전했습니다. 양국 간 교역액은 3천억 달러를 돌파했고, 인적 교류는 1,000만 명 시대로 진입했습니다. 양국은 현재 공동 발전, 지역의 평화, 아시아의 진흥, 세계 번영을 위한 네 가지 동반자 관계를 실현하기 위해 노력하고 있습니다. 중한 양국은 우호적인 이웃국가로서 서로 다른 제도를 가진 국가 간 교류의 모범이라고 할 수 있습니다. 코로나19를 극복해나가는 어려운 시기에 양 국가와 국민은 서로 지켜주고 도우며 같은 배를 타고 강을 건너듯 일심으로 협력하여 친구의 의리와 이웃의 온정을 충분히 보여주었고 양국 관계가 더욱 가까워졌습니다.

저는 '일대일로' 건설이 중한 간 실질적인 협력을 크게 촉진하고 더욱 넓은 협력의 공간을 제공해 줄 것이라 확신합니다. 또한 이를 통해 중한 양국이 자본, 기술, 시장 등 분야에서 각자의 이점을 충분히 살리고, 무역, 투자, 금융 등 분야에서 협력 규모를 확대하며, 정보통신, 인공지능, 빅데이터, 5G 등 하이테크놀로지 관련 협력을 강화하고 제3국 시장을 함께 개척하여, 중한 양국 각자의 발전과 중한 관계의 질적 업그레이드를 더욱 촉진하게 될 것이라 믿어 의심치 않습니다.

중한 양국이 서로 협력하여 양국 관계의 더욱 아름다운 내일을 함께 열어갑시다!

2020년 7월
주대한민국 중화인민공화국 특명전권대사
싱하이밍

안녕하십니까, 국립 인천대학교 총장 조동성입니다.

먼저, 연변대학의 '일대일로와 신(新)한중 협력' 발간을 진심으로 축하 드립니다. 또한, 한중 양국의 교류와 상호발전을 위해 노력해주시는 연변대학 김웅 총장님, 조선한국연구센터 박찬규 원장님을 비롯한 관계자 여러분께도 축하 드립니다. 올해는 한중 수교 28주년을 맞는 뜻 깊은 해입니다. 그동안 양국은 지리적 거리뿐만 아니라 경제발전, 문화교류에 있어서도 가장 가까운 나라로 성장해 왔습니다. 지난 2014년 1,000만 명을 돌파한 양국의 인적교류는 2,000만 명을 향해 나아갔습니다. 그러나 2017년 THAAD, 2019년 COVID-19로 인해서 한중 양국의 인적교류 규모가 급전직하(急轉直下)했고, 한중 양국의 경제, 문화 역시 큰 타격을 받았습니다. 한중 양국은 실로 순망치한(脣亡齒寒)의 관계입니다.

동거춘래(冬去春來)라는 말이 있듯이 겨울이 가면 봄이 오는 법입니다. 앞으로 인구 14억의 중국과 인구 5천만을 넘는 한국은 과거 어느 때보다도 활발하게 문물을 교류하는 관계를 회복할 겁니다. 이러한 미래를 바람직한 방향으로 만들어나가기 위해서 중국과 한국, 양국 정부의 대외정책은 한중 두 나라 국민에게 모두 중요합니다.

지난 2013년 발표된 중국의 '일대일로' 정책은 동서양의 문물을 이어주었던 고대 실크로드 정신을 이어 받아 국가 간 협력을 통한 '인프라 구축'과 '인적·물적 자원의 자유로운 이동'을 목표로 하고 있습니다. 동서고금을 막론하고 길을 만들고 잘 만들어진 길 위로 국민들이 자유롭게 왕래하는 것은 인류가 지향하는 꿈이라고 할 수 있습니다.

특히 시진핑(习近平) 국가주석이 친히 이끌고 있는 일대일로 정책은 서쪽과 남쪽으로 향하던 역사적 경험에 추가해서, 이제는 동쪽, 북쪽을 향해 나가는 세계적이고 미래지향적인 비전을 담고 있습니다. 이에 따라 동북3성(东北三省), 그 중에서도 길림성(吉林省), 그리고 연변주(延边州)와 훈춘시(珲春市)를 기반으로 한 연변대학(延边大学)은 일대일로 정책을 주도적으로 이끌고 나아갈 기회와 이에 따른 책임을 지고 있는 가장 중요한 연구기관이 되었습니다.

이러한 중국정부의 역사적 과제를 맡고 있는 연변대학의 가장 가까운 형제대학인 인천대학교는 전설에 나오는 비익조(比翼鸟)와 같이 연변대학이 추구하는 동북방 일대일로 정책의 협력 파트너로서 진실한 친구가 되겠습니다. 더구나 한국은 중국정부가 이 일대일로 정책을 동북방으로 펴 나가는데 있어 가장 중요한 협력 파트너입니다. 공교롭게도 한국 정부는 평화와 번영의 북방경제공동체 비전과 동북아 책임공동체·한반도 신경제 지도 구상 실현을 목표로 하는 신북방 정책을 추진하고 있습니다. 참여국가와 협력을 통하여 경제공동체, 이익공동체, 책임공동체가 이루어질 때, 중국과 한국은 연리지(连理枝)와 같은 운명공동체가 될 것입니다.

인천대학교가 자리 잡고 있는 인천은 국내 2만 3천여 명에 달하는 재한 화교가 살고 있고, 국내 최초로 차이나타운이 생겨난 중국과 가장 친한 도시입니다. 인천은 앞으로 중국에서 가장 인기 있는 도시, 중국 산업계에서 가장 매력적인 도시, 일대일로 정책 중 동진전략 통합연구의 교두보로서 그 역할을 수행할 예정입니다. 그러기 때문에 인천이 일대일로 정책에서 차지하고 있는 역할은 실로 막중합니다. 이제부터 인천대학교는 연변대학과 일대일로 정책을 함께 연구하는 파트너가 되겠습니다.

마지막으로 '일대일로와 신(新)한중 협력' 발간을 위해 노력해주신 모든 분들께 다시 한 번 축하 말씀을 드리며, 연변대학의 무궁한 발전을 기원하겠습니다.

감사합니다.

2020년 7월
국립 인천대학교 총장
조 동 성

| 서문 |

일대일로를 알면 중국이 보인다.

일대일로는 실크로드 경제벨트와 21세기 해상 실크로드의 약칭이며, 일대(一帶)는 육상 실크로드를 일로(一路)는 해상 실크로드를 가리킨다.

일대일로는 고대 실크로드 정신을 계승하여, 국가 간 협력을 통하여 인프라를 구축하고 사람과 상품의 자유로운 이동을 실현하는 것이다.

일대일로 건설의 기본원칙은 모든 프로젝트는 함께협의(共商)하여 결정하고, 결정한 프로젝트는 함께건설(共建)하며, 건설한 성과는 함께나눔(共享)을 지킨다.

일대일로는 모든 국가에 개방되었다.

일대일로는 2020년 1월 기준 138개 국가, 30개 국제기구(협의체)가 참여하고 있다. 유엔, 주요 20개국, APEC, ASEM 등 주요 국제기구(협의체)의 중요 결의안이나 문건에 채택되었다.

일대일로는 새로운 국제협력체를 만드는 것이 아니라 기존의 양자·다자 국제조직과 지역통합 플랫폼을 활용하여, 참여국가와 경제협력의 동반자 관계를 더욱 발전시켜, 정치신뢰·경제통합·문화포용의 이익공동체, 운명공동체, 책임공동체를 함께 건설하자는 것이다.

일대일로는 참여국가 간 실질적 국제교류협력 사업이다.

일대일로는 각국 정부와 국제기구 및 다자 협의체 간 협력을 바탕으로 하는 정책소통(政策溝通), 인프라 건설 협력을 위한 시설연통(設施聯通), 무역·투자 자유화와 편리화 실현을 위한 무역창통(貿易暢通), 재원조달을 위한 자금융통(資金融通), 참여국가 간 민간교류 활성화를 위한 민심상통(民心相通) 등 5통(通)을 중점협력 분야로 추진한다.

일대일로는 중국의 대외개방 기본국책(國策)이다

중국은 1978년 12월 개혁개방을 기본국책으로 채택하고, 40여 년간 초지일관 개혁개방을 추진하여 온 결과 세계 G2 국가로 성장하였다. 향후 40여 년은 일대일로가 중국의 대외개방 기본국책으로 확고하게 추진될 것이다.

일대일로 방향은 동북아경제통합이다.

일대일로 협력의 기본방향은 동남아경제통합과 동북아경제통합을 포함하고, 최종적으로 유라시아 대륙 경제통합의 큰 흐름을 형성하는 것이다.

일대일로와 한국의 신북방 정책은 경제공동체 건설과 동북아 책임공동체라는 공동의 비전을 갖고 있다.

향후 일대일로는 실크로드 선상의 국가와 경제협력을 더욱 강화해 나가면서 동북아경제통합을 적극 추진할 것으로 전망된다.

한국은 최근의 동북아 정치 경제 상황을 심층 분석하여 **일대일로와 신북방 정책** 간 협력방안을 마련할 필요성이 있다.

이 책의 구성과 특징

중국은 2013년 9월과 10월 일대일로를 제안한 이래 양자 정상회담, 국제기구 및 다자 협의체 등을 통하여 일대일로 추진의 당위성 등을 적극적으로 홍보하는 한편 그동안 일관되게 추진해 온 개혁개방과 국제사회 의견수렴을 바탕으로 1년 6개월여 간 전문 연구기관의 심층적 연구와 정부의 종합 심의를 거쳐 2015년 3월 28일 국가발전개혁위원회·외교부·상무부 공동으로 『실크로드 경제벨트 및 21세기 해상 실크로드 공동건설 추진을 위한 비전과 행동(推动共建丝绸之路经济带和21世纪海上丝绸之路的愿景与行动, 이하 "비전과 행동")』을 제정하여 발표했습니다.

"비전과 행동"은 일대일로 공식문건이자 기본계획으로서 일대일로 추진배경, 건설원칙, 기본구상, 중점협력분야, 협력 메커니즘, 지역별 추진계획, 비전 등이 담겨져 있습니다.

　　2019년 4월 22일 그동안 일대일로 추진성과와 전망을 제시한 『일대일로 건설 이니셔티브 진전, 공헌과 전망(共建一带一路倡议进展, 贡献与展望, 이하 "공헌과 전망")』을 8개 언어로 대내외에 발표하였는데 일본어는 8개 언어에 포함되었으나 한국어는 포함되지 않았습니다.

　　이 책은 독자들에게 "일대일로"에 대한 이해를 돕기 위하여 비교분석이 가능한 일대일로의 기본계획인 "비전과 행동", 추진성과와 전망을 담은 "공헌과 전망" 등 2개의 공식문건을 중심으로 연구하였습니다.

　　제1부는 "비전과 행동" 및 "공헌과 전망"을 재구성하고, 용어 등 해설만 첨가하였을 뿐 공식문건의 내용을 자의적으로 해석하거나 가감하지 않았습니다. 2019년 4월 22일 "공헌과 전망" 발표 이후 변화된 내용은 각주로 표기하였습니다. 한국에서 출판됨을 고려하여 한국어 표기법을 따랐으나, 중국어 고유명사 등은 특별한 경우를 제외하고 간체자를 사용했습니다.

　　제2부는 "비전과 행동" 및 "공헌과 전망" 분석 평가와 중국 지린성 정부 관계자, 연변대학교 교수를 비롯한 중한 양국 전문가 의견을 수렴하여 일대일로가 한국에 주는 시사점을 도출하고, 신한중 협력방안을 제시하였습니다.

　　신한중 협력시대를 열어가기 위한 방안으로 △장기적이고 안정적인 대외전략 △북한과 협력기반 마련 △GTI 등 다자 협의체 활용 △변경지역과 초국경 협력 △"침묵의 바다"를 "활력이 넘치는 신동해"로 △일대일로와 신북방 정책 연계 △한중 신경협 시대 도래 △신한중 시대 교류협력 확대 △글로벌 협력 강화 등을 제시하였습니다.

이 책에서는 신한중 시대를 남북 간 철도·도로 등을 통하여 중국 및 유라시아 대륙 간 사람과 상품이 자유롭게 이동하는 시대라 정의합니다.

부록으로 중·몽·러 경제공동체 건설계획, 2개의 중국어 공식문건과 한국어 번역본을 첨부하였습니다. 한국어 번역본은 중국어 원문을 바탕으로 독자들에게 일대일로를 정확하게 전달될 수 있도록 노력을 하였습니다.

이 책은 중국뿐만 아니라 세계 각국 간 정치, 외교, 경제, 무역·투자, 문화, 관광, 지방 간 국제교류를 추진하는 데 많은 도움이 될 것으로 사료됩니다.

일대일로는 한국의 최대 교역국이자 지리적으로 가장 가까운 이웃 국가의 글로벌 대외개방 기본국책입니다. 이웃 국가의 글로벌 대외개방 기본국책을 이해하고 상생번영 방안을 마련하는 것은 무엇보다 중요하다고 생각합니다.

일대일로와 관련된 다양한 상생협력 사업을 통해 평화와 번영의 신한중 시대가 열리기를 소망합니다.

| 차 례 |

제 I 부

일대일로 현재와 미래

1. 추진과정

시진핑 주석은 2013년 9월 7일 카자흐스탄 나자르바예브대학 강연에서 실크로드 경제벨트(丝绸之路经济带)구축을, 같은 해 10월 3일 인도네시아 국회연설에서 아세안과 21세기 해상 실크로드(21世纪海上丝绸之路) 공동건설을 제안하여 국제사회의 큰 관심을 받았다.

일대일로는 실크로드 경제벨트와 21세기 해상 실크로드의 약칭이며, 일대(一带)는 육상 실크로드를 일로(一路)는 해상 실크로드를 가리킨다. 일대일로 제안 이후 중국 정부의 후속 조치계획을 살펴보면 강력한 추진 의지를 읽을 수 있다.

구체적 추진과정을 살펴보면 2013년 11월 12일 중국 공산당 제18기 3중전회(中国共产党十八届三中全會)[1]에서 일대일로 추진을 결정하였다. 2014년 3월 「정부업무보고」 중점업무에 일대일로를 포함하였으며 2015년 2월 1일 일대일로 건설 추진 공작영도소조(推进一带一路建设工作领导小组)를 창설했다.

중국은 동북진흥정책 등 국가주도의 대형프로젝트 추진 시 중앙정부에 공작영도소조(工作领导小組)를 설치하여 사업을 추진하고 있는데, 공작영도소조(工作领导小組) 조장과 구성원에 따라서 프로젝트에 대한 국가 차원의 관심도를 알 수 있다.

일대일로 건설추진 공작영도소조(推进一带一路建设工作领导小组) 조장은 중앙정치

---

1   中国共产党十八届三中全會는 공산당 중앙위원회(공산당 최고권력기구)18기 3차 전체회의를 가리킴. 중앙위원회(장관급 약 200명)에서 정치국위원(25명), 정치국위원 중에서 상무위원(7명)선출(https://www.baidu.com/ 바이두(검색일:2020. 1. 15)

국 상무위원(시진핑 주석 포함 7명) 중 1명이 당연직으로 맡고 있으며, 부조장은 부총리급 4명으로 구성하였다.[2] 설립 초기에는 장가오리(张高丽, 상무위원·상무부총리)가 맡았으나, 현재는 2018평창동계올림픽 개막식에 시진핑 주석 특별대표로 참가한 한정(韩正)상무위원 겸 상무부총리가 조장을 맡고 있다.

2015년 3월 28일 국가발전개혁위원회·외교부·상무부 공동으로『실크로드 경제벨트 및 21세기 해상 실크로드 공동건설 추진을 위한 비전과 행동(推动共建丝绸之路经济带和21世纪海上丝绸之路的愿景与行动, 이하 "비전과 행동")』을 제정하여 발표했다.

"비전과 행동"은 일대일로 공식문건이자 기본계획으로서 일대일로 추진배경, 건설원칙, 기본구상, 중점협력분야, 협력 메커니즘, 지역별 추진계획, 비전 등이 담겨져 있다.

2015년 6월 29일 베이징에서 AIIB 57개 창립회원국 대표가 참석한 가운데 AIIB 협정에 서명함으로써 재원조달을 위한 다자 간 금융협력체가 출범하였다.

2015년 9월 23일 국가발전개혁위원회·외교부·상무부 공동으로 일대일로 영문명칭을 확정하여 발표했다.

실크로드 경제벨트와 21세기 해상 실크로드는
"the Silk Road Economic Belt
and the 21st-Century Maritime Silk Road,"
일대일로는 "the Belt and Road",
약자 : "B&R","창의(倡议)"는 "initiative"로 확정

2017년 5월 14일 베이징에서 제1회 일대일로 국제협력 정상포럼을 개최하였는데, 29개국 정상을 포함한 140여 개국, 80여 개 국제기구의 대표 등 1,600여 명이 참석하였다.

---

2 공작영도소조 부조장은 양제츠(杨洁篪)정치국위원·중앙외사공작위원회 주임, 후춘화(胡春华) 정치국위원·부총리, 쇼제이(肖捷)국무원 비서장, 허리펑(何立峰) 정협 부주석 겸 국가발전개혁위원회 주임이다. 바이두 (검색일: 2020. 2. 5)

일대일로는 2017년 10월 24일 제19차 중국 공산당 전국대표대회에서 당장(黨章)[3]으로 채택됨으로써 1978년 개혁개방에 이어 21세기에 걸맞은 글로벌 대외개방 기본국책으로 추진할 수 있는 확고한 기반을 마련하였다.

2019년 4월 22일 그동안 일대일로 추진성과와 전망을 제시한『일대일로 건설 이니셔티브 진전, 공헌과 전망(共建一帶一路倡議进展, 贡献与展望, 이하 "공헌과 전망")』[4]을 8개 언어로 대내외에 발표하였는데 일본어는 8개 언어에 포함되었으나 한국어는 포함되지 않았다. 일본어가 포함된 것은 일본은 아시아개발은행(ADB) 최대 출자국이고, 오래전부터 중앙아시아 및 동남아시아 지역과 협력사업을 추진해 온 결과라 할 수 있다.

2019년 4월 25일 베이징에서 제2회 일대일로 국제협력 정상포럼을 개최하였는데, 38개국 정상과 유엔사무총장을 포함한 150개국, 92개 국제기구 대표 등 6,000여 명이 참석함으로써 일대일로의 세계화 기반을 마련하였다는 평가를 받고 있다.

2. 일대일로 현황

중국은 2013년 9월과 10월에 시진핑 주석이 일대일로를 제안한 이래, 국민적 공감대 형성, 국제기구 등을 통한 일대일로 홍보, 중앙과 지방 간 업무협력 시스템 구축 등을 완료하고 2015년 3월 28일 일대일로 기본계획인 "비전과 행동"을 대내외에 공식 발표하였다.

"비전과 행동"을 단순히 일대일로의 기본계획으로 국한해 생각해서는 안 된다. 중국은 1978년 개혁개방을 주창한 이래 40여 년간 대외개방을 통해 G2[5]로 성장했

---

3 당장(黨章)은 공산당 "정관"이다. 공산당 당원은 모두 준수할 의무가 있다.
4 일대일로의 공식문건인 "비전과 행동", "공헌과 전망"을 포함한 중앙부처별, 지역별 추진계획 등은 일대일로 (www.yidaiyilu.gov.cn)홈페이지에 검색이 가능하다.
5 G2(Group of Two) 세계 경제질서와 안보 등 세계의 주요이슈를 이끌어가는 영향력 있는 두 나라라는 의미

다. 앞으로 40여 년은 "비전과 행동"이 개혁개방을 이어받아 중국의 글로벌 대외개방의 기본국책으로 역할을 할 것이다.

"비전과 행동"은 외교, 경제, 물류, 지역개발, 무역·투자, 문화 교류 등의 영역이 총망라된 글로벌 대외개방 전략이다.

일대일로 구상도

일대일로 지역범위는 국내 18개(육상13, 해상5) 지역이 포함되나, 중국 전 지역이 일대일로 전략적 범위에 포함되며 지역별로 일대일로 추진계획을 수립하여 추진하고 있다.

참여국가의 범위는 아시아, 유럽, 아프리카 대륙 및 참여 희망 국가와 국제조직을 모두 포함하는 등 전 세계에 문호를 개방하고 있다. 2020년 1월 기준, 일대일로는 138개국, 30개 국제기구(협의체)와 200건의 협력문건을 체결했다.[6] 이것은 일대일로가 지역적 범위를 고대 실크로드에 한정하지 않고 국제사회에 개방하고 있음

로, 미국과 중국을 가리킨다.

6 https://www.yidaiyilu.gov.cn/gbjg/gbgk/77073.htm(一带一路)已同中国签订共建"一带一路"合作文件的国家一览(검색일: 2020. 5. 1)

을 입증하는 것이다.

특히 일대일로는 유엔, 주요 20개국(G20), 아시아태평양경제협력체(APEC), 아시아유럽정상회의(ASEM) 등 국제기구에 결의안으로 채택되었거나 중요문건에 포함되는 등 세계화의 발판을 마련하였다.

일대일로는 추진방향과 목표가 명확하게 설정되어 있다.

일대일로는 국가(지역) 및 양·다자 국제기구(협의체)와 협력을 통하여 인프라를 구축하고 인력과 상품의 자유로운 이동을 실현하는 것이다.

일대일로는 새로운 국제협력체를 만드는 것이 아니라 기존의 양자·다자 국제기구(협의체)와 지역통합 플랫폼을 활용하여 고대 실크로드 정신을 이어받아, 연선국가[7]와 경제협력의 동반자 관계를 더욱 발전시켜, 정치신뢰·경제통합·문화포용의 이익공동체, 운명공동체, 책임공동체를 함께 건설하자는 것이다.

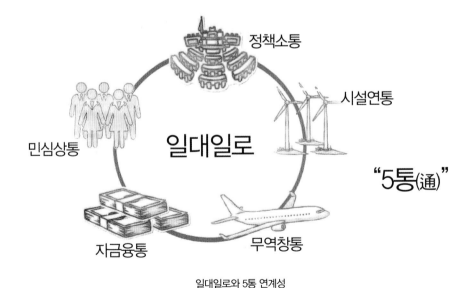

일대일로와 5통 연계성

---

7   연선국가는 일반적으로 실크로드 선(線)상의 국가(65개)를 가리키나, 2020년1월 기준 세계 138개 국가가 일대일로에 참여하므로 연선국가는 의미가 없어지고 있음.
     본고에서는 독자들의 이해를 돕기 위하여 상황에 따라 실크로드 선(線)상 국가와 연선국가를 혼용하고 있음.

일대일로를 실행하기 위하여 각국 정부와 국제기구 및 다자 협의체 간 협력을 바탕으로 하는 정책소통(政策溝通)[8], 인프라 건설 협력을 위한 시설연통(設施聯通), 무역·투자 자유화와 편리화 실현을 위한 무역창통(貿易暢通), 재원조달을 위한 자금융통(資金融通), 참여국가 간 민간교류 활성화를 위한 민심상통(民心相通) 등 5통(通)을 중점협력 분야(표 1 참고)로 추진한다. 일대일로는 연선각국과 5통(通)협력을 통하여 인프라 구축을 통한 사람과 상품의 자유로운 이동을 실현하고자 한다.

표 1   일대일로 중점협력 분야

협력분야	주요내용
정책소통 (政策溝通)	·일대일로 건설의 보장 ·정부 간 협력, 정책공조, 실무협력 추진
시설연통 (設施聯通)	·일대일로 건설의 우선분야 ·인프라 연계성(도로·철도·해운·파이프라인 등) 강화
무역창통 (貿易暢通)	·일대일로 건설의 중점내용 ·무역·투자 편리화, 자유무역지대 건설, 신흥산업 협력 등
자금융통 (資金融通)	·재원조달을 위한 다자 협력, 아시아 화폐안정 등 금융협력 리스크 대응과 위기관리제도 완비 등 금융관리감독협력
민심상통 (民心相通)	·일대일로 건설의 사회적 기반 ·학생교류, 문화(예술제·영화제 등), 관광(비자 간소화 등)

---

8   政策溝通은 한국어 독음으로 정책구통(溝通)이다. 溝通은 소통하다는 뜻이므로, 독자들의 이해를 돕기 위하여 구통(溝通)을 소통으로 표기하였음을 밝혀둔다.

제2장
비전과 행동

　중국은 2013년 9월과 10월 일대일로를 제안한 이래 양자 정상회담, 국제기구 및 다자 협의체 등을 통하여 일대일로 추진의 당위성을 적극 홍보하는 한편 그동안 일관되게 추진해 온 개혁개방과 국제사회 의견수렴을 바탕으로 1년 6개월여 간 전문 연구기관의 심층적 연구와 정부의 종합 심의를 거쳐 2015년 3월 28일 "비전과 행동"을 대내외에 발표하였다.

　"비전과 행동"의 순서는 실크로드와 일대일로, 시대배경, 건설원칙, 기본구상, 기본함의, 국제적 의의, 중점협력, 지역별 추진계획, 중국의 적극적인 행동, 아름다운 미래를 함께 창조 등이다.

1. 실크로드와 일대일로

　실크로드는 고대 중국에서 시작되어 아시아, 아프리카, 유럽을 잇는 고대 육상 상업·무역의 통로이다. 초기에는 중국의 비단, 도자기 등의 상품 운송로였으나 후에는 동서양 간 경제·정치·문화 등 다방면의 교류를 이어준 교통로로 발전했다.

　실크로드 기원은 1877년 독일 지질지리 학자 리히트호펜(Richthofen)의 저서 『중국』이라는 책에서 기원전 114년부터 서기 127년까지 중국과 중앙아시아, 중국과 인도 간 실크무역을 매개로 한 이 서역 교통로를 "실크로드"로 명명했다. 그가 명명한 "실크로드"는 곧 학계와 대중에 의해 받아들여지고 본격적으로 사용되기 시작했다.

　그 후 독일의 역사학자 알베르트 헤르만(Albert Herrmann)은 20세기 초에 출판한

『중국과 시리아 간 고대 실크로드』라는 책에서 새로 발견된 유물과 고고학 자료를 근거로 실크로드를 중앙아시아를 거쳐 남아시아, 서아시아, 유럽, 북아프리카로 이어지는 "육상무역의 통로"였다는 것을 확정했다.

고대 실크로드 상업루트 상인 (바이두)

실크로드는 운송 방식에 따라 육상 실크로드와 해상 실크로드로 나뉜다. 육상 실크로드란 서한(西汉, BC 202년~8년)의 한무제가 장쳰(张骞)을 서역에 파견하여 개척한 수도 창안(长安, 현 시안)을 기점으로, 양저우(凉州), 주취안(酒泉), 과저우(瓜州), 둔황(敦煌), 중앙아시아, 아프가니스탄, 이란, 이라크, 지중해를 거쳐 로마를 종점으로 하며, 총길이는 6,440킬로미터이다. 이 길은 아시아와 유럽 대륙을 잇는 고대 동서양 문명이 만나는 길로 알려져 있는데 실크가 대표적인 상품이다.

해상 실크로드는 고대 중국이 세계의 다른 지역과 경제문화 교류를 하던 해상통로를 뜻하며 역시 진한(秦汉)때 개척되었으며, 광저우(广州), 취안저우(泉州), 닝보(宁波), 양저우(扬州) 등 연안도시를 출발해 동남아, 아라비아해, 아프리카 동해안까지 이르는 해상무역 통로이다.

시대가 발전함에 따라 실크로드는 고대 중국과 서양의 모든 정치, 경제, 문화를 왕래하는 통로의 통칭이 되었다. "육상 실크로드"와 "해상 실크로드"외에도 북쪽의 몽골고원, 서쪽 천산북쪽의 중앙아시아로 들어가는 "초원 실크로드" 등이 있다.

"비전과 행동" 서문에는 실크로드와 연계한 일대일로 추진배경과 기대효과, 건설원칙, 제정이유 등을 명시하고 있다. "비전과 행동"은 실크로드 정신을 '평화협력·개방포용·호학호감(互學互鑒)[9]·상생번영'이라 정의하고, 실크로드 정신은 인류문명의 진보를 추진했고, 연선국가의 번영과 발전을 촉진하는 중요한 연결고리이며, 동양과 서양 간 교류협력의 상징이자, 세계 각국이 공유하는 역사 문화유산으로서의 큰 의미를 부여하고 있다.

일대일로 추진 배경은 21세기 지구촌의 난제를 풀어나가기 위해서는 실크로드 정신을 계승하고 더욱 발전·확대 시키는 것이 필요함에 따라 일대일로를 추진한다고 밝히고 있다. 그리고 일대일로 추진의 기대효과로 각국의 경제번영과 경제공동체를 촉진하는 데 도움이 되며, 서로 다른 문명 간 교류를 강화하여 세계평화 발전을 촉진함으로써 세계 각국의 국민을 행복하게 할 수 있음을 꼽고 있다.

또한 일대일로는 지구촌의 복잡한 문제를 풀어나가는 시스템공학임[10]을 강조한다. 일대일로 건설의 기본원칙은 모든 프로젝트는 함께협의(共商)하여 결정하고, 결정한 프로젝트는 함께건설(共建)하며, 건설한 성과는 함께나눔(共享)을 견지하는 것이다.

"비전과 행동"의 제정이유는 일대일로를 효율적으로 추진하여, 고대 실크로드에 새로운 활력을 불어넣고, 새로운 형태로 아시아·유럽·아프리카 각국과 더욱 긴밀한 협력을 통해 상생번영의 새로운 역사를 만들어나가기 위함이라 밝히고 있다.

---

9   서로 다른 문화·발전수준 등의 차이를 존중하는 바탕위에서 서로 배우고 거울로 삼아 장점을 취하고, 단점을 보완하며 함께 발전을 도모하는 것이다.

10 시스템공학(SE)은 복잡한 시스템을 합리적으로 설계하거나 개발하기 위해 고안된 공학분야 용어이다. SE를 강조하게 된 것은 조직이나 사회의 현상과 같이 인간·물건·정보·기술·시간과 같은 여러 요소가 복잡하게 조립되어 움직이는 시스템을 과학적으로 해명하고 그것을 유효하게 구성·조작하고자 하는 데에 출발점이 있다.(네이버 두산백과)

2. 시대배경

　"비전과 행동"에서 시대배경은 세계의 복잡하고 강렬한 변화, 국제 금융위기의 심층적인 영향 지속, 세계경제의 완만한 회복과 발전의 분화, 국제 투자·무역 구도와 다자 투자·무역 규칙의 심도 있는 조정 등으로 인하여 각국이 직면한 발전 문제는 여전히 심각하므로 이를 해결하기 위한 방안으로 글로벌 자유무역[11]체제와 개방형 세계경제[12] 수호, 경제공동체 건설, 글로벌 거버넌스 재균형 등을 제시한다.

　이것을 추진하기 위한 방향은 먼저 글로벌 시대에 부합한 국가 간 상생협력을 통해 글로벌 공감대를 형성하고자 한다. 글로벌 자유무역 체제와 개방형 세계경제 수호를 위해서는 세계 다극화, 경제 글로벌화, 문화 다양화, 정보화 사회의 흐름에 발맞추어 개방적인 지역협력 정신을 갖고 추진한다.

　지역협력은 경제요소의 자유로운 이동과 자원의 효율적 배치, 시장의 심도 있는 융합을 촉진하고, 연선각국의 경제정책과 결합하여 상생협력의 경제공동체를 건설한다.

　글로벌 거버넌스의 재균형을 위해서는 국제협력 및 글로벌 거버넌스의 새로운 모델을 적극적으로 모색하여, 세계 평화발전을 위해 새로운 힘을 보태겠다는 의지를 강력히 밝히고 있다.

　이것을 실현하기 위한 방안으로는 호련호통(互聯互通)[13]을 제시한다. 호련호통(互

11　자유무역은 국가가 수출입 무역에 대한 제한과 장벽을 없애고, 자국 수출입 상품에 대한 각종 특권과 혜택을 없애 상품을 자유롭게 수출입하고, 국내외 시장에서 자유롭게 경쟁할 수 있도록 하는 것이다.

12　개방형 경제는 생산요소, 상품 및 서비스가 국가 간에 비교적 자유롭게 이동하며, 최적의 자원배치와 최고의 경제 효율성을 실현할 수 있다. 중공 중앙, 국무원은 2015년 9월 17일 발표한 개방형경제 신체제 약간의 의견《关于构建开放型经济新体制的若干意见》에서 개방형경제 신체제 구축을 위한 목표와 임무를 포괄적으로 제시했다. 시진핑 주석은 2018년 11월 중국국제수입박람회에서 자유무역 발전의 일관된 입장, 개방형 세계경제와 경제 글로벌화를 적극 추진하겠다고 밝혔다. 바이두개방형경제(검색일:2020. 2. 1)

13　호련호통(互聯互通)은 원래 통신서비스 상호접속의 의미로 사용되는 용어로, 상호연결 하여 통한다는 뜻으로 "연계성"과 같은 의미로 쓰인다. 시진핑 주석은 2019년 4월 26일 "제2회 일대일로 국제협력 정상포럼"개막식 연설에서 호련호통(互聯互通)에 대하여 명확하게 정의를 내렸다. 호련(互聯)은 연선각국의 인프라 연동에 중점을 두는 것이며, 호련(互联)은 호통(互通)의 기초이며, 협력의 전제이다. 호통(互通)은 상품, 자금, 기술인원 등의 고속유통에 중점을 둔다며 호련호통(互聯互通)의 취지와 성과에 대하여 많은 시간을 할애했다(바이두 검색일:2020. 1. 20)

聯互通)은 인프라건설, 무역·투자 자유화와 편리화 실현, 민간교류 확대를 통한 역내 경제공동체 건설이다. 호련호통(互聯互通) 추진계획은 아시아·유럽·아프리카 대륙 및 인근 해양과는 호련호통(互聯互通)을 적극적으로 추진하고, 연선각국과는 호련호통(互聯互通) 동반자 관계를 강화하는 등 전방위적·다층적·복합적으로 호련호통(互聯互通) 네트워크를 구축한다.

호련호통(互聯互通) 프로젝트는 연선각국의 발전 전략에 맞추고 결합하여 역내시장의 잠재력을 발굴하여 투자와 소비를 촉진하고, 수요와 고용을 창출한다. 그리고 연선각국 국민의 인문교류와 문명호감(文明互鑒)[14]을 증진하여, 각국 국민들이 서로 만나 이해하며, 서로 믿고 존경하고, 조화롭게 어울리며, 평안하고 부유한 생활을 영위하도록 하는데 있다.

중국경제는 세계경제와 고도로 연관되어 있으므로 글로벌경제 시대 중국은 대외개방의 기본국책을 일관되게 견지하고, 전방위적으로 개방의 신구도를 구축하여, 세계경제 시스템에 깊숙이 융합시키는 것이지 새로운 경제협력체를 만든 것이 아님을 강조한다.

그리고 일대일로 건설을 추진하는 것은 중국의 대외개방을 확대·심화하기 위한 필요이자 아시아·유럽·아프리카 및 세계 각국과 상생협력을 강화하기 위한 필요이기도 하므로, 중국은 능력의 범위 내에서 더 많은 책임과 의무를 지고 인류평화발전을 위해 더욱 이바지하겠다는 의지를 표명하고 있다.

3. 중국배경

일대일로 추진에 따른 "중국배경"에 대하여 2개의 공식문건에는 명시되지 않았

---

14 문명호감(文明互鑒)은 세계의 서로 다른 문명 간에 교류를 강화하여 서로 거울로 삼는다는 의미이다. 인터넷 유행어이며 문명호감(文明互鑒)은 인류운명공동체의 인문적 기반이며, 각국 국민의 우의를 증진시키는 교량이자 인류사회의 진보를 촉진하는 동력이며 세계평화를 지키는 유대이다. 바이두(검색일: 2020. 2. 4)

으나, 일대일로를 종합 정리한 바이두 백과(百度百科)에는 중국배경[15]으로 ① 생산능력 과잉, 외화자산 과잉 ② 중국 천연오일가스자원, 광산자원의 국외 의존도 높음 ③ 중국의 공업과 인프라가 연해에 집중되어 있어 외부 충격에 부딪히면 핵심 시설을 잃기 쉬움 ④ 중국 변경지역 전체 상황은 사상 최고의 좋은 시기이며 이웃 나라와 중국 간 협력 강화 의지의 보편적 상승 등을 꼽고 있다. 그런데 일부 중국 경제학자[16]는 생산능력 과잉 때문에 일대일로를 추진한다는 것에 대하여 동의하지 않는다. 상품은 수요 공급의 시장원리에 따라 이루어지는데 일부 언론에서 생산과잉 해소를 위해 일대일로를 추진한다고 보도를 하는 것은 잘못되었다고 지적한다.

4. 함께건설(共建) 원칙

일대일로 "비전과 행동"은 서문과 시대배경 다음으로 함께건설(共建) 원칙을 제시한다. 일대일로 건설 3대 원칙은 함께협의(共商), 함께건설(共建), 함께나눔(共享)이다.

3대 원칙 중 특별히 함께건설(共建)의 원칙을 대내외에 천명하는 것은 함께건설(共建)이 사업을 직접 실행에 옮기는 중요성 때문이다. 함께건설(共建)은 일대일로 건설의 기본준칙이라 할수 있다. 함께건설(共建) 원칙은 ① 유엔헌장의 취지와 원칙 준수 ② 개방협력 ③ 화합·포용 ④ 시장원리 ⑤ 상생번영 등이다.

자세한 내용은 다음과 같다.

① 유엔헌장의 취지와 원칙 준수

각국의 주권과 영토보전의 존중, 상호불가침·상호내정 불간섭·평화공존·호혜평등의 평화공존 5원칙[17]을 준수한다.

---

15 www.baidu.com百度百科 一帶一路(검색일:2020. 2. 3). 바이두는 중국 검색 포털사이트이다. 중국의 각종자료는 바이두를 검색하면 쉽게 얻을 수 있으며, 정보의 신뢰도가 높다.

16 "一帶一路"一位中国学者的丝路观察(赵磊人民出版社 2019. 1)7쪽 일대일로 10대 잘못된 인식.

17 1953년 12월 저우언라이 당시 총리가 인도대표단을 접견한 자리에서 처음 언급했다. 평화공존 5원칙은 중국 외교노선의 근간이다. 바이두(검색일: 2020. 2. 4)

② 개방협력

일대일로와 관련된 국가는 고대 실크로드의 범위에 한정되지 않으며, 각 국가와 국제·지역조직 모두가 참여하여 함께 할 수 있다. 함께 건설한 성과는 더욱 광범위한 지역에 혜택이 미치도록 한다.

③ 화합·포용

문명포용을 선도하고, 각 국가의 발전하는 경로와 모델의 선택을 존중한다. 서로 다른 문명 간에 대화, 구동존이(求同存異)[18], 모든 것을 포용하고 받아들이며, 평화공존, 공생공영(共生共榮)을 강화한다.

④ 시장원리

시장의 규율과 국제통행규칙을 준수하고, 자원배치의 결정적인 역할과 다양한 기업의 주체적 역할을 충분히 발휘하도록 하며 동시에 정부의 작용도 잘 발휘하도록 한다.

⑤ 상생번영

각 방면의 이익과 관심을 모두 고려하여, 이익의 접점과 협력을 구하는 최대 공약수를 찾는다. 각 분야의 지혜와 창의성을 구현한다. 제각기 장점을 취하고, 각자의 능력을 다하며, 각 방면의 우세와 잠재력을 충분히 발휘한다.

5. 기본구상

일대일로 기본구상은 일대일로 실현목표인 4대 이념과 3대 공동체, 지역협력 범위 및 개발방향, 기대효과를 제시한다.

일대일로는 공동발전을 촉진하고 공동번영을 실현하는 상생협력의 길이며, 이해와 신뢰를 증진하고 전방위적 교류를 강화하는 평화로운 우정의 길이다.

중국은 평화협력, 개방포용, 호학호감(互學互鑒), 상생번영의 4대 이념을 갖고, 전방위적으로 실질적 협력을 추진하여, 정치신뢰, 경제통합, 문화포용의 이익공동체, 운명공동체와 책임공동체를 만들자고 제안한다.

---

18 서로 다른 점은 인정하면서 공동의 이익을 추구한다.

4대 이념, 3대공동체

평화협력　　개방포용　　호학호감　　상생번영

정치신뢰
경제통합
문화포용

책임공동체　　이익공동체　　운명공동체

4대 이념, 3대공동체

　　일대일로의 지역적 범위는 아시아·유럽·아프리카 대륙을 관통하여, 하나는 활발한 동아시아경제권, 다른 하나는 발달한 유럽경제권으로, 그 사이에 광범위한 내륙지대에 위치한 국가로 정하고 있다.

　　또한 실크로드 경제벨트 전략은 동남아경제통합과 동북아경제통합을 포함하고, 최종적으로 유라시아 대륙 경제통합의 큰 흐름을 형성하는 것을 목표로 한다.

　　21세기 해상 실크로드는 해상으로부터 유럽·아시아·아프리카 3개 대륙과 연결한다.

실크로드 경제벨트는

① 중국→중앙아시아→러시아→유럽(발트해)
② 중국→중앙아시아→서아시아→페르시아만→지중해
③ 중국→동남아→남아시아→인도양 등 3개 노선이다.

21세기 해상 실크로드는

① 중국 연안항구→남중국해→인도양→유럽
② 중국 연안항구→남중국해→남태평양으로 가는 2개 노선에 중점을 두고 있다.

일대일로는 개발방향을 명확히 하고 있다. 육상은 국제적인 큰 통로에 의지하여, 연선국가의 중심도시를 거점으로, 중점 경제무역산업단지를 협력의 장으로 삼는다. 해상은 중점 항구를 연결점으로 하여 안전하고 효율적인 운송로를 원활하게 건설한다. 일대일로 사업의 중점은 6개 국제경제협력회랑(이하 "경제회랑"과 6개망(網))을 조성하여 호련호통(互聯互通)을 새로운 수준에 도달하도록 하는 것이다.

6개 경제회랑은

① 신아시아·유럽대륙교 ② 중국·몽골·러시아
③ 중국~중앙아시아·서아시아④ 중국~인도차이나반도
⑤ 중국·파키스탄 ⑥ 방글라데시·중국·인도·미얀마

6개 경제회랑

6개망(網)은

① 도로 ② 철도 ③ 항운 ④ 항공 ⑤ 파이프라인 ⑥ 정보인프라이다.

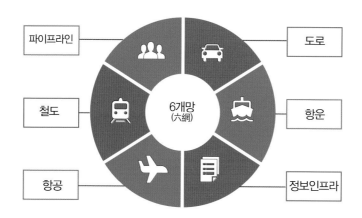

사업의 기대효과로는 투자·무역 편리화 수준 향상, 고(高)표준[19]자유무역지역 네트워크 형성, 경제적 연계 강화, 정치적 상호신뢰도 증가, 인문교류 확대 등으로 공동번영과 발전, 평화우호(平和友好)의 지구촌 건설이다.

6. 기본함의[20]

일대일로는 제안한 이래 지속적으로 협력지역과 영역을 넓히고, 새로운 협력모델을 시도하고 모색하여 풍부하고 발전적이며 완벽하게 할 수 있도록 하였으나, 그 초심과 원칙은 일관성을 갖고 있다. 이것은 일대일로 이니셔티브를 인지하고 이해

---

19 고표준이란 WTO나 미국주도의 메가급 FTA에서 요구하는 참가 조건을 뜻하는 것으로서 시장진입개혁, 세관감독관리, 검사검역, 환경보호, 투자보호, 정부조달, 전자상거래, 시장완전개방, 금융 투명성, 지적재산권, 노동환경 등을 말한다.

20 기본함의는 일대일로 공식문건에 수차례 언급되고는 있으나 "비전과 전망" 등 2개의 공식 문건에는 별도의 장으로 구분하지는 않았다. 바이두 백과는 중앙부처 발표 등의 자료를 바탕으로 기본함의를 구분하여 놓고 있다. 기본함의는 일대일로의 함축적 의미를 이해하는 데 도움이 될 수 있으므로 본고에서는 바이두 백과의 기본함의 원문을 정리하여 옮기었다.(검색일: 2020. 1. 20)

하는 기반이자 관건이라 할 수 있다.

일대일로는 개방적이고 포용적인 지역협력 이니셔티브이지 배타적이고 폐쇄적인 중국의 작은 울타리가 아니다. 오늘날 세계는 개방적 세계이며, 개방은 진보를 가져오고 폐쇄는 낙후를 초래한다. 중국은 개방만이 기회를 발견할 수 있고, 좋은 기회를 활용하여 자발적으로 기회를 창출할 수 있어야 국가가 추진하는 목표를 실현할 수 있다고 여긴다.

일대일로는 세계의 기회를 중국의 기회로, 중국의 기회를 세계의 기회로 바꾸자는 것이다. 이러한 인식과 비전에 의해, 일대일로는 개방을 향도(向導)로 하여 교통·에너지 네트워크 등 기초시설의 호련호통(互聯互通) 강화를 통해 경제요소의 자유로운 이동, 자원의 효율적 배치와 심도 있는 시장융합을 촉진한다. 더 넓은 범위, 더 높은 수준, 더 깊은 지역협력을 추진하여 개방·포용·균형·혜택이 골고루 미치는 경제공동체의 틀을 마련함으로써 경제성장과 불균형 문제를 해결하기를 희망한다. 이것은 일대일로가 다양한 개방포용의 협력적 이니셔티브라는 것을 의미한다.

일대일로의 개방 포용적 특징은 다른 경제공동체 이니셔티브와 차별화되는 하나의 두드러진 특징이라고 할 수 있다. 일대일로는 실질적 협력의 장이지 중국의 지정학적 도구가 아니다. 평화협력·개방포용·호학호감(互學互鑒), 상생번영의 실크로드 정신은 인류 공유의 역사적 자산이다. 일대일로는 바로 이 정신과 원칙을 받들어 제시한 현시대의 중요한 이니셔티브이다. 관련 국가 간 전방위적이고 다차원적인 교류협력을 강화함으로써 각 국가의 발전 잠재력과 비교우위를 충분히 발굴하고 발휘하여 상생번영의 지역이익공동체·운명공동체·책임공동체를 건설한다.

일대일로에서 각 국가는 평등한 참여자·공헌자·수익자이다. 일대일로는 처음부터 평등하고 평화적인 특징을 갖고 있다. 평등은 중국이 견지해 온 중요한 국제규범이자 일대일로 건설의 관건이다. 평등에 기반을 둔 협력만이 지속적인 협력이고 상호 이익을 위한 협력이다. 일대일로 평등포용의 협력특징은 그것을 추진함으로써 저항을 감소시켜, 건설의 효율성을 높였으며, 진정한 국제협력이 뿌리를 내리는 데 도움이 되었다. 일대일로 건설은 평화로운 국제환경 및 지역환경과 불가분의 요소를 갖고 있으며, 평화는 일대일로 건설의 본질적 속성이자 원활한 추진을 위한 필수적인 요소다. 이것은 일대일로가 대국 정치 대결의 도구가 될 수도 없고, 지정학적 게임의 구태를 되풀이하지 않는다는 것이다. 일대일로는 함께협의(共商), 함께건설(共建), 함께나눔(共享)의 연동발전 이니셔티브이지 중국의 대외원조계획이 아니다.

일대일로 건설은 양자 또는 다자 간 연동을 바탕으로 구체적인 프로젝트를 통해 추진하는 것이며, 충분한 정책소통과 맞춤형 전략 그리고 시장운영 결과로 이루어진 발전 이니셔티브와 계획이다.

2017년 5월 일대일로 국제협력 정상포럼 원탁정상회의 공동발표문에서 일대일로 건설의 기본원칙을 강조했는데, 그중에 시장원칙, 즉 시장의 역할과 기업주체의 지위, 정부의 적절한 역할 확보, 정부조달절차는 개방적이고 투명하여야 하며 비차별적이어야 한다는 것이 포함되었다. 일대일로 건설의 핵심주체와 지탱역량은 정부가 아니라 기업이고, 근본적 방법은 시장원리에 따르고, 시장화 운영 모델을 통해 참여 각 국가의 이익요구를 실현하고, 정부는 그 속에서 플랫폼 구축, 창설 메커니즘, 정책 가이드 등의 지향성과 서비스 기능을 발휘하도록 하는 것이다.

일대일로는 기존 메커니즘과의 결합이자 보완이지 대체가 아니다. 일대일로 관련 국가는 부존자원이 다르고 비교우위의 차이가 뚜렷하며 상호보완성이 강하다. 어떤 국가는 에너지 자원이 풍부하지만 개발능력이 부족하고, 어떤 국가는 노동력은 충분하나 일자리가 부족하며, 어떤 국가는 시장 공간이 넓지만 산업기반이 취약하며, 어떤 국가는 인프라 건설 수요가 왕성하지만 자금이 모자란다.

중국은 경제규모가 세계 2위이고, 외환보유고가 세계 1위이며, 우위산업이 나날이 많아지고 있으며, 인프라 건설 경험이 풍부하고, 장비 제조 능력이 뛰어나며, 품질도 좋고, 가성비가 높으며, 자금·기술·인재·관리 등의 종합적인 우위 갖고 있다. 이것이 바로 중국이 다른 일대일로 참여 측을 위해 산업결합과 우위를 상호 보완할 수 있는 중대한 기회를 제공하는 것이다. 이에 따라 일대일로의 핵심은 인프라 구축과 호련호통(互聯互通)을 각 국가의 정책과 발전 전략에 맞물리게 함으로써 실질적인 협력을 심화시키고, 조화로운 동반성장을 촉진하고, 공동번영을 실현하는 것이다. 분명한 것은 기존 지역협력 메커니즘에 대한 대체가 아니라 기존 메커니즘과 서로 돕고 상호 보완하는 것이다.

일대일로 건설은 문명의 충돌을 촉발하는 도화선이 아닌 인적교류를 촉진하는 다리이다. 일대일로는 서로 다른 지역의 문화·종교를 초월하지만, 문명의 충돌을 가져오는 것이 아니라, 각 문명 간 교류하고 상호 본받는 것이다.

일대일로는 인프라 구축을 추진하고 생산능력 협력과 발전 전략의 결합을 강화하는 동시에 민심상통을 사업 중심의 하나로 삼고 있다. 실크로드 정신의 고양을 통해 지식 실크로드·건강 실크로드 등의 건설을 추진하고 있으며, 이를 통해 과학·교육·문화·위생·민간왕래 등 각 분야에서 폭넓게 교류협력을 실시함으로써 민의기반이 더욱 견실해지도록 한다.

일대일로는 문명교류로 문명의 간격을, 문명귀감으로 문명충돌을 초월하고, 문명공존으로 문명우위를 넘어 해당 국가의 국민과 교류를 강화하고 이해를 증진하는 데 새로운 역할을 할 것이다. 서로 다른 문화와 문명을 위해 대화를 강화하고 교류와 상호귀감으로 새로운 유대를 형성하여, 각 국가가 서로를 이해하고 존중하며 신뢰하도록 한다.

[국제적 의의]

일대일로는 협력의 범위가 지속적으로 확대되고 협력분야가 한층 더 넓어졌다. 일대일로는 참여국가에게 실질적인 협력의 성과를 가져다주었을 뿐만 아니라 세계를 위해 도전에 대응하고 기회를 창조하며 지혜와 힘을 모아 자신감을 강화하는 데 이바지했다.

일대일로는 글로벌 거버넌스에 새로운 경로와 방향을 제공한다. 오늘날 세계는 도전이 빈발하고 위험은 날로 증가하고 있다. 경제성장은 결핍하고, 성장동력은 부족하며, 금융위기 영향이 여전히 남아있고 발전의 갭은 날로 깊어지고 있다. 예측 불가능한 사건이 빈번하게 발생하고, 보호무역주의 경향과 역세계화의 사조가 밀려오며 지역 불안이 계속되고 테러리즘이 기승을 부린다. 이는 기존의 글로벌 거버넌스 체계의 구조적인 문제를 여실히 보여주는 것으로, 시급히 새로운 해결책과 대응방안을 마련하여야 한다.

신흥대국으로서 중국은 능력이 있고 의지가 있으며 동시에 글로벌 거버넌스 체계를 완벽하게 하기 위한 지혜와 역량을 모을 책임이 있다. 새로운 도전, 새로운 문제, 새로운 상황에 직면하여, 중국이 내놓은 글로벌 거버넌스 방안은 인류운명공동체 구축으로 상생번영을 실현하는 것이다. 일대일로는 이 목표를 향한 구체적 실천방안이다.

일대일로는 각국의 평등한 참여와 포용과 혜택을 강조하며, 세계경제가 직면한 도전에 대응하고, 새로운 기회를 열어가며, 신성장 동력의 발전을 모색하고, 새로운 공간을 넓혀, 인류운명공동체를 향해 함께 나아가는 것이다.

바로 이러한 원칙과 이념에 입각하여, "일대일로"는 각국의 발전된 현실 문제와 거버넌스 체계의 틀에 대응하기 위해, AIIB·신개발은행·실크로드기금 등 새로운 국제 메커니즘을 창설해, 다형식·다양한 채널의 교류협력 플랫폼을 구축했다.

이것은 오늘날 글로벌 거버넌스 체계의 대표성·유효성·즉시성이 현실에 적응하기 어려운 것을 완화 시킬 수 있다. 아울러 공공재의 공급 부족을 어느 정도 반전시켜 국제사회가 글로벌 거버넌스에 참여하는데 사기와 자신감을 북돋운다. 동시에 개발도상국 특히 신흥시장 국가들이 글로벌 거버넌스 체계 변혁을 요구하는 현실을 충족시킬 수 있다.

신흥국과 개발도상국의 발언권을 크게 강화하여, 글로벌 거버넌스 체계가 더욱 공정하고 합리적인 방향으로 발전하는 중대한 돌파구를 마련하였다.

일대일로는 새로운 시기에 세계의 공동이익을 가져오기 위한 중국의 방안이다. 이질적이고 발전단계가 다른 각국의 전략적 요구와 추구하는 방향은 다르다 할지라도 각국 발전과 번영을 바라는 공동이익의 최대 공약수를 찾았다.

일대일로는 각국의 발전경로와 선택을 존중하는 기초위에 형성된 협력의 장이다. 호혜평등, 상호존중의 기본 국제관계 규범에 입각하여, 각국의 실제 발전과 현실의 수요에 초점을 맞추고, 각국의 발전 전략과 결합하는 데 주력하여, 일대일로는 점점 더 많은 세계적인 공감과 찬사를 받는 동시에 현저한 조기성과를 거두었다. 관련 국가에 실제적인 이익을 주고 세계에 혜택, 균형, 지속 가능한 번영과 자신감을 가져왔다.

일대일로는 글로벌 지속 가능한 균형발전에 새로운 동력을 불어넣고 새로운 플랫폼을 제공한다. 일대일로는 개발도상국과 선진국을 아우르는 남남협력[21]과 남북협력의 통일을 실현하여, 글로벌 지속 가능한 균형발전을 촉진하는 데 도움이 될 것이다. 일대일로는 인프라 건설에 착안하여 경제요소의 자유로운 이동을 촉진하고, 중국과 관련 국가의 거시정책의 조화를 추진한다.

일대일로 건설에 참여하는 개발도상국들로서는 중국경제의 고속열차를 타고 같은 방향으로 가는 것이며, 자체 공업화·현대화의 역사적 기회를 실현하는 것이다. 유력하게 추진되고 있는 남남협력의 폭넓은 전개를 실현하는 동시에 남북대화 증진에 도움이 되며, 남북협력의 깊이 있는 발전을 촉진한다.

뿐만 아니라, 일대일로가 제창한 이념과 방향은, 유엔의 2030년 지속가능 발전 어젠다와 고도로 맞물려 있어 상호 추진이 충분히 가능하다. 일대일로는 평화·번영·개방·혁신·문명의 길로서 반드시 안정적이고 멀리 갈 것이며 혜택이 세상에 고루 미치도록 한다.

---

21 개발도상국 사이에 이루어지는 국제협력, 선진국과 개발도상국 협력은 남북협력이라 함.

7. 중점협력

일대일로는 실크로드 정신을 이어받아 아시아·유럽·아프리카 대륙 및 세계 각
국 간 협력을 통해 글로벌 자유무역 체제와 개방형 세계경제 수호, 경제공동체 건
설, 국제협력과 글로벌 거버넌스 재균형을 위한 실행방안으로 각국 정부와 국제기
구 및 다자 협의체 간 협력을 바탕으로 하는 정책소통(政策溝通), 인프라 건설 협력을
위한 시설연통(設施聯通), 무역·투자 자유화와 편리화 실현을 위한 무역창통(貿易暢
通), 재원조달을 위한 자금융통(資金融通), 참여국가 간 민간교류 활성화를 위한 민심
상통(民心相通) 등 5통(通)을 중점협력 분야로 추진한다.

1) 정책소통

정책소통은 정부 간 협력 강화, 다층적 정부 간 거시정책 소통 메커니즘 구축,
이익융합 심화, 정치적 상호신뢰를 촉진하여 협력에 대한 새로운 공감대를 형성한
다. 그리고 경제발전 전략과 대책에 대해 충분히 교류하고, 지역협력을 추진하기 위
한 계획과 조치를 공동으로 수립한다. 협력과정에서 발생하는 문제는 협의하여 해
결한다. 공동으로 실질적 협력 및 대형 프로젝트 실시를 위한 정책 지원을 한다.

양자 간 협력은 협력양해각서 체결 혹은 협력계획 체결, 실행방안과 행동 로드맵
을 연구하여 협력사업 체계를 더욱 완벽하게 한다. 그리고 기존의 양자·다자 간 협
력 메커니즘(표 2 참고)을 적극적으로 활용하여 일대일로 사업을 촉진하겠다는 의지
를 밝히고 있다.

표 2 다자 협력 메커니즘

유 형	협의체 등 명칭	비 고
다자 협의체	상하이협력기구(SCO), 중국·아세안10+1, APEC, ASEM, 아시아협력대화(ACD), 아시아교류·신뢰구축회의(CICA), 중국·아랍협력포럼, 중국·해합회(海合会)전략적대화, 메콩강지역경제협력체(GMS), 중국·중앙아시아지역경제협력(CAREC)	

국제포럼 ·전시회	일대일로 국제협력 정상포럼(2017. 5월 창설), 보아오 아시아포럼, 유라시아경제포럼, 쳰하이(前海 선전·홍콩)협력포럼, 중국·아세안박람회, 중국·유라시아박람회, 중국국제투자무역상담회, 중국·남아시아박람회, 중국·아랍박람회, 중국서부국제박람회, 중국·러시아박람회 등	협력 플랫폼
문화활동	투자·무역·문화 교류 활동 장려 실크로드(돈황) 국제문화엑스포, 실크로드 국제영화제, 도서전 육성 발전	

자료: "비전과 행동"을 중심으로 저자 정리

2) 시설연통

고대 실크로드는 동서양을 연결시켜 주는 통로이다. 실크로드를 통해 중국의 실크, 도자기 등의 교역이 이루어졌고 후에는 동서양의 다양한 교류로 발전하였다.

일대일로는 글로벌 시대에 걸맞은 인프라 호련호통(互聯互通)을 통해 인력과 상품의 자유로운 이동을 실현하자는 것이다. 시설연통은 6개의 경제회랑과 6개의 망(網)을 건설하는 것으로서 일대일로의 우선 분야이다. 시설연통을 추진하면서 주안점을 두는 것은 관련 국가의 주권과 안전을 존중하는 기초 위에서 사업을 추진하는 것이다. 주요내용은 다음과 같다.

[주요내용]

- 연선국가 인프라 건설계획과 기술표준체계의 결합을 강화하고, 국제 핵심통로 건설 공동 추진
- 아시아·유럽 각 지역 및 아시아·유럽·아프리카를 연결하는 인프라 네트워크를 점진적으로 형성
- 인프라 녹색 저탄소 건설과 운영관리를 강화, 건설 중 기후 변화의 영향을 충분히 고려
- 교통 인프라의 관건이 되는 통로·연결점 중점 추진
  - 끊어진 구간 우선 관통, 병목구간 소통 원활화
  - 도로안전 방호시설과 교통관리 시설설비를 보완하여 도로소통 수준 제고
- 통일된 전 코스 운송 조정 메커니즘의 구축
  - 국제 통관·환적 등 다양한 방식으로 유기적 운송연계 촉진
  - 점진적으로 운송규칙의 규범화를 이루어 국제운송 편리화 실현

- 국제육상 통상구(口岸)[22]의 인프라 건설을 추진하여, 육·해운 복합 운송로를 원활히 하고 항구 합작건설 추진
- 해운항로와 편수를 늘려 해상물류 정보화 협력 강화
- 민간항공의 전방위적 협력을 위한 플랫폼과 메커니즘을 확장하여, 항공 인프라 수준 향상 가속화
- 에너지 인프라 연계성 협력 강화
  - 공동으로 송유·가스관 등 수송로를 안전하게 유지 보호
  - 국제전력 및 송전채널 건설, 지역 전력망 개보수 확충에 협력
- 초국경 광케이블 등 통신 간선 네트워크 건설 추진
  - 초국경 통신 연계성 수준을 높여, 정보 실크로드를 원활하게 함
  - 양자 간 초국경 광케이블 등의 건설 추진을 가속화
  - 대륙 간 해저 광케이블 사업 기획
  - 인공위성 정보 인프라 구축 완비, 정보 교류와 협력 확대

중국 훈춘 췐허 통상구 (나선시와 통로, 바이두)

3) 무역창통

투자·무역 협력은 일대일로 건설의 중점 내용이다. 무역창통은 투자·무역 편리

---

22 커우안(口岸)은 국가가 지정한 대외교류의 관문이다. 통관, 출입관리 등 국제공항·항구 기능을 갖고 있으며, 일반적으로 통상구라 부른다. 바이두(검색일:2020. 2. 10)

화 문제를 해결하는 데 힘쓴다. 투자와 무역 장벽을 없애고, 역내와 각 국가의 양호한 비즈니스 환경을 조성하며, 연선각국과 지역은 공동으로 자유무역지대를 건설한다. 주요내용은 아래와 같다.

[주요내용]

- 연선국가는 정보교환, 관리감독 상호인정, 세관법집행 공조, 검사검역, 인증인가, 계량표준화, 통계정보 등의 방면에서,
  - 양·다자 간 협력을 강화하여 WTO 무역편리화 협정의 발효 및 실시 추진
- 변경 통상구(口岸)의 통관시설 여건 개선 및 단일창구 건설의 빠른 추진을 통한 통관비용 절감 및 통관능력 향상
- 공급사슬의 안전과 편리화 협력 강화, 국경 관리감독 프로세스 협력, 검사검역증서 국제인터넷 대조검사, 수출입안전관리우수공인업체(AEO)[23] 상호인정 추진 등
- 비관세 장벽을 낮추고, 공동으로 기술무역[24] 조치의 투명성을 높여, 무역 자유화와 편리화 수준 향상
- 무역영역을 넓히고, 무역구조를 최적화함
  - 무역의 새로운 성장점을 발굴하여 무역균형을 촉진
  - 무역 방식을 혁신하여 초국경 전자상거래와 같은 새로운 상업을 발전시킴
  - 건전한 서비스무역 촉진체계를 수립하고, 전통무역을 견고하게 확대하며, 현대 서비스무역을 발전시킴
- 투자와 무역을 유기적으로 결합하여 투자로 무역 발전을 촉진
  - 투자 편리화 프로세스를 가속화하고 투자 장벽 제거
  - 양자투자보호협정 및 이중과세방지협정 협력을 강화하고, 투자자의 합법적 권익을 보호
- 상호 투자영역을 넓히고, 농업·임업·축산업·어업, 농기계 및 농산물 생산가공 등의 영역에서 심도 있게 협력

---

23 AEO(Authorized Economic Operator : 수출입안전관리우수공인업체)란 수출입업체, 운송인, 창고업자, 관세사 등 무역과 관련된 업체들 중 관세당국이 법규준수, 안전관리 수준 등에 대한 심사를 실시하고 공인한 업체를 의미함(일반적으로 "성실무역업체"라함). AEO 업체에 대해서는 신속통관, 세관검사 면제 등 통관절차상의 다양한 혜택을 부여하는 대신 사회 안전, 국민건강을 위협할 수 있는 물품의 반입 차단(한국AEO진흥협회 (http://www.aeo.or.kr/)(검색일:2020. 2. 1)

24 기술 및 기술서비스와 관련된 국가 간 상업적 거래를 말한다. 특허 판매 및 사용료,발명, 노하우의 전수, 기술지도엔지니어링 컨설팅, 연구개발 서비스 등이 여기에 포함된다.(네이버 한경경제용어사전)(검색일: 2020. 3. 2)

- 해수양식, 원양어업, 수산물가공, 해수담수화, 해양바이오·제약, 해양공정기술, 친환경산업과 해상관광 등의 분야에 대한 협력을 적극 추진
- 석탄·석유가스·금속광산 등 전통적인 에너지 자원탐사 개발협력을 확대하며
  - 수력발전, 원자력발전, 풍력발전, 태양에너지 등의 청정 재생에너지 협력 적극 추진
  - 에너지 자원은 현지에서 가공 협력하는 것으로 전환하여 에너지 자원 협력의 전후방산업 가치사슬을 형성
  - 에너지 자원 심가공 기술, 장비 및 엔지니어링 서비스 협력강화
- 신흥산업 협력 추진
  - 상호 보완적 장점과 상생번영의 원칙에 따라,
  - 연선국가는 차세대 정보기술, 바이오, 신에너지, 신소재 등 신흥산업 분야에서 심도 있는 협력강화
  - 창업·투자 협력체제 구축
- 산업사슬의 분업배치를 최적화하여
  - 전후방산업[25]사슬과 관련 산업이 시너지를 내고
  - 연구개발·생산과 마케팅시스템 수립 장려
  - 지역산업에 대한 패키지 능력과 종합 경쟁능력 향상
- 서비스업의 상호 개방을 확대하여 지역서비스업의 발전 촉진
- 투자협력의 새로운 모델 모색
  - 해외경제무역협력단지[26]·초국경경제합작구[27] 등 각종 산업단지 건설을 장려하여 산업클러스터의 발전 촉진
- 투자무역에서 생태문명 이념 부각
  - 생태환경·생물다양성과 기후변화 협력 대응능력을 강화하여 녹색 실크로드를 함께 건설함

---

25 전방산업과 후방산업은 가치사슬상 해당산업의 앞뒤에 위치한 업종을 말한다. 자사(自社)를 기준으로 제품 소재나 원재료 공급쪽에 가까운 업종을 후방산업, 소비자와 가까운 업종을 전방산업이라고 함.(네이버 시사경제용어사전)(검색일:2020. 3. 2)
26 중국과 국경을 맞대지 않은 국가에 중국기업 주도로 설립한 해외 산업단지
27 양측이 특정한 국경지역에 공동으로 설립하는 개발구로 생산가공, 물류, 전자상거래, 관광 등 분야에서 주변 국과의 인적, 물적 교류확대를 수행할 것으로 기대

태국에 설립한 중국 뤄용공업단지 (바이두)[28]

- 중국은 각국 기업의 중국 투자를 환영
- 중국기업의 연선국가 인프라 건설 및 산업투자 장려
- 기업의 현지화 원칙에 따른 경영관리를 촉진
  - 현지의 경제발전·취업증진을 적극적으로 도움
  - 자발적으로 사회적 책임을 감당하며, 생물 다양성 및 생태환경 보호를 엄격히 함

4) 자금융통

프로젝트의 성패는 재원조달에 달려 있다. 중국은 일대일로 구상단계부터 재원조달에 대한 사전 준비를 진행한 흔적은 곳곳에서 보인다.

2011년 11월 중국 주도로 중국~아세안협력기금(30억위안)을 설립[29]하였다. 2013년 10월 3일 시진핑 주석은 인도네시아 방문 시 21세기 해상 실크로드(海上丝绸之路) 공동건설 제안과 중국 주도의 아시아인프라투자은행(AIIB) 설립계획을 발표하

---

28 2006년 중국이 처음으로 국외에 비준한 경제무역협력단지 중의 하나이다. 태국 직원 3만 여명을 고용(직원 총수의 90%)한다. 바이두 백과(검색일: 2020. 2. 1)
29 중국신문망(www.chinanews.com) (2011. 11. 28) 중국아세안해상협력기금(30억위안)설립, 매년 기금 협력 사업을 진행하고 있다.(검색일: 2020. 1. 25)

였다. 자금융통은 재원조달 뿐 만 아니라 연선국가 간 금융협력, 금융관리 감독 등 금융시스템 개선 등의 내용을 담고 있다. 자금융통의 주요내용은 아래와 같다.

[주요내용]

- 금융협력을 심화하여, 아시아 통화안정·투융자 및 신용체계 건설 추진
- 연선국가 쌍방의 본위화폐 교환·결제의 범위와 규모 확대
- 아시아 채권시장의 개방과 발전을 촉진
- 아시아인프라투자은행과 브릭스개발은행 설립 공동 추진
  - 관련 각 측은 상하이협력조직 융자기구 설립 협력
  - 실크로드기금 조성 운영 가속화
- 중국·아세안 은행연합체와 상하이협력조직 은행연합체 간 실질적 협력 심화
- 은행연합체 대출과 은행수신 등의 방식으로 다자금융협력 전개
- 연선국가 정부의 신용등급이 비교적 높은 기업 및 금융기관의 중국 내 위안화 채권 발행 지원
- 조건에 부합한 중국 내 금융기관과 기업의 국외 위안화 채권과 외화채권 발행허용, 조달한 자금은 연선국가에서 사용 장려
- 금융감독 협력 강화
  - 양자 감독협력 양해각서 체결을 추진하며, 점차적으로 역내의 효율적 감독 조정 메커니즘 건립
  - 리스크 대응과 위기처치 제도의 배치를 완벽히 함
  - 지역적 금융 리스크 조기경보 시스템 구축
  - 초국경 리스크와 위기 처치에 대비한 교류협력 메커니즘 형성
  - 신용정보 관리부문, 신용정보 기구와 평정기구 간 교류와 협력강화
  - 실크로드기금 및 각국의 국부펀드 역할을 충분히 발휘하여
  - 사모펀드와 사회자금이 일대일로 건설프로젝트에 참여할 수 있도록 유도

5) 민심상통

민심상통은 일대일로 건설의 사회적 근간이다.

문화교류, 학술왕래, 인재교류협력, 미디어제휴, 청년과 부녀자 교류, 자원봉사 등의 방면에서 교류를 광범위하게 전개하여, 양·다자 간 협력심화를 위한 탄탄한

민의기반을 마련하기 위하여 추진하는 사업으로 주요내용은 아래와 같다.

[주요내용]

- 유학생 교류 규모 확대, 합작학교 설립
  - 중국은 매년 연선국가 학생 1만 명에게 정부 장학금 지급
- 연선국가 간 문화의 해, 예술제, 영화제, 텔레비전 주간과 도서전 상호개최
- 방송드라마의 명품창작 및 번역사업 협력 추진
- 세계문화유산 공동신청, 세계유산 공동보호 사업 등을 전개

세계문화유산 공동보호 (케냐, 바이두)

- 연선국가와 관광협력 강화
  - 관광규모 확대, 상호 관광홍보 활동주간과 홍보의 달 개최
  - 실크로드 특화 국제명품 관광코스와 관광상품 공동 개발
  - 관광객 비자 편리화 수준 제고
  - 21세기 해상 실크로드 크루즈 관광협력 추진
- 스포츠 교류 적극 추진, 대형 국제스포츠 대회 유치 지원
- 주변 국가와 전염병에 대한 정보소통, 예방치료기술교류, 전문 인력양성 등에 대한 협력 강화
  - 돌발 공중위생사건에 대한 대처능력 제고
  - 해당 국가에 의료지원과 응급의료구조를 제공
  - 부녀·아동 건강, 장애인 재활 및 에이즈, 결핵, 말라리아 등 주요 전염병 분야에서 실무협력 전개
  - 전통 의료·의약 분야 협력 확대

- 과학기술 협력강화
 - 공동으로 실험실(연구센터), 국제기술이전센터, 해상협력센터 건립
 - 과학기술인원 교류 촉진
 - 과학기술협력 추진, 공동으로 과학기술혁신 능력 제고
- 연선국가의 청년취업, 창업훈련, 직업기능개발, 사회보장 관리 서비스, 공공행정 관리 등 공동관심 분야의 실질적 협력을 적극 추진
- 정당·의회 교류의 가교역할을 충분히 발휘하여, 연선국가 간 입법기구, 주요 당파와 정치조직의 우호 왕래 강화
- 도시 간 교류협력 추진
 - 연선국가 중요 도시 간에 우호교류 협정 체결 환영
- 인문교류에 중점을 두며, 실질적 협력모델 발굴 추진
- 연선국가 싱크탱크 간 공동연구, 포럼 공동주최 등을 환영
- 연선국가 민간조직의 교류협력 강화
 - 일반국민을 중점으로 하여, 교육·의료, 빈곤감소 개발, 생물 다양성과 생태환경 보호 등 각종 공익자선 활동을 광범위하게 추진
 - 연선 빈곤 지역의 생산 생활조건 개선 촉진
- 문화미디어의 국제교류협력 강화
 - 네트워크 플랫폼을 적극적으로 활용하고
 - 새로운 미디어 도구를 운영
 - 조화롭고 우호적인 문화생태와 여론 환경 조성

강원도와 연변조선족자치주 우호교류 협정 체결 (강원도 자료)

8. 지역별 추진계획

　중국은 일대일로를 추진하면서 그동안의 지역개발 상황을 고려하여, 지역균형 발전 차원에서 지역별 실정에 부합한 일대일로 추진계획을 수립하여 추진하고 있다. 지역별 추진계획은 각 지역의 비교우위를 충분히 발휘함은 물론 동부·중부·서부 간 상호협력을 강화하고 적극적이고 능동적인 개방 전략을 담고 있으며 전면적으로 개방형 경제 수준 제고를 통한 지역발전 전략을 추진한다고 볼 수 있다.

실크로드 경제벨트 핵심구

종합경제문화, 실크로드 국가 통로, 상업물류, 인문교류기지

북방 개방의 중요 창구

헤이룽장

네이멍구

지린

랴오닝

신장

간쑤

베이징

칭하이

닝샤

산시

연해도시
해상실크로드 건설의 첨병과 주력군 역할

해상 실크로드 핵심지구

푸젠

윈난

광시

남·동남아시아를 향한 복사중심

해상 실크로드와 실크로드 경제벨트 간 결합관문

지역별 추진계획

1) 실크로드 지역

■ 실크로드 경제벨트 : 13개 지역
- 신장(新疆), 충칭(重庆), 산시(陝西), 간쑤(甘肅), 닝샤(宁夏), 칭하이(青海), 네이멍구(内蒙古), 헤이룽장(黑龙江), 지린(吉林), 랴오닝(辽宁), 광시(广西), 윈난(云南), 티베트(西藏)

- 21세기 해상 실크로드 : 5개 지역
  - 상하이(上海), 푸젠(福建), 광둥(广东) , 저장(浙江), 하이난(海南)
  ※18개 지역이나 중국 전역이 일대일로 추진전략에 포함

2) 지역별 개발방향

(1) 서북(西北)·동북(東北)

- 신장(新疆)의 독특한 지역적 우세와 서쪽으로 향하는 개방의 중요 창구역할을 발휘
  - 중앙시아·남아시아·서아시아 등 국가와 교류협력 강화
  - 실크로드 경제벨트의 중요한 교통허브, 비즈니스물류센터, 문화 과학교육센터로 육성, 실크로드 경제벨트 핵심지구로 건설
- 산시(陝西)·간쑤(甘肅) 종합경제문화, 닝샤(寧夏)·칭하이(靑海) 민족인문 이점 활용
  - 시안(西安) 내륙형 개혁개방 핵심지역(新高地)육성
  - 란저우(蘭州)·시닝(西寧) 개발개방 가속화, 닝샤(寧夏) 내륙개방형 경제시험구 건설 추진
  → 중앙아시아·남아시아·서아시아 국가를 향한 통로로서, 상업·무역·물류 허브·중요산업과 인문교류기지로 육성
- 동북(東北), 베이징(北京)은 동북아 개방의 중요 창구
  - 네이멍구(內蒙古)는 러시아와 몽골을 잇는 지리적 이점 활용
  - 헤이룽장(黑龍江)은 대 러시아 철도통로와 지역철도망 개선
  - 헤이룽장(黑龍江)·지린(吉林), 랴오닝(遼寧)은 극동 러시아와 육해상 복합운송 협력 추진을 통하여, 베이징~모스크바 유라시아 고속운송회랑 구축을 추진하는 등 북방개방의 중요창구로 건설
  - 창지투(长吉图)개발개방 선도구는 동북아 핵심지역으로 육성

(2) 서남(西南)

- 광시(廣西)는 아세안 국가와 육·해상이 인접한 독특한 이점을 충분히 발휘하여,
  - 광시(廣西)북부만경제구와 주장(珠江)~시장(西江)경제벨트의 개방 발전 가속화
  - 아세안 지역으로 향하는 국제통로를 구축하여, 시난(西南)·중난(中南)지구 개방 발전을 위한 새로운 전략적 거점을 만들어

- 21세기 해상 실크로드와 실크로드 경제벨트가 유기적으로 결합하는 중요한 관문을 형성
■ 윈난(云南)지역의 지리적 이점을 활용하여 주변국가와 국제운송로 건설 추진
- 메콩강 지역 경제협력 핵심지역(新高地)으로 조성하여, 남아시아·동남아시아로 향하는 복사(輻射)중심으로 건설
■ 티베트는 네팔 등 국가와 국경무역과 관광문화협력을 추진

(3) 연해(沿海)와 홍콩·마카오·타이완 지구

■ 장삼각(长三角), 주삼각(珠三角), 해협(海峡)서안, 환발해(环渤海) 등의 경제구는 개방정도가 높고 경제력이 강하므로,
- 복사(輻射) 선도작용이 큰 우세를 활용하여, 상하이 자유무역시험구 건설, 푸젠(福建)의 21세기 해상 실크로드 핵심구건설 지원
- 선전첸하이(深圳前海), 광저우 난사(广州南沙), 주하이 헝친(珠海横琴), 푸젠 핑탄(福建平潭)등은 개방협력 역할을 충분히 발휘, 홍콩·마카오·타이완과 협력을 심화하여 광둥·홍콩·마카오 대(大) 항만구 건설 추진
- 저장(浙江)해양경제발전시범구, 푸젠(福建)해협남색(海峡蓝色)경제시험구, 저우산(舟山)군도신구건설, 하이난(海南)국제관광섬 개발개방 촉진
- 상하이(上海), 톈진(天津), 닝보(宁波)·저우산(舟山), 광저우(广州), 선전(深圳), 잔장(湛江), 산터우(汕头), 칭다오(青岛), 옌타이(烟台), 다롄(大连), 푸저우(福州), 샤먼(厦门), 취안저우(泉州), 하이커우(海口), 산야(三亚) 등 연해도시는 항구건설 강화
- 상하이(上海), 광저우(广州)는 국제허브공항 기능 강화
- 개방의 확대로 오히려 심층적 개혁을 하며, 개방형 경제체제 메커니즘을 혁신하고, 과학기술 혁신역량을 확대
- 국제협력 경쟁참여 및 선도라는 새로운 우위를 형성하여, 일대일로 특히 해상 실크로드 건설의 첨병과 주력군 역할
- 해외교포 및 홍콩·마카오 특별행정구역은 독특한 역할을 발휘하여, 일대일로 건설에 적극 참여와 조력을 함
- 타이완 지구 참여를 위해, 일대일로 건설에 적절한 역할 부여

(4) 내륙(内陸)

■ 내륙지역은 종심이(縱深) 넓고, 인적자원이 풍부하며, 산업기반이 좋은 이점을

활용할 수 있음

- 창장(長江)중류 도시군, 청·위(成渝)[30], 중위안(中原)[31], 후·바 오·어·위(内蒙古呼和浩特·包头·鄂尔多市·陕西榆林), 하얼빈(哈尔滨)·창춘(长春) 도시군 등을 중점으로 하여, 지역 상호 협력과 산업 클러스터 발전 촉진
- 충칭(重慶)은 서부개발개방 거점으로, 청두(成都), 정저우(郑州), 우한(武汉), 창사(长沙), 난창(南昌), 허베이(合肥)는 내륙 개방형 경제고지(高地)로 조성
- 창장(长江)의 중·상류 지역과 러시아 볼가연방관구 간 협력 추진 가속화
- 중국·유럽 철도운송과 변경 통상구(口岸) 통관협조 메커니즘을 건립하고, "중국·유럽화물열차"를 브랜드화
  - 이 화물열차는 중국 동부·중부·서부를 연결하는 운송통로로 건설
  - 정저우(郑州), 시안(西安) 등은 관광객·화물집산지 공항과 국제 내륙 컨테이너 기지로 건설
  - 내륙 통상구(口岸)와 연해(沿海), 변경 통상구(口岸) 간 통관협력을 강화하고, 변경무역 전자상거래 서비스 시범지역으로 조성
  - 세관특수 감시구역 배치를 최적화하고, 가공무역 모델을 혁신하여, 연선국가와 산업협력을 더욱 더 깊은 단계로 발전시킴

3) 연선국가

실크로드 선상 국가의 범위 등에 대하여 이론이 많으나 일반적으로 고대 실크로드 선(線)상의 65개 국가(표 3 참고)를 가리키고 있다. 2015년 2월 아시아개발은행 부은행장 장원차이(张文才)[32]는 언론 인터뷰에서 실크로드 선상 국가는 중앙아시아, 남아시아, 서아시아, 동남아와 중동부유럽 등의 국가로서 총인구 44억명으로 세계 인구의 63%, 경제총량은 21억 달러로 세계경제의 29%를 차지하고 있는 등 발전 잠재력이 무한한 국가라고 밝히고 있다.

---

30 쓰촨성 청두와 충칭의 일부 지역, 서부대개발의 중요 플랫폼이다.
31 황허(黃河)의 중·하류 지역을 가리키는 말로, 허난(河南)성 대부분과 산둥(山东)성 서부 및 허베이(河北)·산시(山西)성 남부 지역을 포함
32 www.cnr.cn(央广网) :(2015. 2. 22) 아시아개발은행 부은행장 장원차이(张文才)(검색일:2020. 1. 30)

표 3 지역별 일대일로 연선국가

지 역	국가
동아시아(2)	중국, 몽골
아세안(10)	싱가포르, 말레이시아, 인도네시아, 미얀마, 태국, 라오스, 캄보디아, 베트남, 브루나이, 필리핀
서아시아(17)	이란, 이라크, 터키, 시리아, 요르단, 레바논, 이스라엘, 팔레스타인, 사우디아라비아, 예멘, 오만, 아랍에미리트, 카타르, 쿠웨이트, 바레인, 키프로스, 이집트
남아시아(8)	인도, 파키스탄, 방글라데시, 아프가니스탄, 스리랑카, 몰디브, 네팔, 부탄
중앙아시아(5)	카자흐스탄, 우즈베키스탄, 투르크메니스탄, 타지키스탄, 키르기스스탄
독립국가연합(7)	러시아, 우크라이나, 벨라루스, 그루지야, 아제르바이잔, 아르메니아, 몰도바
중동부유럽(16)	폴란드, 리투아니아, 에스토니아, 라트비아, 체코, 슬로바키아, 헝가리, 슬로베니아, 크로아티아, 보스니아, 몬테네그로, 세르비아, 알바니아, 루마니아, 불가리아, 마케도니아

자료 : 新华丝路(https://www.imsilkroad.com/news/p/76186.htm.) ( )국가수

　중국의 각 부서 및 지방정부는 일대일로 기본계획인 "비전과 행동"을 중심으로 세부추진계획을 수립 추진하고 있다. 해상 실크로드 신노선[33]은 중국의 구체적인 해상 실크로드 추진방향이라 할 수 있다. 해상 실크로드 신노선은 아래와 같다.

① 북선(北线)A: 북아메리카(미국,캐나다)−북태평양−일본, 한국−동해−블라디보스토크(자루비노,슬로비안카)−훈춘(珲春)−옌지(延吉)−지린(吉林)−창춘(长春,창지투개발개방선도구)−몽골−러시아−유럽(북유럽−중유럽−동유럽−서유럽−남유럽)

② 북선(北线)B: 베이징(北京)−러시아−독일−북유럽

③ 중선(中线): 베이징(北京)−정저우(郑州)−시안(西安)−우루무치(乌鲁木齐) −아프가니스탄−카자흐스탄−헝가리−파리

④ 남선(南线): 취안저우(泉州)−푸저우(福州)−광저우(广州)−하이커우(海口)−베이하이(北海)−하노이−콸라룸푸르−자카르타−콜롬보−캘커타−나이로비아−아테나−베니스

⑤ 중심선(中心线): 롄윈(连云)항−정저우(郑州)−시안(西安)−란저우(兰州)−신장(新疆)−중앙아시아−유럽

---

33 실크로드 신노선도는 2건의 공식문건에는 포함되지 않았으나 (www.baidu.com)바이두 백과 일대일로 지역별 추진계획에 실크로드 신노선도를 포함하였음.(검색일: 2020.1.20)
爱青岛(http://news.qtv.com.cn/system/2017/05/16/014317457.shtml?jdfwkey=hymi5) (검색일:2020.1.20)

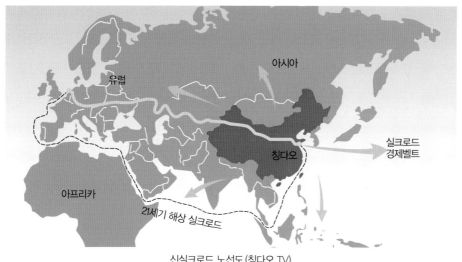

신실크로드 노선도(칭다오 TV)

9. 중국의 적극적 행동

"중국의 적극적 행동"은 2013년 9월과 10월에 시진핑 주석이 일대일로를 제안한 이래 2015년 3월 28일 기본계획인 "비전과 행동"의 대내외 발표 이전의 일대일로 추진현황과 성과를 담은 것이다.

중국은 일대일로 제안과 동시에 시진핑 주석, 리커창 총리 등 국가 지도자들이 20여 개국을 잇달아 방문하여 국제회의 참석, 정상회담 등을 개최하고 일대일로를 적극적으로 홍보한 결과, 일대일로에 대한 폭넓은 국제적 공감대를 형성했다고 평가하고 있다.

시진핑 주석, 리커창 총리 등 국가 지도자들이 일대일로 추진을 선도한 결과, 일부 국가와는 일대일로 협력 양해각서를, 몇몇 이웃 국가와는 지역협력과 국경협력의 양해각서 및 경제무역협력 중기발전계획에 서명했다. 그리고 일부 국가와는 조건이 성숙한 중점협력 프로젝트를 추진하기로 하는 등 성과를 거두었다.

또한, AIIB 기획·건립 추진, 실크로드기금 설립 발기, 중국·유라시아경제협력기금 투자기능 강화 등을 추진했다. 은행카드결제(청산)기구의 국제 결제업무를 확대하였으며, 투자·무역의 편리화와 지역통관 일체화 개혁을 적극적으로 추진했다. 특히, 각 성(省)·시(市)에서는 일대일로를 주제로 한 국제 정상회의, 포럼, 세미나, 박람회를 성공적으로 개최하여, 일대일로에 대한 이해증진, 공감대 형성, 협력을 심화 발전시키는 데 중요한 역할을 발휘했다.

일대일로는 1년여라는 짧은 기간 동안 관련 국가 간 공감대 형성, 실질적 협력기반 마련 등의 성과를 거두었다.

10. 아름다운 미래를 함께 창조

"아름다운 미래를 함께 창조하자"는 "비전과 행동"의 마지막 부분이며, 일대일로의 비전과 연선국가 간 협력의 방향을 주로 다룬다.

일대일로 초기에는 실크로드 선상의 국가와 경제협력에 중점을 두고 추진하였다.

중국 정부에서 공식적으로 "연선국가"에 대하여 정의를 내린 것은 없다. 단지 일대일로 "함께건설"의 원칙에서 "일대일로 관련된 국가는 고대의 실크로드 범위에 한정되지 않으며, 각 국가와 국제·지역조직 모두가 참여하여 함께 할 수 있다."라고 지역적 범위를 명시하고 있을 뿐이다. "연선국가"는 실크로드 선상의 국가일 수도 있고, 다른 참여국가일 수도 있는 것이다.

그렇지만 중국 정부가 5년여 동안 일대일로를 추진하면서, "연선국가"라 함은 실크로드 선상의 국가를 지칭한다고 볼 수 있다.

"비전과 행동"은 다음 네 가지를 강조한다.

첫째, 일대일로는 중국이 제안하였다.

둘째, 일대일로는 연선국가의 공동비전이다.

셋째, 일대일로는 개방적이고 포용적이며 세계 각국과 국제·지역조직의 적극적인 참여를 환영한다.

넷째, 일대일로는 서로 존경하고 신뢰하는 길, 상생번영의 길, 문명호감(文明互鑒)의 길이다.

상술한 네 가지 사항 외 별도로 "연선국가" 간 협력의 방향을 아래와 같이 제시하고 있다.

[협력방향]

- 지속적으로 일대일로의 협력내용과 방식을 충실하게 보완
  - 추진 일정과 로드맵을 공동으로 제정하여, 연선국가 발전과 지역협력 계획의 맞물림을 적극적으로 추진
- 기존의 양자·다자 간 협력과 상위지역협력 및 하위지역협력[34]의 틀 아래서
  - 연구협력·포럼 및 전시회·교육훈련·교류방문 등 다양한 형식을 통하여
  - 일대일로 건설의 의미·목표·임무 등 방면에 대한 진일보한 이해와 인식을 가질 수 있도록 추진
- 시범 프로젝트 건설을 안정적으로 추진
  - 공동으로 양자·다자 간 이익 배려
  - 조건이 성숙된 프로젝트부터 확실히 추진, 조기성과 달성

마지막으로 연선각국은 마음을 합쳐 서로 돕고, 서로 같은 방향으로 가기만 하면, 반드시 실크로드 경제벨트와 21세기 해상 실크로드의 새로운 장을 열어나가, 연선각국의 국민으로 하여금 일대일로 건설의 성과를 향유하게 할 수 있다는 비전을 제시하고 있다.

---

34 한국의 일부 학자(강원대학교 구정모·이현훈 교수 등)는 국가 간의 협력을 상위지역협력, 지역 간의 협력을 하위지역협력이라고 정의한다.

제3장
공헌과 전망

"공헌과 전망"은 일대일로의 기본계획인 "비전과 전망"을 중심으로 그동안 추진 현황 및 성과와 향후 발전방안을 대내외에 제시한 공식문건이다.

"공헌과 전망"은 제2회 일대일로 국제협력 정상포럼 개최 3일 전인 2019년 4월 22일 대내외에 8종의 언어로 발표하였다.

38개국 정상과 유엔사무총장 등 150개국, 92개 국제기구 대표 등 6,000여명 이 참가하는 세계 최대 규모의 일대일로 국제협력 정상포럼 개최를 앞두고 "공헌과 전망"을 대내외에 발표한 것은 일대일로의 성과에 대한 자신감과 일대일로가 세계의 공공재 되었다는 사실을 홍보하기 위한 것이라 볼 수 있다.

제2회 일대일로 국제협력 정상포럼 (신화왕)

일대일로는 2013년 9월과 10월에 시진핑 주석이 국제사회에 제안한 이래 국내 적으로는 일대일로가 2017년 10월 24일 중국 공산당 제19차 전국대표대회에서 당장(黨章)으로 채택됨으로써 향후 40여 년간 중국의 글로벌 대외개방 기본국책으로 확고하게 자리 잡았다.

중국 공산당 제19차 전국대표대회 전경 (신화왕)

국제적으로는 유엔, G20, APEC, ASEM 등 국제기구와 다자 협의체의 중요한 결의안에 채택되었으며, 참여국가의 수도 실크로드 연선국가에서 유럽 중남미 등 138개국이 참여할 정도로 세계화 되었다.

협력사업은 실크로드 연선국가와 6개 경제회랑과 6개 망(網) 건설에 관한 기본적인 협정을 완료하고 본격적인 사업을 추진하고 있으며, 일부사업은 성과를 얻고 있는 것으로 나타나고 있다.

"공헌과 전망"은 2015년 3월 발표한 "비전과 행동"에 대한 총괄평가라 할 수 있는 서문, 추진현황과 성과를 주요내용으로 하는 진전, 연선국가와 국제사회에 대한 공헌, 전망을 제시한 것으로서 향후 일대일로의 추진방향을 가늠할 수 있다.

1. 서문

서문은 5년여간 추진사항에 대한 자체 총괄평가라 할 수 있으므로 원문내용을 그대로 싣는다.

(원문) 2017년 5월 베이징에서 「제1회 일대일로 국제협력 정상포럼」을 성공적으로 개최하였다. 그리고 「보아오 아시아포럼 연차총회」, 「상하이협력기구 칭다오 정상회의」, 「중국·아프리카협력포럼 베이징 정상회의」, 「중국국제수입박람회」 등도 성공적으로 개최했다.

중국국제수입박람회 홍보물 (바이두)

5년여 동안 일대일로를 함께 건설하자는 제안은 점점 더 많은 국가와 국제조직의 적극적인 호응을 얻고 있으며, 국제사회의 많은 관심을 받으며 영향력이 나날이 커지고 있다.

일대일로를 함께 건설하자는 제안은 중국에서 발원하여 세계의 것이 되었으며, 역사에 뿌리를 두고 더욱더 미래 지향적으로 나가는 것이다. 아시아·유럽·아프리카 대륙에 중점을 두고 모든 파트너에게 개방한다.

일대일로를 함께 건설하는 것은 서로 다른 국가의 지역발전단계·역사전통·문화종교·풍속습관을 뛰어넘어, 평화발전과 경제협력을 제안하는 것이다. 지정학적 연합이나 군사동맹을 하는 것이 아니라, 개방적 포용과 공동발전을 도모하는 것이다. 문을 닫고 "작은 울타리"나 "중국클럽"을 만들려는 것이 아니다. 이데올로기의 경계선을 긋지 않고 제로섬 게임을 하지 않으며, 각 국가가 참여를 희망하면 모두 환영한다.

일대일로를 함께 건설하는 것은 함께협의(共商)·함께건설(共建)·함께나눔(共享)을 원칙으로 한다. 평화협력·개방포용·호학호감(互學互鑒)을 상생번영의 실크로드 정신으로 이끌어 가며, 정책소통·시설연통·무역창통·자금융통·민심상통을 중점으로 한다.

일대일로는 이미 '이념에서 행동'으로, '비전에서 현실'로, '제안에서 전 세계'에 환영받는 공공재로 전환되었다.

2018년 8월 시진핑 주석은 베이징에서 일대일로 건설 5주년 좌담회를 주재한 자리에서, "일대일로 건설은 '수묵화(水墨畵)'를 그리는 구상 단계에서 이미 정성들여 세밀하게 그리는 '공필화(工筆畵)' 단계로 옮겨가고 있으므로 질(質) 높은 발전으로 전환하여 연선국가 국민들을 행복하게 하고, "인류운명공동체"를 구축할 것을 제시했다.

2. 진전(进展)

진전은 그간의 분야별 추진현황과 성과를 대내외에 발표한 것이다. 중국정부는 일대일로의 그동안 추진성과에 대하여, 정책소통(策沟溝通), 시설연통(施設聯通), 무역창통(貿易暢通), 자금융통(資金融通), 민심상통(民心相通)을 주요내용으로 하여 안정적 추진, 상징적 조기성과 가시화, 참여국가의 실질적 혜택, 일대일로에 대한 동질감과 참여도가 지속적으로 높아지고 있는 것으로 평가한다.

1) 정책소통

정책소통은 일대일로 건설의 중요한 보장이자 경제공동체 건설을 위한 준비과정이라 할 수 있다. 중국은 실크로드 선상 국가 간 디지털 실크로드 추진, 표준연통계획, 세무, 에너지, 법치, 농업분야 등 다양한 분야에서 협력의 틀을 구축함으로써 경제공동체 건설을 위한 전략을 적극적으로 추진하고 있다. 정책소통 추진현황 및 성과는 다음과 같다.

[주요내용]

(1) 일대일로는 국제조직의 중요한 문건에 채택

- 일대일로의 핵심이념은 이미 유엔(UN), 주요 20개국(G20), 아시아태평양경제협력체(APEC), 기타 국제조직의 결의안에 채택
  - 2015년 7월, 상하이협력기구(SCO)는 「상하이협력기구 회원국원수(元首) 우파(Ufa)[35]선언」을 발표하고, 실크로드 경제벨트 건설에 관한 제안을 적극 지지
  - 2016년 9월, 『G20항저우정상회의성명』 글로벌 인프라연계 연맹 건립안 통과
- 2016년 11월 유엔은 193개 회원국의 만장일치로 일대일로 등 경제협력 제안을 환영한다는 결의안 채택
  - 국제사회에 일대일로 건설을 위해 안전한 환경을 제공하여 줄 것을 요청
- 2017년 3월, 유엔 안보리는 2,344호 결의를 만장일치로 채택
  - 일대일로 건설을 통해 지역경제협력을 강화하여줄 것을 국제사회에 요청
  - 처음으로 인류운명공동체 이념을 결의안에 포함
- 2018년 「중국·중남미포럼 제2차 장관회의」, 「중국·아랍국가 협력포럼 제8차 장관회의」, 「중국·아프리카협력포럼 정상회의」 등을 잇달아 개최하고, 「중국·중남미 일대일로에 관한 특별성명」, 「중국·아랍국가 일대일로 건설협력 행동선언」, 「더욱 친밀한 중국·아프리카 운명공동체 구축에 관한 베이징선언」 등과 같은 중요한 성과를 이루어 냈음

---

35 러시아 바슈키리야 공화국 수도

중국·파나마 일대일로 협력문건 체결 (일대일로 홈페이지)

(2) 일대일로 참여국가와 국제기구 매년 증가

- 일대일로의 틀 아래 각 참여국과 국제조직은 구동존이(求同存異) 원칙에 입각하여, 경제발전계획과 정책에 대하여는 충분한 교류를 진행하고, 경제협력계획과 조치는 협의하여 결정함
- 2019년 3월 말 기준, 중국정부는 이미 125개국,[36] 29개 국제기구(협의체)와 173건의 협력문건 체결
  - 일대일로 참여국은 이미 아시아, 유럽에서 아프리카, 중남미, 남태평양 등으로 뻗어 나가고 있음

(3) 일대일로는 전문분야와 협력을 순차적으로 추진

- 디지털 실크로드 건설은 이미 일대일로의 중요한 구성 부분임
  - 중국은 이집트, 라오스, 사우디아라비아, 세르비아, 태국, 터키, 아랍에미리트 등과 함께 「일대일로 디지털경제 국제협력 이니셔티브」를 발기하고,
  - 16개국과 「디지털 실크로드건설협력 강화 협의서」에 서명
- 「일대일로건설표준연통(联通)행동계획(2018~2020년)」을 발표하고, 49개국 및 지역과 85건의 표준화협력 협정 체결

---

36 2020년 1월 기준, 138개국, 30개 국제기구(협의체)와 200건의 협력문건 체결

- ■ 「아스타나[37]일대일로 세무협력 이니셔티브」 발표
  - – 111개 국가, 세무협정협력 네트워크에 참여함
- ■ 중국과 49개 연선국가는 공동으로 「일대일로 국가지적재산권 실무협력 촉진에 관한 공동성명」 발표
- ■ 「일대일로 법치협력 국제포럼 공동의장 성명」 발표
- ■ 18개 국가와 공동으로 「일대일로 에너지협력 파트너관계 건립」 선언
- ■ 「일대일로 농업협력의 비전과 행동」 및 「일대일로 해상협력 구상」 발표
- ■ 「국제상사법정 및 원스톱국제상사 분쟁 다원화해결 메커니즘」 설립

일대일로 세무협력포럼 (바이두)

2) 시설연통

시설연통은 일대일로의 기본전제이자 출발점이다. 시설연통은 6개 경제회랑과 6개 망(網)을 핵심으로 한다. 6개 경제회랑은 기본적인 협약 등의 체결을 완료하고 본격적인 사업을 추진하고 있으며 일부 사업은 가시적인 성과를 얻고 있다.

6개 경제회랑 중 한국의 신북방 정책과 연계성이 가장 높은 중·몽·러 경제공동체 건설을 위한 《중·몽·러 경제회랑 건설계획 요강》은 부록에서 심층적으로 다루기로 한다.

중국은 시설연통을 통하여 지역 간 상품·자금·정보·기술 등의 거래 원가가 대폭 낮아져, 지역 자원요소의 자유로운 이동과 최적화 배치를 효과적으로 촉진시키

---

37 카자흐스탄 수도

는 등 성과를 거두고 있는 것으로 평가하고 있다.

시설연통에 대하여 일부 부정적인 여론이 있지만, 일대일로는 주권 국가 간 합의에 따라 추진하는 사업이고, 장기적인 프로젝트임을 고려해야 할 것이다. 시설연통의 6개 경제회랑과 6개 망(網) 추진현황 및 성과의 주요내용은 다음과 같다.

[주요내용]

(1) 경제회랑과 통로건설이 뚜렷한 진전을 얻었음

① 신아시아·유럽대륙교 ② 중·몽·러 ③ 중국~중앙아시아·서아시아 ④ 중국~인도차이나반도 ⑤ 중국·파키스탄 ⑥ 방글라데시·중국·인도·미얀마 등 6개 경제회랑은 아시아 경제권과 유럽경제권으로 연결된다. 연선각국은 호련호통(互聯互通) 동반자 관계 건립 및 강화로 효율적이고 원활하게 아시아·유럽 대륙시장 구축을 추진하고 있다.

① 신아시아·유럽대륙교 경제회랑

■ 5년여간 신아시아·유럽대륙교 경제회랑 지역협력이 나날이 발전하고 있음
 – 개방적이고 포용적이며 상생번영의 동반자 관계가 새로운 수준으로 향상되어, 아시아·유럽 두 대륙의 경제무역 교류를 강력히 추진하였음
■ 「중국·중동부유럽국가협력부다페스트요강」과 「중국·중동부유럽국가협력소피아요강」은 중동부유럽 연계성 플랫폼과 유럽투자 계획의 틀에서 실질적 협력 추진 발표
■ 헝가리~세르비아 철도가 착공되었으며, 중국서부~카자흐스탄~러시아~서유럽 국제도로가 기본적으로 건설되었음

② 중·몽·러 경제회랑

■ 중·몽·러 3국은 철도·도로·변경 통상구(口岸)를 중심으로 초국경 인프라 네트워크 형성을 적극 추진
■ 2018년, 3국은 「중·몽·러 경제회랑 건립에 관한 공동추진 메커니즘 양해각서」를 체결하는 등 사업추진 체계 완비
■ 2018년 10월 중·러통장(同江)~샤렌닌스꼬야 철도교량 중국 측 공사 완공
■ 헤이허(黑河)~블라고베셴스크 도로교량 건설 안정적 추진

헤이허(黑河)~블라고베셴스크 도로 교량 (바이두)

- 중국~러시아기업연합체는 모스크바~카잔철도 프로젝트의 기본 설계 완료
- 3국이 서명하여 비준한 「아시아도로망 국제도로운송에 관한정부 간 협정」의 효력 발생
- 중·몽·러(얼렌하오터) 초국경 육상케이블 시스템사업 완공

③ 중국~중앙아시아~서아시아 경제회랑

- 5년여간, 이 회랑은 에너지협력·인프라 연계성·경제무역과 생산능력 등의 분야에서 협력이 심화하고 있음
- 중국과 카자흐스탄·우즈베키스탄·터키 등 국가와는 양자 간 국제도로운수 협정 체결
- 중국·파키스탄·카자흐스탄·키르기스스탄, 중국·카자흐스탄·러시아, 중국·키르기스스탄·우즈베키스탄 등과는 다자 간 국제 도로운송 협의 혹은 협정 체결
  – 중앙아시아, 서아시아 지역의 인프라 건설 지속적 개선
- 「중국·사우디아라비아 투자협력포럼」은 일대일로와 사우디아라비아 '2030비전' 간 산업결합을 추진하여, 총 280억 달러 이상의 합작계약 체결
- 중국과 이란은 각 분야에서의 독특한 강점을 발휘하여 도로·기초시설·에너지 등 분야의 맞춤형 협력 강화 추진

④ 중국~인도차이나반도 경제회랑

- 5년여간, 이 회랑은 인프라 연계성과 초국경경제합작구 건설 등 방면에서 큰 진전

을 이루었음

■ 쿤밍~방콕 간 전 노선을 관통하는 도로, 중국~라오스 철도, 중국~태국철도 등의 프로젝트 안정적 추진

■ 중국~라오스 경제회랑 건설 시작

■ 태국 동부 경제회랑과 일대일로를 빠르게 결합

■ 중국과 캄보디아·라오스·미얀마·베트남·태국(CLMVT)간 경제협력 안정적 추진

■ 중국·아세안(10+1)협력, 란찬강·메콩강협력체와 메콩강지역경제협력체(GMS)가 발휘하는 긍정적인 역할이 점점 뚜렷해지고 있음

⑤ 중국~파키스탄 경제회랑

■ 에너지, 교통인프라, 산업단지협력, 과다르항을 중심으로 한 협력 사업 본격 추진

■ 중국과 파키스탄은 「중·파경제회랑공동협력위원회」를 구성하고, 정례회의 체제를 구축

■ 과다르항의 항구와 도로 원활화, 페샤르~카라치 고속도로 건설, 카라콤프도로 2기 확충공사, 라호르 철도교통 오렌지라인, 카심항 1,320메가와트 발전소와 같은 중점 프로젝트를 착공하여, 일부 프로젝트는 성과를 얻고 있음

■ 중국~파키스탄 경제회랑은 제3자협력의 물꼬를 트고 있고, 많은 국가가 이미 참여했거나 참여를 희망하고 있음

중국~파키스탄 합작 Sahiwar 발전소 전경 (바이두)

⑥ 방글라데시~중국~인도~미얀마 경제회랑

- 5년여 동안, 방글라데시~중국~인도~미얀마 경제회랑 4개국은 공동프로젝트의 틀 아래 경제회랑 건설을 추진하고 있음
- 메커니즘과 제도건설, 인프라 연계성, 무역과 산업단지협력, 국제금융개방협력, 인문교류와 민생협력 등 방면에서 중점적인 프로젝트를 연구하고 계획을 수립했음
- 중국~미얀마 경제회랑 공동위원회 창립
- 중국~미얀마 경제건설에 관한 양해각서와 뮤즈~만달레이 철도 사업 타당성 검토문건 및 차우크퓨경제특구 심수항(深水港) 프로젝트 건설 협정 체결

(2) 인프라 호련호통(互聯互通) 수준이 크게 향상되었음

6개 경제회랑을 바탕으로 ① 도로 ② 철도 ③ 항운 ④ 항공 ⑤ 파이프라인 ⑥ 정보인프라 등 6개 망(網) 건설을 추진하고 있다. 중국 정부의 인프라 건설에 대한 시각은 "도로가 통하면, 모든 산업이 번창한다." 인프라의 투입 부족은 개발도상국 경제발전의 걸림돌이므로 인프라 건설을 가속화하는 것은 일대일로를 함께 건설하는 데 있어서 중요한 영역이며 핵심적 사항이므로 국가 간 협력을 통해 조기성과를 달성하기 위해 모든 노력을 기울이고 있다.

주요성과는 중국~유럽국제화물열차와 중국~키르기스스탄~우즈베키스탄 간 국제도로 운행, 「국제도로운송협약(TIR)」가입, 「메콩강 지역 화물 편리화 및 인원 국경왕래 운송 협정」 실행, 파키스탄 과다르항 컨테이너 정기선 개통, 126개 국가 및 지역과 양자 간 정부 항공운송 협정 체결 등이다. 분야별 자세한 내용은 다음과 같다.

① 철도협력

- 중국~라오스 철도, 중국~태국철도, 헝가리~세르비아철도, 자카르타~반둥철도 등의 협력사업에 중점을 둔 지역 간, 대륙 간 철도망 건설은 큰 진전을 이루었음
- 범아시아 철도 동선(東線)[38], 파키스탄 1호철도 간선확충, 중국~키르기스스탄~우즈베키스탄 프로젝트는 초기연구 추진
- 중국~네팔 국제철도는 이미 예비타당성 검토를 완료했음

---

38 중국 쿤밍 - 방콕 - 싱가포르, 전노선은 5,328km임. 바이두(검색일:2020.2.4)

창춘 독일 뉘른베르크 화물열차 (지린성 자료)

- 중국~유럽화물열차는 국제화물열차운행 체제를 구축했음
- 중국·백러시아·독일·카자흐스탄·몽골, 폴란드와 러시아 등 7개 국가 철도공사는 「중국~유럽화물열차 협력심화에 관한 협약」 체결
- 2018년 말 기준, 중국~유럽 간 화물열차는 아시아·유럽 대륙 16개 국가, 108개 도시에 걸쳐 누적운행 1.3만회, 운송화물 110만개 컨테이너를 초과했음
- 중국에서 출발한 화물열차의 적재율은 94%에 달하고, 중국에 도착한 화물열차의 적재율은 71%에 달함
- 연선국가와 변경 통상구(口岸) 통관협력을 추진하여 평균 검사율과 통관시간 50% 이상 향상

② 도로협력

- 중국~몽골~러시아, 중국~키르기스스탄~우즈베키스탄, 중·러(다롄~신시베리아), 중국~베트남 국제도로운송 시범사업을 성공적으로 개최하였음
- 2018년 2월, 중국~키르기스스탄~우즈베키스탄 간 국제도로운송 상시화
- 중국~베트남 베이룬강 도로 제2교량 개통

중·몽·러 국제도로 시범운송 (중국교통신문)

- 중국 「국제도로운송협약(TIR)」 정식 가입
- 15개 연선국가와 「상하이협력기구 회원국 정부 간 국제도로 운송 편리화 협정」을 포함한 18건의 양자·다자 간 국제운송 편리화 협정 체결
- 「메콩강 지역 화물 편리화 및 인원 국경왕래 운송 협정」을 시행하는 등 진전을 이루었음

③ 항만협력

- 파키스탄 과다르항 컨테이너 정기선 개통
  - 항구의 부대시설을 완공하고, 30여 개 업체 유치
- 스리랑카 함반토타항 경제특구를 산업단지로 지정하고, 계획의 내용을 확정하는 등 전기(前期)단계 공정 마무리
- 그리스 피레우스항은 중계 허브항으로 건설, 3기항구 건설 곧 완공
- 2018년 12월, 아랍에미리트 칼리파항 2기 컨테이너 선적부두 개항
- 중국과 47개 연선국가는 38개의 양자 간 지역항운 협정 체결
- 중국 닝보(寧波) 항운교역소는 '해상 실크로드 운항 지수'를 지속 보완하여 16+1 무역 지수[39]와 16닝보 항구 지수 발표

---

39 동유럽 16개국과 중국 간 무역발전 지수. 2012년 9월, 중국의 제안으로 중동부 유럽 16개국 차관급이 참여하

그리스 피레우스항 전경(바이두)

④ 항공운송

- 중국은 126개 국가 및 지역과 양자 간 정부 항공운송 협정 체결
- 룩셈부르크·러시아·아르메니아·인도네시아·캄보디아·방글라데시·이스라엘·몽골·말레이시아·이집트 등 국가와 항공 운수권 배정 확대
- 5년여에 걸쳐 중국과 연선국가 간 새롭게 증가한 국제 항공노선은 1,239개로, 신규 개통한 국제 항공노선 총량의 69.1% 차지

⑤ 에너지 시설 건설

- 중국은 연선국가와 협력 기본협의서와 양해각서를 체결하고, 전력·오일가스·원자력 발전·신에너지·석탄 등의 분야에서 광범위한 협력을 추진하였음
- 관련 국가와 공동으로 오일가스관을 안전하게 유지하며, 국가와 지역 간 에너지 자원의 최적화 배치를 촉진
- 중·러 원유관과 중국~중앙아시아 천연가스관을 안정적으로 운영
- 중·러 천연가스관 동선(東線)[40]은 2019년 12월 부분적인 공급을 실현하고 2024년부터 전 노선에 공급
- 중국~미얀마 오일가스관이 전 노선을 관통함

는 중국 - 중동유럽협력회의협의체를 결성했다. 央广网. 2018. 6. 7(검색일: 2020. 3. 2)
40 동시베리아~블라고베센스크~헤이룽장성 헤이허 구간.바이두(검색일:2020. 3. 2)

일대일로 오일가스 원탁회의(바이두)

⑥ 통신시설 건설

- 중국~미얀마, 중국~파키스탄, 중국~키르기스스탄, 중국~러시아 초국경 광케이블 정보망 건설이 눈에 띄게 진전되었음
- 중국은 국제전기통신연합과 「일대일로 전기통신 및 정보통신 분야 협력강화에 관한 의향서」체결
- 키르기스스탄·타지키스탄·아프가니스탄과 실크로드 광케이블 협력 협정을 체결하고, 실질적인 실크로드 광케이블사업 가동

3) 무역창통

인프라를 구축하는 목적은 무역과 투자를 원활히 추진하기 위함이다. 중국은 5년여 동안 무역·투자 편리화를 위해 FTA 체결, 12개 자유무역시험구[41](표 4 참고) 건설, 통관제도 개선을 위해 많은 노력을 기울여 왔으며, 주변국과의 무역·투자 편리화 수준 향상으로 무역규모도 지속적으로 확대되는 등 성과를 거두고 있다. 무역창통의 주요내용은 다음과 같다.

---

41 2019년 4월 22일 "공헌과 전망" 발표기준 12개, 발표 이후 6개 추가지정

[주요내용]

(1) 무역·투자 자유화와 편리화 수준 지속적 향상

■ 중국이 발기한 「일대일로 무역창통 이니셔티브」에 83개 국가와 국제기구가 적극적으로 참여하고 있음

■ 세관검역 협력이 끊임없이 발전 심화하고 있음

■ 2017년 5월, 「제1회 일대일로 국제협력 정상포럼」을 개최한 이래,
 - 중국은 연선국가와 100여 건의 협력문건을 체결하여, 50여 종의 농산물 식품검역 진입허가 실현
 - 중국은 카자흐스탄·키르기스스탄, 타지키스탄 등과 농산물 빠른통관 '녹색통로' 건설을 적극 추진하여, 농산물 통관시간을 90% 단축했음

■ 외자진입을 더욱 완화함
 - 고(高)표준의 국제경영환경을 조성하며, 전 세계에 개방된 12개의 자유무역시험구를 설립하였음
 - 자유무역항 건설을 모색하여, 연선국가의 중국투자 유치 추진

■ 중국의 평균 관세수준은 세계무역기구 가입 시 15.3%에서 7.5%로 낮아졌음

■ 중국은 아세안·싱가포르·파키스탄·그루지야 등 여러 국가와 자유무역협정을 체결하거나 업그레이드 하였음

■ 유라시아경제연합[42]과는 경제무역협력 협정을 체결하는 등 연선국가와 자유무역 네트워크 체계를 점진적으로 형성하고 있음

표 4 자유무역시험구

연번	설립일	자유무역시험구명	비고
1	2013년 9월	상하이(上海)자유무역시험구	
2	2015년 4월	광둥(广东)자유무역시험구	
3		톈진(天津)자유무역시험구	
4		푸젠(福建)자유무역시험구	
5	2017년 3월	랴오닝(辽宁)자유무역시험구	
6		저장(浙江)자유무역시험구	

---

42 유라시아경제연합(EAEU)은 2015년 1월 정식출범. 회원국은 러시아, 카자흐스탄, 벨라루스, 키르기스스탄, 아르메니아 등 5개국이다. EAEU국가들은 원유, 가스 등의 풍부한 천연자원을 보유하고 있으며, 인구 1억 8,000만 명의 내수시장과 유럽과 러시아를 관통하는 지정학적 이점이 있어 잠재력이 큰 신흥시장으로 평가받고 있음. 2025년까지 역내상품과 서비스, 자본과 노동력의 자유로운 흐름을 실현하고 일치된 경제정책 추진을 목표로 함. 바이두 정리(검색일:2020. 3. 4)

7		허난(河南)자유무역시험구	
8		후베이(湖北)자유무역시험구	
9		충칭(重庆)자유무역시험구	
10		쓰촨(四川)자유무역시험구	
11		산시(陕西)자유무역시험구	
12	2018년10월	하이난(海南)자유무역시험구	
13	2019년 8월	산둥(山东)자유무역시험구	
14		장수(江苏)자유무역시험구	
15		광시(广西)자유무역시험구	
16		허베이(河北)자유무역시험구	
17		윈난(云南)자유무역시험구	
18		헤이룽장(黑龙江)자유무역시험구	

자료 : 일대일로 홈페이지 (2019년 8월 기준, 저자 정리)

(2) 무역규모 지속적 확대

- 2013~2018년간 중국과 연선국가 간 화물무역 수출입 총액은 6조 달러를 초과
  했음
  - 연평균 성장률은 같은 기간 중국 대외무역 증가속도 보다 높으며, 중국 화물무
    역 총액의 27.4%를 차지
  - 2018년, 중국과 연선국가 간 화물무역 수출입 총액은 1조 3,000억 달러로 전
    년 동기대비 16.4% 증가
- 중국과 연선국가 간 서비스무역은 소규모에서 대규모로 안정적인 발전을 하고 있
  음
  - 2017년, 중국과 연선국가 간 서비스무역 수출액이 977.6억 달러로 전년 동기대
    비 18.4% 증가로, 중국 서비스무역 총액의 14.1%를 차지하며, 2016년 1.6%
    보다 높음
- 세계은행 연구팀은 일대일로에 잠재적으로 참여하는 71개 국가의 무역영향에 대
  한 분석결과
  - 일대일로 참여국가 간 무역거래가 4.1% 증가하는 것으로 나타났음[43]

---

43 Suprabha Baniya, Nadia Rocha, Michele Ruta. Trade Effects of the New Silk Road: A Gravity Analysis. WORLD BANK Policy Research Working Paper 8694, January 2019.

(3) 무역방식 혁신 프로세스의 빠른 발전

- 초국경 전자상거래[44] 등 새로운 업종과 신모델은 무역원활화를 추진하는 중요한 신성장 동력임

훈춘 초국경 전자상거래 관리감독센터 전경 (바이두)

- 2018년 중국세관 초국경 전자상거래관리 플랫폼을 통한 소매 수출입 상품총액 은 203억 달러로 전년 동기대비 50% 증가
  - 이 중 수출은 84.8억 달러로 전년 동기대비 67%, 수입은 118.7억 달러로 39.8% 증가
- 중국은 17개 국가와 양자 간 전자상거래 협력체제 건립
- 브릭스 국가 등 다자 간 메커니즘 틀 안에서 전자상거래협력 협정을 체결함으로써 기업 간 연결과 브랜드 육성을 촉진

---

44 중국에서 초기에 전자상거래 활성화를 위해 많은 우대정책을 부여한 관계로 각 지역에서 경쟁적으로 초국경 전자상거래산업단지를 설립하였으나, 현재는 우대정책이 축소된 상태이므로 정책동향을 면밀히 주시할 필요 가 있음

4) 자금융통

일대일로의 가장 중요한 특징은 재원조달을 위한 다양한 방안을 마련 추진하는 것이다. 중국은 재원조달을 위하여 AIIB를 비롯한 다자 금융기구 설립을 시작으로 국부펀드 및 사모펀드 유치, 중국계 은행 및 각 국가의 상업은행 사업 참여, 제3자 시장 협력 등 다양한 방법을 통하여 재원조달을 하고 있다. 뿐만 아니라 금융협력, 금융시장 시스템 보완 등을 통하여 자금융통의 성과를 이루어 내고 있다. 자금융통 과 관련하여 중국이 언론에 별도로 발표한 일대일로 자금융통의 대기록(표 5 참고)과 주요내용은 다음과 같다.

표 5 일대일로 자금융통 대기록

일 자	주요내용	비고
2014. 11. 8	·시진핑 주석 실크로드기금(400억 달러) 발표	
2014. 12. 29	·실크로드기금유한책임회사 베이징 설립등기 완료, 정식운영	
2015. 10. 8	·위안화 국제결제시스템(CIPS) 1기 성공 운영 ·위안화 원가 절감	
2015. 12. 25	·아시아인프라투자은행(AIIB) 정식 발효	
2016. 10. 1	·위안화 국제통화기금(IMF) 특별인출권(SDR) 기반통화(바스켓)편입[45]	
2016. 12. 1	·중국민생투자그룹(中国民生投资股份有限公司), 중국~캄보디아 일대일로 산업기금 설립	
2017. 3. 21	·AIIB회원국 57개국 → 70개국 증가	
2017. 4. 11	·아프리카에 첫 위안화 채권 성공 발행	

자료: www.ce.cn(中国经济网 2017. 4. 28) 그림으로 보는 5통(通) 대기록

[주요내용]

(1) 신형 국제투융자 모델 탐색

■ 일대일로 연선 인프라건설과 생산능력 협력의 잠재력은 매우 크나, 융자가 부족한 부분을 시급히 해결해야 함

---

45 SDR 바스켓은 국제사회에서 안정적으로 거래되는 화폐를 중심으로 구성된다. IMF 회원국이 경제위기나 국제수지 불균형에 직면했을 때 SDR의 화폐로 다른 회원국에게 원하는 화폐를 인출할 수 있는 권리를 의미한다. 현재 SDR 바스켓 통화는 달러, 유로, 위안화, 엔화, 파운드이다.

- 나라별 국부펀드와 투자펀드의 역할이 점점 더 중요해지고 있음
- 아랍에미레이트 아부다비투자국과 중국투자유한책임회사 등의 국부펀드는 연선 국가 등 주요 신흥경제국에 대한 투자규모 증가
- 실크로드기금과 유럽투자기금이 공동 투자하는 중국·유럽공동 투자펀드는 2018년 7월에 실질적인 운용을 개시해, 5억 유로 규모를 투자하여, 일대일로와 유럽투자계획 간 결합을 촉진했음

(2) 다자 금융협력 지지 작용이 뚜렷함

- 중국 재정부와 아르헨티나·러시아·인도네시아·영국·싱가포르 등 27개국 재정 부는 「일대일로 융자 지도원칙」을 확정했음
  - 이 지도원칙에 따라, 각 국가는 금융자원이 해당 국가와 지역의 실제 경제발전에 사용되도록 지원
  - 인프라 연계성, 무역투자, 생산능력 협력 등의 분야에 대한 융자지원을 중점적 으로 확대
- 중국인민은행과 세계은행그룹 산하 국제금융공사·미주개발은행·아프리카개발은 행과 유럽부흥개발은행 등 다자 개발기구는
  - 2018년 말까지 총 100여 개의 프로젝트에 투자
  - 투자지역은 70여 개 국가와 지역에 이르고 있음
- 2017년 11월 중국~중동부유럽은행연합체 설립, 회원국은 중국·헝가리·체코· 슬로바키아·크로아티아 등 14개국의 금융기관임
- 2018년 7월과 9월, 중국~아랍국가금융협력은행연합체와 중국~아프리카국가 금융협력연합체를 설립하여, 중국과 아랍국가·아프리카 국가 간 첫 다자 금융협 력 메커니즘을 건립했음

(3) 금융기관 협력 지속 향상

- 일대일로 건설 중에서, 정책성 수출신용보험은 활용도가 광범위하여 인프라와 기 간산업 건설을 지원하는 데 독특한 역할을 했음
  - 상업은행은 다양한 예금흡수, 회사융자, 금융상품, 무역대리, 신탁 등에서 강점 을 가지고 있음
  - 2018년 연말 기준, 중국수출신용보험공사가 연선국가에 대한 수출과 투자로 지 원한 누적금액은 6,000억 달러가 넘음
- 중국은행·중국공상은행·중국농업은행·중국건설은행 등 중국계 은행은 연선국

가와 광범위한 거래은행 관계를 맺고 있음

- 독일 상업은행은 중국공상은행과 협력 양해각서 체결
  - 독일은행 중 처음으로 일대일로 협력은행에 가입

(4) 금융시장 시스템 향상

- 안정적이고 상호번영을 위한 금융협력 관계가 끊임없이 발전
- 다양한 혁신금융상품이 꾸준히 출시되면서 융자루트 확대
- 중국은 은행 간 채권시장 대외개방을 지속적으로 제고하고 있음
  - 2018년 연말 기준, 판다채 발행 규모는 2,000억 위안에 달함
  - 중국수출입은행은 전 세계 투자자들에게 20억 위안의 "채권통" 녹색금융채권 발행
- 브릭스신개발은행은 최초로 30억 위안의 녹색금융채권을 발행하여 녹색실크로드 건설 지원
- 증권선물거래소 간의 증권, 기술 제휴 업무를 안정적으로 추진
  - 2015년, 상하이증권거래소·도이칠란드거래소그룹·중국금융선물거래소가 공동 출자하여 중국~유럽국제거래소를 설립
  - 상하이증권거래소는 카자흐스탄 아스타나 국제금융센터관리국과 협력 협정을 체결하고, 아스타나 국제거래소 설립에 공동투자 합의

(5) 금융 호련호통(互聯互通) 지속 발전

- 11개 중국계 은행은 28개 연선국가에 76개의 1급 기구 설립
- 22개 연선국가에서 온 50개의 은행은 중국에 7개의 법인은행과 19개의 외국은행지점, 34개의 대표부 설립
- 2개의 증권회사는 싱가포르, 라오스에 합작회사 설립
- 중국은 20여 연선국가와 통화스와프 체결
- 7개 연선국가와는 위안화 국제결제시스템 건립
- 35개 연선국가의 금융감독당국과 협력문건 체결
- 위안화 국제결제투자·거래·준비기능이 안정적으로 향상되어 위안화 국제결제시스템(CIPS) 업무범위는 40개 연선국가와 지역에 달함[46]
- 중국~국제통화기금조직연합능력센터는 "일대일로 재경발전연구센터" 설립

---

46 2019년 5월 19일 일본 니혼게이자이신문에 따르면 CIPS에 참여한 은행이 전 세계 89 개국·지역에서 865개에 달하는 것으로 조사됐다.

5) 민심상통

민심상통은 일대일로의 인문적 기초이다. 평화, 안녕, 풍요롭고, 더욱 아름다운 생활을 추구하는 것은 각국 국민의 공통된 꿈이다. 5년여간, 각국은 다양하고 광범위한 공공외교와 문화교류를 전개하여, 상호 이해와 동질감을 증진 시켰으며, 일대일로를 건설하기 위한 견실한 민의기반을 굳건히 하였다. 민심상통 주요내용은 다음과 같다.

[주요내용]

(1) 문화교류 형식의 다양화

- 중국과 연선국가는 예술제·영화제·음악제·문물전·도서전 등을 상호 개최하였음
- 도서·방송·영상물의 명품창작과 방송협력 추진
  - 실크로드 인터내셔널극장·박물관·예술제·도서관·미술관 연맹을 잇달아 결성
- 중국은 동유럽·아세안·러시아·네팔·그리스·이집트·남아프리카 등 국가와 지역 간 공동으로 '문화의 해' 행사 개최
- 실크로드관광·중앙아프리카 문화포커스 등 10여 개의 문화교류 브랜드를 형성
- 실크로드(돈황) 국제문화박람회·실크로드국제예술제·해상 실크로드 등 대형문화축제 창설
- 연선국가에 17개의 중국문화센터 설립
- 중국은 인도네시아·미얀마·세르비아·싱가포르·사우디아라비아 등의 국가와 문화유산 협력문건에 서명
- 중국·카자흐스탄·키르기스스탄은 공동으로 창안(長安)-톈산(天山)회랑 도로망을 실크로드 문화유산으로 등재를 신청하여 등재를 받았으며, 일대일로 매체협력연맹 설립도 적극 추진
- 실크로드 연선국가 민간조직 협력네트워크 멤버가 이미 310개에 달하며, 민간 우호협력의 중요한 플랫폼이 되었음

돈황 실크로드 국제관광축제 개막식 (지우)

(2) 교육훈련 성과 풍부

■ 중국은 실크로드 중국 정부 장학금 프로젝트 추진
 - 24개 연선국가와 고등교육 학력·학위 상호인정 협약을 체결
 - 2017년 연선국가의 3만 8,700명이 중국정부 장학금을 받아 중국에 유학 왔으며, 전체 장학생의 66%에 달함
 - 홍콩·마카오특별행정구에 일대일로 관련 장학기금 설립
■ 54개 연선국가에 공자학원 153개와 공자학당 149개 설립
■ 중국 과학원은 연선국가에 석박사 과정 학생 장학금과 과학기술 양성반을 설립하고 5,000명을 훈련하였음

(3) 관광 협력 점진적 확대

■ 중국은 여러 국가와 함께 '관광의 해'를 개최하여, 실크로드 관광시장 보급연맹·해상 실크로드 관광보급연맹·만리다도(萬里茶道)[47]국제관광연맹과 같은 관광협력 메커니즘 창설

---

47 만리다도는 실크로드 쇠락이후 유라시아 대륙에서 일어난 또 하나의 중요한 국제상업통로이다. 만리다도는 중국 우이산~몽골 울란바토르~러시아 캬흐타 간 4,760킬로미터이다. 바이두 백과 정리(검색일:2020. 2. 22)

중몽러 만리다도 국제관광연맹 창립(바이두)

- 57개 연선국가와는 상호 비자면제 협정을, 15개 국가와는 19건의 비자 간소화 협정 체결
  - 2018년 중국 출국 관광인원은 1억 5천만 명에 달하며, 중국 입국 외국인 관광객은 3,054만 명에 달함
  - 러시아·미얀마·베트남·몽골·말레이시아·필리핀·싱가포르 등이 중국의 주요 관광객 내원(來源)시장이 되었음

(4) 위생건강 협력 심화 발전

- 「제1회 일대일로 국제협력 정상포럼」을 개최한 이래, 중국과 몽골, 아프가니스탄 등 국가는 세계보건기구(WHO), 빌&멜린다게이츠재단 등 비정부기구와 56건의 위생건강 협력 추진을 위한 협약 체결
- 2017년 8월, 일대일로 및 건강실크로드 고위급 세미나를 베이징에서 개최하고, '베이징성명' 발표
- 국가 및 지역별 위생 예방 방제활동 추진
  - 란창강~메콩강 국가와 에이즈·말라리아·뎅기열·독감·결핵병 등
  - 중앙아시아 국가와 포충병·페스트 등 동물원성 감염증
  - 서아시아 국가와는 척수성 소아마비염 등

- 의료봉사 활동 전개
  - 안과의료팀을 캄보디아·미얀마·라오스·스리랑카 등 국가에 파견하여 '광명의 길' 캠페인 전개
  - 단기 의료팀을 피지·탕가·미크로네시아·바누아투 등 태평양 섬나라에 파견해 의료봉사 활동 전개
- 35개 연선국가에 중의약 해외 센터를 건립하였고, 43개의 중의약 국제협력기지를 건설했음

(5) 재해구호·원조 및 빈곤구제를 지속적으로 추진

- 「제1회 일대일로 국제협력 정상포럼」 개최 이래, 중국은 연선 개발도상국가에 20억 위안의 식량을 긴급지원
  - '남남협력기금'에 10억달러 증자
  - 「100개 행복한정원」, 「100개 사랑과 도움」, 「100개 재활지원」 프로젝트를 실현하였음
- 원외(援外)문물협력 보호와 해외연합고고학 협력을 전개하여, 6개국과 8개 원외(援外)문물협력 프로젝트, 12개국과 15개 연합 고고학 프로젝트 추진
- 중국은 라오스에 지진 모니터링을 위한 계기설비를 제공하여 방진 및 재해방지 능력을 향상시켰음
- 캄보디아, 네팔에서 사회 조직협력 프로젝트 24개를 추진하여 현지의 민중생활을 개선하는 데 일조를 하고 있음

6) 산업협력

산업협력은 "비전과 행동"의 5통(通)중 무역창통의 일부분이었으나, "공헌과 전망"에서 산업협력을 무역창통에서 분리한 것은 일대일로에서 산업협력이 차지하는 비중이 확대되었기 때문이다. 산업협력은 투자·국제 생산능력·제3자시장 협력과 초국경경제합작구, 해외경제무역협력단지 건설 등이다.

일대일로 해외시장개척발전포럼 (바이두)

지금까지 연선국가의 산업단지 건설 등은 중국기업 투자가 주를 이루었다고 할 수 있다. 2018년 기준 중국은 해외경제무역협력단지 82개를 건설하였으며, 투자액(누계)은 289억 달러이다. 입주기업 3,995개사, 일자리 24만개 창출, 해당지역 납세액이 20억달러[48]에 이르는 등 지역경제 활성화에도 기여하고 있는 것으로 나타나고 있다.

일대일로 추진이 가속화되면서 제3자시장 협력을 장려하는 등 국제협력을 통한 산업협력 강화를 모색하고 있다. 주요내용은 다음과 같다.

[주요내용]

(1) 중국의 연선국가에 대한 직접투자 안정적 증가

- 2013~2018년 동안, 중국기업의 연선국가에 대한 직접투자는 900억 달러를 넘어섰고, 연선국가에서 대외도급공사 완성 매출액은 4,000억 달러가 넘음
- 2018년, 중국기업의 연선국가에 대한 비금융류 직접투자는 156억 달러로 전년 동기대비 8.9% 증가하여

---

48 2018한중통상협력비지니스포럼(2018. 12. 24)상무부 아시아연구소 위안보 부소장 자료인용

- 같은 기간 총액의 13%를 차지하였으며, 연선국가에서 대외도급공사 완성 영업
  액은 893억 달러로 같은 기간 총액의 53%를 차지
- 세계은행 연구에 의하면[49], 연선국가의 외국인 직접투자는 총 4.97% 증가할 것
  으로 예측

(2) 국제 생산능력 협력과 제3자시장 협력 안정적 추진

- 연선국가는 국제 생산능력 협력이라는 막대한 시장수요를 빠르게 발전시켰음
- 중국은 관련국가와 시장화·전방위적인 생산능력 협력 추진에 적극적으로 호응하
  여, 연선국가의 산업구조 업그레이드 실현과 산업발전의 차원을 높였음
- 현재 중국은 이미 카자흐스탄·이집트·에티오피아·브라질 등 40여 개국과 생산
  능력 협력문건에 서명
- 아세안·아프리카연맹·중남미 및 카리브지역 국가공동체 등 지역조직과 맞춤형
  생산능력 협력을 체계적으로 추진
- 중국은 프랑스·이탈리아·일본·스페인·포르투갈 등 국가와 제3자시장 협력문건 체결

(3) 협력단지 활성화

- 중국의 각종 기업은 시장화·법치화 원칙을 따르는 원칙아래 자주적으로 연선국
  가에 협력단지를 함께 건설

중국·라오스 초국경경제합작구 (바이두)

---

49 Maggie Xiaoyang Chen, Chuanhao Lin. Foreign Investment across the Beltand Road Patterns,
Determinants and Effects. WORLD BANK Policy Research Working Paper 8607, October 2018.

- 이들 국가는 중국의 개혁개방 이래 각종 개발구·공단을 통한 경제 성장의 경험과 방법을 참고하여, 현지의 경제발전을 촉진시켜, 연선국가를 위해 새로운 세입원과 일자리를 창조하였음
- 중국은 카자흐스탄, 라오스와는 중국·카자흐스탄휘얼궈쓰(신장) 초국경국제협력센터, 중국윈난(모한)·라오스(보텐)초국경경제합작구 등을 건립하였으며, 기타 국가에도 초국경경제합작구 설립 추진

3. 공헌

일대일로의 진전이 그동안의 추진현황과 성과를 대내외에 발표하였다면, 공헌은 일대일로 건설의 3대 기본원칙인 함께협의(共商), 함께건설(共建), 함께나눔(共享)의 실행을 통해, 경제 글로벌화와 글로벌 거버넌스의 변혁을 위해 중국이 공헌하였고 앞으로도 공헌할 계획임을 밝히고 있다.

일대일로 각종 국제협력 사업 추진(신화왕)

1) 함께협의(共商)

「함께협의」는 '모두의 일은 모두가 협의하여 하자'는 것으로, 평등한 참여를 강조

하고, 충분히 협의하며, 평등한 자기 의사를 바탕으로 충분한 대화와 소통을 통해 인식의 공통점을 찾고, 협력의 접점을 찾는 공동발전의 역점 사항이다.

(1) 국제화를 위한 플랫폼과 매개체(표 6 참고)

중국은 일대일로의 국제적 공감대를 확산하기 위하여 유엔 등 다자 국제기구 및 협의체 등과 협력을 강화하였고, 경제문화교류 확대를 위해서는 전시·박람회 등을 활용하고 있다.

중국은 일대일로를 창설하고 중국 주도의 각종 국제포럼과 박람회 등을 창설하거나 지원하고 있다. 대표적인 국제포럼은 일대일로 국제협력 정상포럼이며, 국제박람회는 중국국제수입박람회이다.

2017년 5월 중국이 창설한 「제1회 일대일로 국제협력 정상포럼」이 베이징에서 성공적으로 개최되었다. 29개국의 정상과 정부수반을 포함하여 140여 개 국가와 80여 국제기구의 1,600여 명이 포럼에 참석하였다. 포럼은 정책소통 등 5개 세션, 76개 항목, 297개의 프로젝트로 구성되었으며, 이 프로젝트는 모두 실현되었다.

2019년 4월 25일 베이징에서 제2회 일대일로 국제협력 정상포럼을 개최하였는데, 38개국 정상과 유엔사무총장을 포함한 150개국 및 92개 국제기구 대표 등 6,000여 명 참석하는 성황을 이루었다.[50]

「일대일로 국제협력 정상포럼」은 이미 각 참여국과 국제조직이 교류를 심화하고, 신뢰를 증진하며, 밀접하게 왕래하는 중요한 플랫폼이 되었다.

2018년 11월, 「제1회 중국국제수입박람회」가 성공적으로 개최되었다. 172개 국가와 지역 및 국제기구에서 3,600여 개 외국기업이 참가하였다. 동시에 개최한 '홍차오국제경제포럼'에는 4,500여 명의 정치·경제·학계·연구기관의 귀빈이 참가한 가운데, 중국의 개혁개방 성과를 높이 평가하고, 보호무역주의 배격, 지속 가능한 발전에 대하여 의견을 같이했다.

---

50 2019년 4월 22일 "공헌과 비전" 발표 이후 개최되었으나, 1회 대회와 비교를 위하여 별도로 정리하여 삽입하였다.

표 6 국제화를 위한 플랫폼과 매개체

유 형	협의체 등 명칭	비고
국가주관	일대일로 국제협력 정상포럼(2회 개최) 제1회 중국국제수입박람회 홍차오국제경제포럼	
국가·지방 공동주관	중국 실크로드박람회 중국동서부협력투자무역상담회 중국·아세안박람회, 중국·유라시아박람회 중국·아랍국가박람회, 중국·남아시아박람회 중국동북아박람회, 중국서부국제박람회 등	

중국은 일대일로 연선국가와 경제문화 협력을 강화하기 위해 실크로드박람회 및 중국동서부협력투자무역상담회, 중국·아세안박람회, 중국·유라시아박람회, 중국·아랍국가박람회, 중국·남아시아박람회, 중국동북아박람회, 중국서부국제박람회 등 대형 전시·박람회를 개최했다. 이것은 중국과 연선국가 간 협력의 중요한 플랫폼이 되고 있다.

중국 동북아 박람회장 전경 (국제재선)

(2) 다자 협의체와 공조 강화(표 7 참고)

일대일로는 평화와 발전의 시대적 흐름에 발맞추어 평등협상과 개방포용을 견지하고, 연선국가의 기존 국제 메커니즘 기반위에서 상호 이익협력을 촉진한다.

중국은 유엔, 주요 20개국, 아시아태평양경협력체, 상하이협력기구, 아시아유럽회의, 아시아협력대화, 아시아교류·신뢰구축회의, 중국·아세안(10+1), 란창강·메콩강협력체, 메콩강지역경제협력체(GMS)[51], 광역두만강개발계획(GTI)[52], 중국·아시아지역경제협력[53], 중국·아프리카협력포럼, 중국·아랍협력포럼, 중국·중남미·카리브국가공동체포럼, 중국·중동부유럽(16+1)협력 메커니즘, 중국·태평양 섬나라 경제발전협력포럼, 세계경제포럼, 보아오 아시아포럼 등 기존의 다자 협력 메커니즘을 충분히 활용하여 상호존중·상호신뢰의 기초위에 각 국가와 일대일로의 실질적 결합과 협력을 추진한다.

표 7 다자 협의체 공조

유 형	협의체 등 명칭	비 고
다자협의	주요 20개국(G20) * 아시아·태평양경제협력체(APEC) 상하이협력기구(SCO) 아시아·유럽정상회의(ASEM) 아시아협력대화(ACD) 아시아교류·신뢰구축회의(CICA) 중국·아세안10+1 중국·중동부유럽(16+1)*	

---

51 1992년 아시아개발은행이 발기한 메콩강지역경제협력체(GMS). 회원국은 중국, 미얀마, 라오스, 태국, 캄보디아, 베트남이다. 최근에는 국가 정상 간 경제협력체로 승격되었다. 2019년11월 27일 한국 부산에서 한-메콩 정상회의를 개최하고 한-메콩강 선언을 발표했다. 바이두 및 YTN (검색일: 2020. 3. 4)

52 1992년 유엔개발계획(UNDP) 주도로 설립한 북한, 한국, 중국, 러시아, 몽골이 참여하는 지역경제협의체이다. 2009년 11월 북한 탈퇴로 인하여 협력사업에 진전이 없다. 광역두만강개발계획(GTI)은 평화와 번영의 신동북아를 열어가기 위한 중요한 지역경제협의체이다. 북한의 GTI 복귀 없이는 중국 러시아의 태평양진출, 한국과 일본의 유라시아 진출은 불가능하다. 북한의 GTI복귀 시 유엔안보리 제재완화를 이끌어낼 수 있을 뿐만 아니라 한반도 철도, 도로 연결사업이 탄력을 받을 것으로 예상된다.

53 1996년 아시아개발은행이 발기하여 창립된 지역경제협력체, 중국·아프카니스탄·아제르바이잔·카자흐스탄·키르기스스탄·몽골·파키스탄·타지키스탄·투르크메니스탄·우즈베케스탄·그루지야 등 11개국 장관회의이다. 고위관료회의·분과위원회로 구성. 바이두(검색일:2020. 2. 1)

지역협의	란창강·메콩강협력체 메콩강지역경제협력체, 광역두만강개발계획* 중국·중앙아시아지역협력(CAREC)*	
포 럼	세계경제포럼, 보아오 아시아포럼 중국·아프리카협력포럼, 중국·아랍협력포럼 중국·중남미·카리브국가공동체포럼 * 중국·태평양 섬나라 경제발전협력포럼 *	

※참고 "*"표기는 "비전과 행동"에는 미포함 "공헌과 전망"에 포함

(3) 공공외교 대화 메커니즘 구축

중국은 연선국가의 정당·의회·싱크탱크·지방·민간·상업·언론·대학 등과 공공외교를 통하여 일대일로와 연계한 다양한 소통, 대화, 교류, 협력을 전개한다.

중국 공산당과 세계 정당 간 고위급 대화회를 개최하고, 일대일로와 관련한 의제에 대하여 깊은 의견을 교환했다. 또한 관련 국가와 일대일로 싱크탱크협력연맹, 실크로드 국제싱크탱크 네트워크, 대학교 싱크탱크연맹 등을 잇달아 조직했다.

동북아 대학교 총장 원탁회의(연변대학교 자료)

영국·한국·일본·영국·싱가포르·카자흐스탄 등 국가와 일대일로 연구기구를 설립하고, 다양한 포럼과 세미나를 개최했다.

중국은 외국대학과 협력하여, 일대일로 연구센터, 협력발전학원, 공동훈련센터 등을 설립하고, 일대일로를 함께 건설하기 위한 국제화 인재를 양성한다.

그리고 외국언론과 교류협력을 강화하고, 매스미디어포럼·합작영화촬영·공동취재 등을 통해 일대일로 홍보활동을 강화하여, 국제사회가 일대일로 관련 정보를 적시에 이해할 수 있도록 하였다.

2) 함께건설(共建)

일대일로의 핵심은 인프라 건설이다. 중국은 일대일로 참여국가와 지역은 평등한 참여자, 건설자, 공헌자이며 책임과 리스크의 공동 담당자라는 공동체 의식을 통해 일대일로에 함께하여 줄 것을 호소하고 있다.

아시아인프라투자은행 협정식 (바이두)

중국은 인프라 건설을 위한 재원조달을 위해 세계 각국과 협력을 통해 AIIB 등 다자 금융협의체 설립을 주도하고 PPP(민관협력사업), 제3자시장 협력 여건을 마련하는 등 협력의 기틀을 마련하였다고 평가하고 있다.

(1) 공동협력을 위한 융자 플랫폼 건설

중국이 발기한 아시아인프라투자은행은 2016년 개업 이래, 국제 다자 개발 체계에서 점점 더 중요한 역할을 담당하여, 국제사회의 폭넓은 신뢰와 인정을 받고 있다.

2018년 말 기준, 아시아인프라투자은행은 당초 57개 창립멤버에서 각 대륙으로 퍼져나가 93개 멤버로 발전하였다. 누적 대출 승인금액은 75억 달러이며, 기타 400억 달러 투자유치를 유발하였다. 35개의 프로젝트를 승인하였으며, 수혜 국가는 인도네시아·파키스탄·타지키스탄·아제르바이잔·오만·터키·이집트 등 13개국에 달한다.

AIIB는 본연의 사명을 이행하는 동시에, 다른 다자 개발은행과 함께, 일대일로를 건설하는 데 도움이 되는 중요한 다자 플랫폼의 하나가 되었다.

2014년 11월, 중국 정부는 400억 달러를 출자하여 실크로드기금 설립을 발표하고, 2017년 5월, 실크로드기금 1,000억 위안 증자를 약속했다. 2018년 말까지 실크로드기금 협정 투자금액은 약 110억 달러이며, 실제 출자금액은 약 77억 달러이다. 그리고 실크로드기금 20억 달러를 출자하여 중국·카자흐스탄 생산능력 협력기금을 설립했다.

2017년, 중국은 일대일로 PPP(민관협력사업)[54]협력 메커니즘을 건립하고, 유엔 유럽경제위원회와 협력 양해각서를 체결하였다. PPP 공동 추진 모델은 일대일로 건설에 더 잘 응용된 협력 프로젝트이다.

---

54 PPP(Public Private Partnership)민관협력사업은 주로 개도국 정부나 공기업이 교량, 댐, 플랜트, 도로 등의 인프라스트럭처 공사를 해외 민간자본을 끌어들여 진행하는 프로젝트를 말한다. 짧게는 20년, 길게는 50년간 시설 운영 수익뿐 아니라 배당금까지 가져갈 수 있어 단순 시공을 뛰어넘는 고부가가치 건설업이다. 중국과 일본이 경쟁하는 세계 각국의 고속철 사업, 이란 정부가 발주하는 건설 프로젝트도 대부분 PPP형태다.네이버 지식백과 매일경제(검색일:2020. 4. 2)

(2) 3자시장 협력 적극 추진

일대일로는 개방포용과 실질적 효과가 있는 3자시장 협력 추진에 힘쓴다. 중국 기업과 각 국가 기업 간 상호보완적 우위를 촉진하여, "1+1+1>3"[55]의 상생협력을 실현한다.

2018년, '제1회 중국·일본 3자시장 협력포럼'과 '중국·프랑스 3자시장 협력지도위원회 2차회의'가 성공적으로 개최되었다.

영국 힝클리 원전 등 협력 사업은 순조롭게 착지하였으며, 중국중처[56](中國中車)와 독일 지멘스는 이미 몇몇 중점 프로젝트 대해 3자 협력의 공감대를 형성했다.

중·일 3자시장 협력포럼(바이두)

---

55 중국이 창시한 국제협력모델로 중국의 우세한 생산능력, 발달국가의 선진기술, 개발 도상국가의 발전 수요를 결합한 제3자시장의 효과를 말함. 바이두(검색일:2020. 4. 2)
56 中国中车集团有限公司(영문 CRRC)의 약칭. 국유기업이며 2019년 중국제조기업 26위임. 바이두(검색일:2020. 3. 7)

3) 함께나눔

모든 참여자가 실질적인 혜택을 얻도록 한다. 함께나눔은 협력자의 이익과 배려를 동시에 돌보는 것이다. 이익의 접점과 협력의 최대 공약수를 찾아, 협력의 성과가 쌍방에 복을 주고, 혜택이 모두에게 돌아가게 한다. 일대일로는 "당신이 지고, 내가 이기고 혹은 당신이 이기고, 내가 지는 제로섬 게임"이 아니라 상생협력이다.

중국은 함께나눔의 성과로 연선국가의 경제발전, 민생개선, 과학기술 촉진에 기여했으며, 녹색생태 이념을 갖고 일대일로를 추진하고 있음을 꼽고 있다.

(1) 발전성과의 혜택은 연선국가에 고루 미침

세계경제 성장에 대한 중국경제의 기여율은 여러 해 동안 30% 좌우를 유지했다. 최근 몇 년 동안, 중국의 수입수요는 급속히 확대되어, 국제무역 번영에 갈수록 큰 기여를 하는 동시에 대중 수출이 연선국가의 경제성장을 이끌었다.

중국의 화물과 서비스무역 연간 수입액은 모두 전 세계의 10% 정도를 차지하고 있다. 2018년 중국의 화물무역 수입은 14.1조 위안으로 전년 동기대비 12.9% 증가했다. 2018년 중국의 대외 직접투자는 1,298.3억 달러로 전년 동기대비 4.2% 증가했고, 연선국가에 대한 직접투자는 매년 증가한다.

일대일로를 함께 건설하는 협력의 틀 안에서, 중국은 아시아·아프리카·중남미 등 광범위한 개발도상 국가들이 인프라 건설의 강도를 높이고 있는 것을 지지한다. 세계 경제발전의 과실(果實)은 개발도상 국가들이 얻고 있다.

세계은행 연구팀의 양적 무역모형 결과에서 나타나듯이, 일대일로 건설로 발전 중인 동아시아 및 태평양 국가의 GDP는 평균 2.6%~3.9% 증가할 것이다.[57]

(2) 연선국가의 민생 개선

중국이 연선국가에 빈곤감소·농업·교육·위생 환경보호 등 분야의 민생을 지원

---

57 François de Soyres, The Growth and Welfare Effects of the Belt and Road Initiative on East Asia Pacific Countries, WORLD BANKGROUP, October 2018 Number 4.

하는 것은 일대일로의 범주에 포함된다. 중국은 중국·아프리카 빈곤감소 혜민(惠民) 협력 계획과 동아시아 빈곤감소 협력시범 등의 활동을 전개한다.

메콩강 물부족 문제를 적극적으로 해결한다. 연선국가가 가뭄재해에 대응할 수 있도록 돕고, 태국, 미얀마 등 국가에는 홍수방지기술을 지원한다.

중국은 세계보건기구와 일대일로 위생분야 협력을 위한 양해각서를 체결하고, 중국·아프리카 공공위생 협력계획과 중국·아세안 공중위생 인재육성 백인(百人)계획 등의 프로젝트를 실시한다.

중국은 연선국가와 협력하여 수천 명의 공중위생관리 및 질병통제요원을 배양하였다. 관련 국가 5,200여 명의 백내장 환자를 대상으로 무료 시력회복 수술을 해주었다. 중국은 매년 주변국가 3만여 명의 환자들에게 양질의 의료서비스를 제공하고 있다.

중국 중의약팀은 잇달아 캄보디아·코모로·토고·상투메프린시페·파푸아뉴기니 등에서 말라리아의 빠른 퇴치방안을 실시하고 있다.

(3) 과학기술 혁신을 촉진하고 성과를 연선국가로 이전

중국은 연선국가와 46개의 과학기술 협력 협정을 체결했으며, 중국~아세안, 중국~남아시아 등과 과학기술 파트너 계획을 잇달아 가동해, 아세안·남아시아·아랍·중앙아시아·중동부유럽과 5개지역 기술이전 플랫폼을 건립하고, 일대일로 국제과학조직연맹을 발족했다.

연선국가의 청년 과학자들이 단기과학연구사업 및 연선국가 과학기술훈련과 관리인원 등의 방식을 통해 중국에 와서 일을 함으로써, 다층적이고 다원화된 과학기술 인문교류 체제를 형성하였다. 2018년, 중국은 500명의 연선국가 청년 과학자가 중국에 와서 연구하는 것을 받아들였으며, 훈련과학기술 관리인원은 1,200명이 넘는다.

중국은 연선국가와 베이더우(北斗)위성항법시스템, 위성통신시스템과 위성기상 원격탐지기술 서비스 등의 우주비행 국제협력을 적극적으로 전개하고 있다.

(4) 녹색발전 추진

중국은 "파리협정"을 견지하며, 일대일로는 처음부터 녹색 생태 이념을 일관성 있게 추진하고 있다. 중국은 유엔환경계획과 녹색 일대일로 건설 양해각서를체결하고, 30여 개 연선국가와 생태환경보전을 위한 협력협정을 체결했다.

아프리카에 건립한 풍력발전(바이두)

녹색크로드 건설은 이미 유엔의 2030년 지속가능 발전 어젠다의 중요한 경로로 실행되었다. 100여 개의 관련국가와 지역에서 온 파트너가 공동으로 일대일로 녹색발전국제연맹을 설립했다.

중국은 2016년 "G20 의장국"을 맡으면서, 녹색금융을 G20의제로 선정하고, G20녹색금융 종합보고서"를 발표했다. 또한 녹색 실크로드 사자(使者) 계획을 적극적으로 실시하여, 이미 연선국가의 2,000명을 훈련시켰다.

중국은『일대일로 녹색건설추진에 관한 지도의견』,『일대일로 생태환경보호 협력기획』등 계획을 발표하고, 일대일로 녹색책임과 녹색표준 실행을 추진하고 있다.

4) 비전: 인류운명공동체 구축

일대일로는 아름다운 미래를 추구하는 인류의 공통된 염원에 부응한다. 국제사회는 갈수록 일대일로가 주창한 "인류운명공동체" 구축 이념에 공감한다. "인류운명공동체"를 구축하는 것은 세계 경제 발전의 수요와 인류문명의 진보라는 큰 방향에 부합한다. 일대일로는 "인류운명공동체"의 중요한 실천 플랫폼이다.

(1) 중국에서 발원하여 세계로

일대일로는 서로 다른 지역, 서로 다른 발전단계, 서로 다른 문명을 초월하여 개방적이고 포용적인 플랫폼이며, 각 지역이 함께 만드는 글로벌 공공재이다.

일대일로 목표는 인류공동의 미래를 지향하고, 최대한 비(非) 경쟁성과 비(非)배타성을 견지해, 국제사회의 글로벌 거버넌스 공정성, 평등성, 개방성, 포용성 추구에 부응한다. 일대일로는 중국이 오늘날 세계를 위해 제공하는 중요한 공공재이다. 구테헤스 유엔 사무총장은, 일대일로는 유엔 새천년 계획의 거시목표와 동일하며, 모두 세계에 제공하는 공공재라고 밝혔다.

일대일로는 무역거래와 인적교류를 촉진할 뿐만 아니라, 각 국가 간의 이해증진, 문화적 장벽을 감소시키며, 궁극적으로는 평화·화합 및 번영을 실현한다.

(2) 글로벌 거버넌스 변혁을 위해 중국이 방안을 제공

오늘 날 세계는 성장동력 부족, 거버넌스 정체와 발전 불균형 등의 도전에 직면해 있다. 일대일로는 개방포용·공동발전의 방향을 뚜렷하게 나타낸다.

사회제도와 문화의 차이, 문명의 다양성 존중, 다원적 문화의 공존을 견지하며, 서로 다른 경제 발전수준 국가의 상호 보완적 장점과 상생협력을 강조한다. 발전조건 개선, 발전기회 창출, 발전동력 증진, 발전성과 나눔에 힘쓴다. 글로벌 거버넌스 실현, 글로벌 안전, 글로벌 발전연동을 추진한다. 오랫동안 단일 거버넌스 성과가 나타나지 않았던 어려움을 해결하는 데 주력한다.

(3) 연선국가의 장래와 운명이 굳게 연결되어 있음

인류는 단지 하나의 지구를 갖고 있고, 각 국가는 하나의 세계에 공존한다. 인류가 공통적으로 직면하고 있는 다양한 도전에 대응하기 위해, 세계평화 번영 발전의 아름다운 미래를 추구한다. 세계 각 국가는 고난을 같이하며, 영광과 치욕을 함께한다. 항구적인 평화, 보편적 안전, 공동번영, 개방포용, 깨끗하고 아름다운 세상을 만들어 나간다. 인류운명공동체 이념은 이익공생(利益共生), 정감공명(情感共鳴), 가치공감(價値共識), 책임공동부담(責任共擔), 윈-윈발전 등이 내포돼 있다.

일대일로는 위험이 닥쳤을 때 서로 돕고, 평등을 중시하며 정(情)을 돈독히 한다. 구동존이(求同存異), 포용호양(包容互諒), 대화소통, 평등교류를 견지하며, 다른 사람의 발전을 자신의 기회로 간주한다. 중국은 연선국가는 물론 세계의 발전기회와 결합시켜 발전성과가 협력쌍방과 각 국가 및 지역에 고루 미치도록 한다.

중국은 40년 개혁개방 중에서 참고할만한 많은 경험을 축적했다. 중국은 이데올로기와 발전 모델을 수출할 계획은 없지만, 일대일로를 통해 다른 나라와 발전 경험을 나누고, 연선국가와 아름다운 미래를 함께하기를 희망한다.

4. 전망

전망은 "공헌과 전망"의 마지막 부분이다. 일대일로의 향후 나아가야 할 방향으로 평화의 길, 번영의 길, 개방의 길, 녹색의 길, 혁신의 길, 문명의 길, 청렴의 길 등『7개의 길』을 제시했다. 『7개의 길』은 대부분 21세기 글로벌 시대의 규범과 흐름에 부합한다고 볼 수 있다. 중국은 글로벌 시대정신에 발맞추어 일대일로를 추진하여 인류운명공동체 구축이라는 목표 실현을 추구한다. 『원문내용』은 다음과 같다.

(원문)

지금 세계는 대발전(大發展) 대변혁(大變革) 대조정(大調整)의 시기에 처해있으며, 평화·발전·협력은 여전히 시대의 흐름이다.

미래를 전망하면, 일대일로는 수많은 문제와 도전에 직면해 있을 뿐만 아니라 역사상 유례가 없는 기회와 발전으로 가득차 있다. 이것은 다방면에 걸친 이니셔티브로서 한마음 한뜻으로 힘을 합칠 필요가 있다. 이것은 미래가 걸린 이니셔티브로 꾸준한 노력이 필요하다. 이것은 인류행복에 관한 이니셔티브로서 세심한 보살핌을 필요로 한다.

우리는 시간의 변천과 각 방면의 공동 노력에 따라 일대일로는 반드시 착실하게 안정적으로 멀리 나아갈 것이며, 평화의 길·번영의 길·개방의 길·녹색의 길·혁신의 길·문명의 길·청렴의 길이 되어, 경제 글로벌화를 더욱 개방적이고 포용적이며, 보혜(普惠)적이며 균형적이고, 상생발전의 방향으로 추진해 나갈 것이라 믿는다.

1. 평화의 길

고대 실크로드는 평화로울 때 흥하고, 전쟁 때 쇠락했다. 일대일로는 평화안녕의 환경과 불가분의 관계이다. 일대일로는 상호존중·공평정의·상생협력의 신형 국제관계[58]를 건립하고, 대화를 회피하지 않으며, 동맹(同盟)을 맺지 않는다. 각국은 서로의 주권·존엄·영토보전을 존중한다. 서로의 발전과정과 사회제도, 핵심이익과 중대 관심사를 존중한다.

평화안보는 일대일로의 기본전제이자 보증이다. 각국은 공동·종합·협력·지속가능한 안보관 수립이 필요하며, 함께 건설하고 함께 공유의 안보구도를 조성해야 한다. 충돌을 해소하고 정치적 해결을 위해 힘을 써야 하며, 조정 알선에 노력하여

---

58 2014년말 시진핑 주석이 제안한 상생협력의 신형국제관계 이념이다. 시진핑 주석은 2015년 9월 유엔 70주년 연설에서 상생협력의 신형 국제관계를 구축해 인류운명공동체 만들어 나아갈 것을 제시했다. 2017년 10월 제19차 중국공산당 제19차 전국대표대회에서 상호존중, 공평정의, 상생협력의 신형국제관계를 향후 외교방침으로 확정했다. 바이두 백과 新型國際關係. (검색일: 2020. 2. 3)

공평한 정의를 견지해야 한다. 테러 방지에 힘을 쏟아야 하고, 지엽적인 것과 근본적인 것을 함께 다스려, 빈곤낙후와 사회 불공평을 퇴치한다. 냉전적 사고와 제로섬 게임, 강권정치를 버리고 테러리즘과 분리주의, 극단주의를 단호히 배격하는 것이 필요하다.

국가주권, 영토보전, 안보안정 등 중대한 핵심적 이익을 다루는 문제에 대해서는 서로를 지지한다. 대화로 분쟁을 해결하고, 협상으로 이견을 해소하며, 협력을 증진하고, 상호불신을 줄인다. 각국은 사이버보안·국제범죄·마약밀매 등 "3대 단속"과 합동법집행, 안전보안 등 방면의 협력을 심화할 필요가 있다. 지역경제 발전과 국민의 안락한 생활을 위한 양호한 환경을 조성한다.

중국은 항상 지역과 세계평화를 지키고 공동발전을 촉진하는 확고한 힘이 있다. 중국은 평화발전의 길을 견지하고 있으며, 독립적이고 자주적인 평화 외교정책을 확고히 신봉하여, 각 국가와 국민이 스스로 선택한 발전의 길과 실행하는 대내외 정책을 존중한다. 결코 각국의 내정에 간섭하지 않고, 자신의 의지를 상대방에게 강요하지 않으며, 자국의 이익을 타국의 이익보다 중시하지 않는다. 중국은 일대일로의 순조로운 추진을 보장하기 위해서, 연선국가와 공동으로 분쟁 해결 체제와 안전 리스크 경보통제 메커니즘을 구축하고, 응급처치작업 메커니즘을 제정한다. 일단 분쟁이 발생하면, 당사자는 서로의 이익에 대해 소통 교류하며, 대화하는 것이지 대립하는 것이 아니다.

일대일로를 건설하기 위하여 양호한 발전환경을 조성할 뿐만 아니라, 각 국가는 공동으로 서로 핵심이익을 존중하며, 이견의 평화적 해결을 위한 조화로운 세계건설을 추진한다.

2. 번영의 길

발전은 모든 문제를 해결하는 최선의 방안이다. 일대일로는 발전이라는 근본적인 문제에 초점을 맞추고, 각국의 발전 잠재력을 방출하여, 경제융합·발전연동·성과공유를 실현한다. 일대일로는 세계 다극화, 경제 글로벌화, 문화 다양화, 정보화 사회의 흐름에 발맞추어 글로벌 자유무역 체제와 개방형 세계경제의 수호에 힘쓴다.

연선국가의 시장규모와 부존자원은 각각의 장점이 있고, 상호보완성이 뛰어나며, 잠재력이 커, 협력전망이 밝다. 각국은 각 측의 이익과 배려를 충분히 고려하는 기초위에서, 공감대를 형성하여, 공감대를 행동으로 전환하고, 상호간에 전략·계획·플랫폼·프로젝트의 결합을 추진하는 방향에 따라, 많은 가시적 성과와 상호보완적 장점을 실현하여 공동번영 발전을 촉진한다.

일대일로는 지속적으로 호련호통(互聯互通)에 중점을 둔다. 관건적 통로·연결점·프로젝트에 초점을 맞추고, 도로·철도·항구·항공·우주·오일가스관·전력·네트워크통신 등 분야를 중점적으로 추진하여, 각 국가와 공동으로 육상·해상·항공·인터넷 4위 일체의 상호연계를 추진한다. 중국은 각국과 일대일로 공간정보회랑 건설을 희망한다. 경제무역 분야에서의 연선국가와 상호번영을 심화하고, 양자·다자 간 투자·무역 규모를 확대한다. 산업협력을 깊이 있게 하며, 경제무역협력단지를 공동으로 잘 조성한다. 신공업 혁명의 새로운 기회를 발전시키고, 신성장 동력·신기업 형태를 육성하여 경제성장의 활력을 증진시킨다.

「제2회 일대일로 국제협력 정상포럼」 기간에 중국은 관련 국가와 생산능력과 투자협력 중점 프로젝트 리스트를 체결할 것이다. 안정적이고, 지속 가능하며, 리스크 통제가 가능한 금융시스템을 구축한다. 투자와 융자모델을 혁신하고, 정부와 사회자본 협력을 확대한다. 다원화 융자체계와 다층적 자본시장을 건설하고, 보혜(普惠)금융을 발전시켜, 금융서비스 네트워크를 완비한다.

3. 개방의 길

개방은 사회발전을 촉진시키고, 폐쇄는 낙후를 초래한다. 한 나라에 대해 말하자면, 개방은 누에고치가 깨서 나비가 되는 것과 같이, 일시적인 진통을 겪겠지만,

새 생명으로 바뀌는 것이다. 일대일로는 개방을 지도 행동으로 하여, 경제성장과 균형발전 문제를 해결하려고 노력한다. 일대일로는 다 같이 혜택과 이익을 공유하는 것을 견지한다. 개방형 협력의 장을 마련하여, 개방형 세계경제 형성을 추진한다.

일대일로는 평화발전과 경제협력을 함께 건설하자는 것이지, 지정학적 연합이나 군사동맹을 하는 것이 아니다. 개방적 포용과 공동발전의 과정이지, 문을 닫아걸고 작은 울타리 혹은 "차이나클럽"을 만드는 것이 아니다. 이데올로기로 경계를 긋지 않고 제로섬 게임을 하지 않는다. 어떠한 정치체제, 지역환경, 발전단계, 문화배경을 막론하고, 모두 일대일로에 가입할 수 있으며, 함께협의·함께건설·함께나눔의 상생번영을 실현한다.

중국은 규칙에 기초한 개방·투명·포용·비차별적인 다자 무역 체제를 유지하고 강화한다. 무역·투자 자유화와 편리화를 촉진하며, 연선국가와 함께 고(高)표준의 자유무역지대를 조성하여, 경제 글로벌화의 건전한 발전을 추진한다. 동시에, 일대일로는 발전 불균형·거버넌스 딜레마·정보격차·분배격차 등을 해소하고, 세계 각국의 발전기회를 균등하게 함으로써, 발전성과를 각국 국민이 공유하도록 하는 데 주력한다.

일대일로 건설 과정 중에서 중국이 개방하는 문은 더욱 커질 수밖에 없다. 중국은 세계 각국과 공동발전의 새로운 기회를 가져다주고자 하며, 각국과 자국(自國)의 국정(國情)에 맞는 개방형 경제를 적극적으로 추진하여, 함께 손을 잡고 인류운명공동체 구축이라는 목표를 향해 끊임없이 매진하고 있다.

4. 녹색의 길

일대일로는 녹색발전 이념을 실천하고, 녹색·저탄소·순환(循環)·지속 가능한 생산 생활방식을 선도하며, 생태환경보호 협력강화와 생태환경 리스크 방비에 힘쓴다. 연선국가, 정부, 기업과 대중의 녹색 공감대 및 상호 이해와 지지를 증진하고, 공동으로 2030년 지속 가능한 발전목표를 실현한다.

연선각국은 우호적 환경을 견지하며, 생태문명과 녹색발전 이념을 경제무역 협력에 전면적으로 융합하여, 생태환경 보호와 경제무역 협력이 상생하는 양호한 녹색발전 구조를 형성하기 위해 노력한다. 각국은 생산발전, 생활부유(富裕), 생태가 양호한 문명발전의 길을 끊임없이 개척한다.

에너지절약 및 배출감소 협력을 실시하고, 기후변화에 공동 대응한다. 생태환경 보호 지원정책을 제정하여 시행하며, 에코시스템 보호와 복구를 강화한다. 녹색금융 발전을 모색하고, 환경보전·생태적관리를 현대 금융시스템에 유기적으로 융합한다.

중국은 연선국가와 생태환경보호 협력 추진을 희망한다. 더 많은 나라들과 녹색실크로드 건설을 위한 협력문서를 체결하며, 일대일로 녹색발전국제연맹을 확대하고, 일대일로 지속 가능한 도시연맹을 건설하기 위해 노력할 것이다.

녹색산업 협력시범기지, 녹색기술교류와 이전기지, 기술시범보급기지, 과학기술단지 등 국제 녹색산업 협력 플랫폼을 건설한다. 환경 친화적 공급사슬을 만들고, 국가공원건설 협력교류를 전개하여, 연선국가와 우리가 함께 가지고 있는 정원을 잘 보전한다.

5. 혁신의 길

혁신은 발전을 촉진하는 중요한 역량이다. 일대일로는 혁신을 향한 동력이 필요하다. 5년여간 중국과 연선국가는 혁신적인 환경을 최적화하여 왔다. 혁신자원을 모으고 과학기술 혁신협력을 강화하여 과학기술과 산업·금융 간 깊은 융합을 지속적으로 촉진할 것이다. 21세기 이래, 전 세계의 과학기술 혁신은 전례 없는 활성화 시기에 진입하였으며 새로운 과학기술 혁명과 산업변혁이 글로벌 혁신 판도를 바꾸어 글로벌 경제구조를 새롭게 하고 있다.

일대일로는 대부분 공업화 초·중급 단계에 처해있는 국가를 위해 전 세계 산업사슬과 가치사슬을 평등하고 합리적으로 융합하는 새로운 계기를 제공했다.

각종 요소자원이 연선국가 간에 공유되고 유동적으로 재결합된다. 각 국가는 각각의 비교우위를 활용하여 기술 선도 응용연구·하이테크 제품 연구개발과 전환에 중점을 두고 끊임없이 혁신적인 발전을 향해 전진하고 있다.

일대일로는 연선국가 혁신발전의 새로운 플랫폼이며, 도약식 발전을 실현하는 구동력으로 세계경제 발전의 신성장 동력이 될 것이다.

일대일로 혁신의 길 전문 포럼(바이두)

중국은 연선국가 간 연동발전과 협력으로 도전에 대응하며, 이미 다양한 국가·계층·군중으로 하여금 개방형 세계경제 발전 중에서 경제 글로벌화의 성과를 공유할 수 있도록 할 것이다.

디지털 경제는 농업경제, 공업경제 다음으로 주요한 경제형태이다. 지금 세계는 더 넓은 범위, 더 깊은 범위의 과학기술 혁명과 산업의 변혁을 겪고 있다. 현대 정보기술은 부단히 새로운 진전을 이루고 있으며, 디지털 경제가 활발히 발전하여 각국의 이익이 더욱 긴밀하게 연결된다.

일대일로는 혁신적인 구동 발전을 견지하고 있으며 각 측과 인공지능·나노기술·양자컴퓨터 등 첨단분야의 협력을 강화하고, 빅데이터·클라우드 컴퓨팅·스마트시티 건설을 추진하여, 21세기의 디지털 실크로드로 연결한다.

디지털 경제와 실크로드 (바이두)

연선국가 청년 과학자들이 단기 과학연구 및 과학기술 훈련과 관리인원 방식으로 중국에 와서 일을 하며, 다층적이고 다원화된 과학기술 인문교류 메커니즘을 형성한다. 국가급 연합과학연구 플랫폼을 통하여, 장기적이고 안정적인 과학기술 혁신 협력 메커니즘을 심화시켜, 연선국가의 과학기술 혁신능력을 향상시킨다.

일대일로 기술이전 협업 네트워크를 구축하고, 지역혁신 일체화 발전을 촉진한다. 지적재산권은 혁신 구동 발전의 기본적 보장이다. 연선국가의 지적재산권을 존중하여, 지적재산권을 보다 효과적으로 보호하고 사용할 수 있도록 추진함으로써, 높은 수준의 지적재산권 보호 체계를 구축한다.

6. 문명의 길

문명교류는 문명의 간격을, 문명호감(文明互鑒)은 문명충돌을, 문명공존은 문명우세를 뛰어넘으며, 각국이 서로 이해하고 존중하며 신뢰하도록 하는 것이다.

고대 실크로드는 각국 민족이 왕래하는 창구를 열어 인류문명이 진보한 역사의 장을 썼다. 일대일로의 두터운 문명의 저력과 포용의 문화이념은 연선국가가 서로 같은 방향으로 가면서 상호 학습할 수 있는 토대를 제공함으로써, 서로 다른 국가, 서로 다른 문화, 서로 다른 역사적 배경을 가진 사람들 간의 깊은 교류를 촉진시켰다. 인류가 민족·문화·제도·종교를 초월하여, 새로운 차원에서 감응(感應)·융합(融合)·상통(相通)하게 함으로써 인류운명공동체 구축을 공동으로 추진한다.

일대일로 중국·아프리카문화포럼 (바이두)

일대일로는 연선국가와 교육·과학기술·문화·위생·체육·언론·관광 등의 분야에서 폭넓은 협력을 전개하고, 정당·청년·사회조직·싱크탱크·여성·지방교류를 함께 촉진한다. 초보적으로 화합하면서도 부화뇌동하지 아니하며 다원일체(多元一體)의 문명 공동번영 발전태세를 형성하였다.

중국은 연선국가 및 유관 국제기구와 함께 다층적 인문협력체제 구축을 희망하며 더 많은 협력 플랫폼을 만들고 더 많은 협력채널을 개척한다.

교육협력을 추진하여 유학생 상호파견을 크게 확대하고, 합작학교의 수준을 높인다. 일대일로 국제싱크탱크협력위원회와 일대일로 매체협력연맹을 잘 건설한다. 지속적으로 역사문화 유산보호, 문화재 원외협력, 공동 고고학 협력을 전개한다. 박물관 교류협력을 추진하고, 공동으로 실크로드의 특색을 살린 관광상품을 개발한다.

정당·민간조직 교류를 강화하며, 여성·청년 등 단체교류를 밀접하게 하여 포용발전을 촉진한다.

아시아 정당실크로드 전문가회의(바이두)

「제2회 일대일로 국제협력 정상포럼」 기간에 중국 유관부문과 유엔아동기금회 공동으로 어린이를 사랑하고, 발전을 공유하는 지속 가능한 발전목표 실현촉진 협력 이니셔티브를 발기할 것이다.

중국 사회조직은 '실크로드 한가족' 프로젝트를 시작하여, 연선 각 국가의 사회조직과 공동으로 민생분야의 협력을 추진한다. 중국은 지속적으로 연선 발전도상국가에 대하여 능력의 범위에서 지원과 도움을 준다.

7. 청렴의 길

청렴은 일대일로의 도덕적 양심이며 법률 레드라인이다. 연선국가는 청렴하고 고효율적인 현대 경영환경 조성을 위해 공동으로 협력을 하며, 일대일로 건설 프로젝트에 대한 감독관리와 위험을 방지하고 투명한 공공자원교역(交易) 프로세스를 규범화 한다. 프로젝트 입찰·시공건설, 운영관리 등 과정에서 관련 법규를 엄격히 준수하며, 권력을 이용하여 경제적 이득을 얻으려는 공간을 제거하고, 양호한 시장 질서를 구축한다.

각국은 부패 척결을 위한 국제교류협력을 강화해야 한다. 「유엔반부패협약」 등 국제협약과 관련 양자조약을 바탕으로 사법 법집행 협력을 확대하며, 양자 인도조약 및 사법협조 협정체결과 이행을 추진하여, 보다 긴밀하고 편리한 사법 법집행 협력 네트워크를 구축한다.

각국은 기업 자율의식 강화 수요에 따라, 준법감시 관리체계와 청렴문화 육성체계를 구축하고, 청렴 리스크를 예방하고 통제하며, 상업뇌물행위를 단호히 저지한다. 정부, 기업, 국제사회의 3자가 공동으로 노력하여, 효과적인 조치를 취해, 부패분자의 입국거절과 부패자산 반환 등 공조체제를 건립하여, 부패사슬을 끊고 반부패 방어선을 구축하는 데 힘을 모은다.

중국은 각국과 반부패 법치체계와 메커니즘 건설을 완비하고, 끊임없이 상업 환경을 개선하여, 지속적 상업뇌물 행위를 단속한다. 연선국가와 반부패 법률 법규 결합과 반부패 실질적 협력을 심화한다.

대외개방의 국책사업인 글로벌 시장 진출(走出去)전략에 대응한 글로벌 시장 진출

기업의 청렴한 교육훈련과 기업 준법 경영관리를 강화한다.

중국은 연선국가와 공동으로 일대일로를 청렴의 길로 만들기 위해 노력하기를 희망한다.

세계의 흐름은 기세가 드높다. 역사의 흐름에 순응하여 구현된 일대일로의 가치관과 발전관은 전 세계 인류운명공동체를 구축하려는 요구에 부합하며, 연선국가 국민들이 발전의 기회를 공유하고 아름다운 생활을 만들고자 하는 간절한 소망에 부합하기도 한다.

시간의 흐름에 따라 일대일로는 한층 더 강한 생명력과 창조력을 잘 나타낼 것이다. 일대일로는 그동안의 구상단계와 구체적인 실천을 통하여 오랫동안 성과를 얻을 수 있도록 고품질, 고표준, 고수준으로 발전할 것이다. 항구적이고 평화로운 세계를 만들기 위해 보편적이고 안전한 세계, 함께 번영하는 세계, 개방적이고 포용적인 세계, 아름답고 깨끗한 세계를 건설하여, 궁극적으로 인류운명공동체 구축이라는 비전을 실현하는데 더 큰 공헌을 한다.

제Ⅱ부

시사점과 신한중 협력방안

제1장
시사점

앞장에서는 일대일로 공식문건이자 기본계획인 "비전과 행동", 그리고 그간의 추진상황과 전망을 제시한 "공헌과 전망"을 살펴보았다.

그동안 추진상황을 분석하면 일대일로는 대내외적으로 확고한 위상을 정립하였다고 볼 수 있다. 국내적으로는 2017년 10월 24일 일대일로가 공산당 당장(黨章)에 채택됨으로써 향후 40여 년간 중국의 글로벌 대외개방 기본국책으로 추진할 수 있는 확고한 기반을 마련하였다. 국제적으로는 실크로드 선(線)상 국가에서 시작하여 중남미 국가까지 외연을 확장하였으며, 유엔, G20, APEC, ASEM 등의 국제기구와 다자 협의체의 결의안에 일대일로가 채택되는 등 세계화에 성공하였다고 볼 수 있다.

이제는 중국뿐만 아니라 일대일로 참여국가와 국제협력을 추진하기 위해서는 일대일로에 대한 심층적인 연구를 통하여 상생협력 방안을 마련하지 않으면 안 되는 시대가 되었다고 해도 과언이 아니다.

이와 같은 시기에 일대일로의 기본계획인 "비전과 행동" 추진성과와 전망을 담은 "공헌과 전망"을 분석·평가하여 시사점을 도출하고 새로운 한중 협력방안을 제시하는 것은 큰 의의가 있다고 볼 수 있다.

1. 대외개방

1) 일관된 대외개방

국가의 기본정책을 40여 년 이상 일관성을 갖고 추진하고 있는 국가는 많지 않다. 국가의 체제를 떠나 정권이 바뀌거나 시대흐름에 따라 많은 국가의 정책은 소멸

되거나 새로운 정책으로 바뀐다.

중국은 지금까지 다섯 번의 지도부 교체가 있었다. 중국의 5세대 지도부는 1세대 건국의 아버지 마오쩌둥, 2세대 개혁개방의 설계사 덩샤오핑, 3세대 장쩌민, 4세대 후진타오이며 현재는 5세대 시진핑 주석이 중국을 이끌어가고 있다.

개혁개방을 기본국책으로 정한 것은 2세대 덩샤오핑이다. 덩샤오핑은 문화대혁명[59]의 어려운 시기를 극복하고 1978년 12월 중국 공산당 제11기 3차 중앙위원회 회의에서 《해방사상, 실사구시, 일치단결하여 앞으로 나가자.》는 발표를 통해 개혁개방을 주창하고 제2세대 지도자로 등극하였다.[60]

덩샤오핑이 개혁개방을 주창한 이래 후임 세대 지도부는 개혁개방을 더욱 발전시켜 왔으며 5세대 시진핑 주석은 기존의 개혁개방 성과를 바탕으로 21세기 지구촌의 난제를 해결하기 위한 방안으로 일대일로를 제안했다.

일대일로는 개혁개방 정책을 보완 발전시킨 것이라 할 수 있다. 그러므로 그간 추진해 온 대외개방 정책을 분석해 보는 것은 향후 일대일로와 협력사업을 추진하는 데 큰 도움이 될 수 있다고 본다.

2) 대외개방 추진전략

중국의 개혁개방 원년은 1978년 12월 공산당 제11기 3차중앙위원 전체회의라 할 수 있다. 이 회의에서 개혁개방을 국가의 기본국책으로 채택한 이래 지속적인 대외개방 정책을 추진해 온 결과 중국이 오늘날의 G2로 발전하였다고 볼 수 있다.

중국은 개혁개방 주창 이후 1979년 7월 동부 연해도시인 선전(深圳), 주하이(珠海), 샤먼(厦门), 산터우(汕头) 등 4개 지역을 경제시범특구로 지정하고 본격적인 개혁개방을 추진하기 시작했다.

---

59 문화대혁명은 무산계급문화대혁명의 약칭. 1966년5월부터 1976년10월까지 10년간 중국의 최고지도자 마오쩌둥에 의해 주도. 건국 이래 당과 국가, 국민에게 가장 엄중한 좌절과 손실을 안겨주었음. www.baidu.com(검색일:2020. 4. 1)

60 중국 공산당 2세대지도부 핵심인물www.baidu.com(검색일:2020. 4. 1)

중국 개혁개방은 점진적 확대 전략이다.

중국의 개혁개방 전략은 연해지역에서 점진적으로 내륙지역까지 확대해 나가는 것이다. 개혁개방의 순서는 경제시범특구→연해개방도시→연해경제개방구→내륙지역으로 추진하였다.

중국 개혁개방의 핵심 축은 각종 경제개발구[61] 등이다

중국은 개혁개방 초기에는 개혁개방 도시를 점진적으로 확대해 나가면서 각 성(省)·시(市)별로 한국의 국가산업단지와 경제자유구역 기능을 갖춘 경제기술개발구, 고신(高新)기술산업개발구, 변경경제합작구 등을 지정하고, 이 산업단지를 주축으로 외자유치와 지역개발 계획을 추진하여 큰 성과를 거두었다.

그리고 외자유치를 더욱 적극적으로 추진하기 위하여 지역 수요에 따라 별도의 수출가공구, 종합보세구, 내륙 컨테이너기지를 지정하여 지역경제에 활력을 불어넣었으며, 2013년부터는 일대일로와 연계한 글로벌 자유무역 체제 구축을 위하여 상하이 자유무역시험구 등 18개의 자유무역시험구를 지정하여 운영하고 있다. 일대일로의 지역별 추진계획은 지역발전 계획과 국가산업단지, 종합보세구, 자유무역시험구 등을 주축으로 추진될 것이다.

맞춤형 국내외 기업유치 정책을 지속적으로 추진했다.

중국은 국가 경제개발구 등 대형 프로젝트 성공을 위해 중앙정부와 지방정부가 최선을 다하고 있다. 지역발전 계획이 확정되면 중앙정부와 지방정부가 추진상황을 지속적으로 점검하는 시스템을 갖추었다. 사업이 활성화되지 않을 경우 부진원인을 분석하여 신속하게 활성화에 필요한 정책을 지원하고, 지원정책이 성과가 없으면

---

61 개발구는 한국의 산업단지에 해당된다. 경제기술개발구, 고신(高新:하이테크)기술산업개발구가 있다. 중국은 지역실정에 부합한 산업단지를 지역별로 지정·운영하여 큰 성과를 거두었다.

실현 가능한 정책을 지원하거나 새로운 개념의 경제특구 지정 등을 통해 프로젝트를 성공으로 이끌어 내는 등 시대흐름에 부응한 맞춤형 기업유치 정책을 지속적으로 발굴하여 추진하고 있다.

외자유치 타깃이 분명했다.

중국은 개혁개방 추진전략에 따라 경제특구, 연해개방도시 등을 지정하고 외국기업 투자유치를 위해 많은 우대정책과 함께 전략적으로 외자유치 대상 국가와 지역을 선정했다. 예를 들면 동부연해 경제특구 우선 유치대상은 당시 경제가 발달한 타이완(台湾)기업을 주축으로 한 화상(華商)기업이었다. 화상(華商)기업들이 초반에 중국 투자를 이끌었다 해도 과언이 아니다.

1990년대 말까지 각 성(省)·시(市)별로 타이완 판공실을 운영하는 등 타이완과 경제협력을 통한 동반성장을 도모한 전략은 한국의 남북경협에 시사하는 바가 크다고 할 수 있다.

다른 한편으로는 주변의 경제가 발달한 한국, 일본 등을 중점유치 대상국으로 선정하고 세계 유력기업으로 확대하는 전략을 추진하였다. 초기에 가공무역 중심으로 외국기업을 유치하여 중국 제조업 발전의 기반을 마련하였다.

중국은 1995년부터 외상투자산업장려목록을 발표하고, 외국기업 진출 장려·제한·금지 업종을 명시하는 등 국가산업과 부합된 외국기업 유치를 하고 있다. 중국의 40여 년간 대외개방 전략은 확실한 목표를 정하고 일관되게 추진한 결과 성과를 얻고 있다.

국민적 공감대가 형성됐다.

중국의 개혁개방 설계자 덩샤오핑은 1962년 7월 처음으로 "흰 고양이든 검은 고양이든 쥐만 잘 잡으면 된다는 흑묘백묘(黑猫白猫)"론을 제기하였다. 그로부터 16년

이 지난 1978년 12월 덩샤오핑이 2세대 지도자로 등극하면서 흑묘백묘(黑猫白猫)론이 중국 경제발전의 새로운 이론이 되었다.[62] 개혁개방은 중국 경제체제의 대전환을 가져왔으며 외자유치는 중요한 국책사업 중의 하나가 되었다. 40여 년간 개혁개방을 통한 외자유치가 지역발전의 동력이라는 국민적 공감대가 형성되었으며, 2000년대 초까지만 해도 대부분 중국인은 외국인을 만나면 자기 지역의 투자여건을 설명하고 외자유치를 위해 공을 들이는 모습을 자주 목격할 수 있었다. 지금까지도 외자유치를 위해 정부와 민간이 공동노력을 기울이고 있는 것을 볼 수 있다.

지방정부의 지역발전 의지가 강하다.

중국은 국가균형 발전차원에서 지역별로 차별화된 우대정책을 부여하고 있다. 각 지방정부는 국가의 우대정책에 부합한 사업을 발굴하기 위하여 모든 노력을 기울이고 있으며, 많은 지방정부가 지역특성에 부합한 사업을 발굴하여 지역경제를 발전시켰다. 지방정부 건의로 국가사업으로 채택된 대표적 사례는 두만강유역개발계획이다.

외자 유치국에서 해외 투자국으로 전환하다.

중국은 개혁개방으로 국가발전을 촉진시키기 위해 경제특구 지정, 맞춤형 지역발전 전략 등을 통해 외자유치(引进来)에 주력한 결과 일정한 성과를 거둠에 따라 1997년 장쩌민(江泽民)주석이 외자유치(引进来)와 글로벌 시장 진출(走出去)전략은 불가분의 관계이므로 양자를 서로 결합하여 추진할 것을 지시함에 따라 중국기업의 해외진출 문호가 개방되었다.

2005년 원자바오(温家宝)총리가 글로벌 시장 진출 전략을 적극적으로 추진할 것을 관련부서에 다시 지시함에 따라 중국기업의 해외진출이 활기를 띠게 되었다. 중

---

62 黑猫白猫론·www.baidu.com 정리(검색일:2020. 4. 5)

국의 글로벌 시장 진출 전략은 일대일로 건설의 동력이 되었다고 볼 수 있다.

앞으로 중국은 외자유치(引进来)와 글로벌 시장 진출(走出去)전략을 효율적으로 결합하여 대외개방을 더욱 적극적으로 추진할 계획임을 밝히고 있다.

맞춤형 지역균형 발전계획을 지속적으로 추진한다.

중국은 개혁개방 추진과정에서 연해지역과 내륙지역 간 경제력 격차가 심화되는 등 지역 간 불균형 문제가 대두됨에 따라, 지역균형 발전을 위해 지역 맞춤형 개발계획을 적극적으로 추진하였다. 중국은 국토면적이 광대하며, 지역별 문화 습관 등이 상이함으로 지역별 특성을 살린 지역경제 발전계획이 필요한 것이 사실이다.

중국의 지역균형 발전계획은 중앙정부에서 직접계획을 수립하여 추진하는 것과 지방정부의 건의를 수렴하여 추진하는 두 가지 방식이 있으나, 일단 지역발전 계획으로 선정되면 그 지역에 특화된 우대정책을 부여받는다.

가장 대표적인 지역균형 발전계획은 2000년 1월부터 추진하고 있는 충칭(重庆), 쓰촨(四川), 신장(新疆) 등 12개 성(省)을 포함하는 서부대개발(西部大开发)[63], 2003년 10월부터 추진하고 있는 랴오닝(辽宁), 헤이룽장(黑龙江), 지린(吉林) 등을 중심으로 한 동북 노공업진흥정책(东北老工业振兴政策), 2005년부터 추진하고 있는 중부 내륙지역인 산시성(山西省), 허난성(河南省), 후베이성(湖北省), 후난성(湖南省), 안후이성(安徽省), 장시성(江西省) 등 6개 성(省)의 경제진흥을 위한 중부굴기(中部崛起) 등을 꼽을 수 있다.

2006년 3월 전국인민대표대회를 통과한 국민경제사회발전 제11차 5개년 계획요강(国民经济和社会发展第十一个五年规划纲要)에서는 경제가 가장 발달한 동부지역이 선도적으로 3대 지역균형 발전계획을 이끌고, 상호협력을 강화하는 내용을 담은 동부지역의 솔선적인 발전을 장려하는 지역발전총체전략(鼓励东部地区率先发展的

---

63 서부대개발은 동부 연해지역에 비해 경제·사회 발전이 크게 뒤떨어진 서부지역 개발전략이다. 일대일로 최대의 수혜지역이다. 지역적 범위는 서부 12개 성·시·자치구(쓰촨, 구이저우, 윈난, 산시(陕西), 간쑤, 칭하이, 충칭, 닝샤, 신장, 네이멍구, 광시, 시짱)로, 중국 전체면적의 71.4%(685만km²), 전체인구의 27.1%점유함(바이두)(검색일: 2020. 3. 4)

区域发展总体战略,이하 "동부솔선") 을 포함으로써 4대 지역균형 발전계획을 완성하였다.[64] 중국은 4대 지역균형 발전계획 이외에 도 지역특색을 살린 두만강유역개발계획(TRADP), 소수민족, 변경지역 우대정책 등 다양한 지역개발 정책을 통해 세계가 놀랄만한 경제성장을 이루어 냈다.

중국은 개혁개방과 지역균형 발전계획을 통해 G2의 국가로 성장하였지만 동부와 서부 간의 지역격차 등 지역 불균형 문제가 여전히 존재함에 따라 이를 해소하기 위해 시진핑 주석은 2013년 9월과 10월에 실크로드 경제벨트와 21세기 해상 실크로드 공동건설을 국제사회에 제안하고 개혁개방을 바탕으로 하는 새로운 국토 공간 확대 전략을 추진하기 시작했다.

시진핑 주석은 2014년 12월 11일 중앙경제공작회의에서 일대일로(一帶一路), 징진지협동발전(京津冀协同发展)[65], 창장경제벨트(长江经济带)[66]를 중점적으로 실시할 것을 제시했다. 이 3대전략의 공통적 특징은 행정구역을 초월하여 지역연동 발전을 촉진하는 것이다.

2015년 10월 공산당 18기 5중전회가 채택한 '국민경제사회발전 13차 5개년 계획 제정에 관한 중국 공산당 건의'에서 일대일로는 기업을 주체로 시장화 운영과 유관국가 및 지역과 다양한 분야의 협력을 통하여 상생번영의 실질적 협력을 추진함은 물론 육지와 바다, 대내외를 연동하여 동서(東西) 쌍방향 개방으로 전면적 개방의 신구도를 건설하는 것이라고 특별히 명시하는 등 일대일로의 중요성을 부각하고 있다.

---

64 중국에서 경제가 가장 발달한 동부지역은 허베이(河北), 베이징(北京), 텐진(天津), 산둥성(山东), 장수성(江苏), 저장성(浙江), 상하이(上海), 광둥성(广东), 하이난성(海南), 푸젠성(福建), 타이완(台湾), 홍콩(香港), 마카오(澳门) 등이다. 바이두(검색일: 2020. 2. 2)

65 징진지는 베이징, 텐진, 허베이의 3개지역을 말한다. 징진지 프로젝트는 이 3개지역을 아우르는 메가시티 건설을 일컫는 것으로 베이징과 텐진의 성장 동력을 인근 지역으로 확산시켜 낙후된 허베이성의 도시화를 가속화해 경제 수준을 끌어올리는 지역균형 발전전략 중 하나다. 세 지역을 합치면 면적이 21만 6000㎢에 달한다. 남북한을 합친 한반도 면적(21만 9000㎢)과 엇비슷하다. 해당 지역 인구는 총 1억5,000만명에 이른다(네이버 한경경제용어사전)

66 창장경제벨트는 상하이, 장수성, 저장성, 안후이성, 장시성, 후베이성, 후난성, 충칭, 쓰촨성, 윈난성, 구이저우성 등 11개 성을 포함하며 총면적 205만㎢, 중국 대륙의 21%, 인구 40%를 차지한다. 중국은 창장이 중국에서 큰 면적과 자원을 차지하고 있는 만큼 향후 15년 이내 창장경제벨트가 교통, 산업, 도시화 등의 분야에서 내수 잠재력을 이끌어낼것으로 전망함. www.baidu.com정리(검색일:2020. 4. 5)

2018년 11월 18일 중국 국무원은 가장 효과적인 지역협력 발전의 새로운 메커니즘 건립에 관한 의견(关于建立更加有效的区域协调发展新机制的意见)을 발표하였다. 주요내용은 서부대개발, 동북노공업진흥정책, 중부굴기, 동부솔선을 지속적으로 실시하며, 중점적으로 일대일로, 징진지협동발전, 창장경제벨트 등 3대 공간확대 전략을 추진하여 연해(沿海), 연강(沿江), 연선(沿線)[67] 경제벨트 형성을 위주로 하는 종횡(縱橫)경제벨트 건설을 통해 국토 균형발전을 기함은 물론 일대일로가 추구하는 인류운명공동체 구축 전략을 추진하고 있다.[68]

3) 일대일로는 글로벌 대외개방 기본국책

우리가 주목해야 할 것은 일대일로가 중국 공산당 당장(黨章)에 채택되었다는 것이다.

중국은 2017년 10월 24일 제19차 중국 공산당 전국대표대회에서 일대일로를 당장(黨章)으로 채택하였다. 당장(黨章)은 중국 공산당의 정관이다. 공산당원이면 누구나 준수해야 할 의무가 있다. 그간 중국은 1978년 12월 개혁개방을 당장(黨章)으로 채택하고 지난 40여 년간 초지일관 개혁개방을 추진하여 온 결과, 세계 G2 국가로 성장하였다. 향후 40여 년은 일대일로가 개혁개방을 이어받아 글로벌 대외개방 국책으로 추진될 것이다.

개혁개방과 일대일로는 개혁개방이라는 성격은 같으나 추진방식 등에서는 많은 차이가 있다. 개혁개방은 경제발전이라는 기본 목표를 정하고 추진계획을 지속적으로 보완 발전 시켜왔다면, 일대일로는 개혁개방을 바탕으로 정치, 외교, 경제, 문화, 국제교류 등 분야별 추진방향을 확정하고, 달라진 국력을 바탕으로 글로벌 자유무역 체제와 개방형 세계경제 수호, 경제공동체 건설, 글로벌 거버넌스의 재균형에

---

67 연해(沿海): 해변이나 바다에 연접한 지역, 연강(沿江): 강변이나 강에 연접한 지역, 연선(沿線): 교통선 연접 지역이나 변경지역

68 人民网-理论频道2017年7月3일(검색일:2020. 3. 2)

앞장서겠다는 것이다.

일대일로는 한국의 최대 교역국이자 지리적으로 가장 가까운 이웃 국가의 글로벌 대외개방 기본국책이다. 이웃 국가의 글로벌 대외개방 기본국책을 이해하고 상생번영 방안을 마련하는 것은 무엇보다 중요하다.

2. 일대일로

1) 일대일로 협력방향

일대일로 협력의 방향은 동남아경제통합과 동북아경제통합을 포함하고, 최종적으로 유라시아 대륙 경제통합의 큰 흐름을 형성하는 것이다.

일대일로는 국경을 맞대고 있는 지역을 출발점으로 하여 실크로드 선상의 국가와 도로, 철도, 해운, 항공, 파이프라인, 정보인프라 구축을 추진한다. 한편으로는 유럽화물열차 운행 등을 통하여 유라시아 대륙 간 경제, 무역, 관광 등의 협력을 중점으로 추진하고 있다.

중국은 국경을 맞대고 있는 국가와 실크로드 선상의 국가 간 협력사업이 가시적인 성과를 거둠에 따라 시진핑 주석 등 지도부가 나서서 동북아경제통합을 위해 노력하고 있는 모습을 볼 수 있다.

리커창 총리는 2017년 11월 아세안+한중일 정상회의에서 동아시아경제공동체 건설은 아세안+한중일의 전략적 목표 중의 하나라고 밝히고, 동아시아경제공동체[69] 건설을 안정적으로 추진하기 위한 6개의 제안을 했는데 핵심내용은 일대일로와 연계한 아세안과 한중일 협력 강화이다. 이 회의에서 처음으로 아세안과 인프라 호련호통(互聯互通)구축을 제안했다. 그밖에 무역·투자 자유화와 편리화 수준 제고, 산업

---

69 동북아시아(동북아)와 동아시아의 차이는 무엇일까. 동북아 국가는 남북한, 중국, 일본, 러시아(극동), 몽골이며, 동아시아 국가는 남북한, 중국, 일본, 몽골이다. 러시아 포함여부에 따라 동북아와 동아시아로 구분한다.(네이버 지식백과)

생산능력과 투자협력 확대, 금융협력 심화, 지속 가능한 발전협력 강화, 인문교류 협력을 강화하여 공동체의식을 응집하자는 것이다.

중국이 아세안과 연계한 동아시아경제공동체 건설을 제안한 것은 일대일로 협력의 방향이 실크로드 선상의 국가에서 북한, 한국, 일본을 거쳐 태평양으로 진출하겠다는 의지의 표현으로 보여진다.

2018년 9월 시진핑 주석은 러시아 동방경제포럼 축사에서 일대일로와 연계한 동북아 경제협력을 강조했다. 2019년 4월 22일 대내외에 발표한 "공헌과 전망"에는 동북아 지역협력의 상징이라 할 수 있는 GTI(광역두만강개발계획)와 중국 지린성의 동북아박람회가 포함되었다.

뿐만 아니라 2019년 8월 23일 지린성 창춘시에서 개최된 제12회 중국동북아박람회 개막식에 시진핑 주석이 처음으로 축전을 보냈으며. 축전은 일대일로 건설 추진 공작영도소조 부조장인 후춘화(胡春华, 정치국위원 겸 부총리)가 대독하였다.

창춘 국제합작시범구 현판식 (지린일보, 2020. 6. 29)

2019년 12월 16일에는 중국과 러시아가 유엔 안보리에 남북철도·도로 협력사업 제외, 북한 수산물·섬유 수출 금지 해제, 해외 북한 노동자 송환 시한 폐지 등 대북제재 완화 결의안을 제출하였으며[70], 2020년 4월 21일 중국 국무원에서는 한국 북방경제협력위원회와 협력사업으로 주목을 받고 있는 창춘 중한국제합작시범구 설립을 비준하는 등 동북아경제통합 전략을 본격적으로 추진하고 있다.

중국의 동북아경제통합의 기본구상은 인프라를 구축하고 인력과 상품의 자유로운 이동 실현을 목표로 하며 재원은 아시아인프라투자은행, 실크로드기금 등과 아시아개발은행 등 다자 금융협의체를 활용하고, 해양협력, 국제 생산능력 협력, 제3자시장 협력, 민관협력사업(PPP) 등을 주요하게 추진할 것으로 전망된다.

동북아경제통합은 한중일 3국에 매우 중요하다고 볼 수 있다. 중국은 동북아경제통합을 통해 일대일로 추진에 탄력을 받음은 물론 태평양 진출의 교두보를 마련할 수 있으며, 한일 양국 역시 동북아경제통합을 통해 중국시장 개척과 유라시아 대륙 진출을 위한 교두보를 마련할 수 있다.

2019년 12월 중국 청두에서 개최한 한중일 정상회의에서 시진핑 주석은 한일 양국 정상에게 일대일로 참여를 제안했다. 한국은 금년 1월 대통령 신년 기자회견에서 일대일로와 신남방, 신북방 정책과 연계방안을 모색하겠다고 발표했으며, 일본 역시 일대일로에 긍정적 참여를 검토하고 있다.

일대일로 건설에서 국경을 맞대고 있는 국가 간 경제협력사업을 주목할 필요가 있다. 중국은 14개 국가와 국경을 맞대고 있다.

중국은 1990년대부터 변경지역을 연해 개방도시에 준하는 우대정책을 부여하는 등 특별히 관리하여 왔다. 일대일로를 추진하면서 변경지역은 중국의 신(新) 발전지대로 부상하고 있다.

중국은 국경을 맞대고 있는 국가와 실크로드 선상의 국가 등과 일대일로 협력에

---

70 대북제재 완화협상 재개 여야의원 64명 촉구 성명(중국과 러시아의 대북제재 완화 결의안 제출은 당장 안보리에서 통과되지 않더라도 향후 북-미대화에서 제재 문제가 의제화되는 상황을 추동할 수 있다. 문재인 정부로서도 북-미 대화를 유인하는 유용한 계기가 될 수 있다. 한겨레일보 2019. 12. 16(검색일: 2020. 3. 4)

대한 발전계획이 기본적으로 완료된 시점에서 앞으로 주요 협력대상 국가는 북한과 한국, 일본이 될 수밖에 없다.

특히, 일대일로로 새로운 동맹관계를 형성한 중국과 러시아가 2019년 12월 16일 유엔 안보리에 대북제재 완화 결의안을 제출한 것은 동북아경제통합의 필요성에 대한 인식을 같이했기 때문이라고 볼 수 있다.

향후 일대일로는 실크로드 선상의 국가와 경제협력을 더욱 강화해 나가면서 일대일로 참여국가의 외연을 확장해 나감은 물론 북한의 참여를 끌어내기 위한 국제적 공조체제가 추진될 것이다.

한국은 일대일로 추진 방향을 심층 분석하여 일대일로와 신북방, 신남방 정책 간 실질적 협력방안을 마련해야 할 시기이다.

2) 중점협력 분야

일대일로는 중국이 대내외에 제시한 글로벌 대외개방 기본국책이지만 이상적이며 거창하지 않고, 현재 국가와 국가 간에 실제적으로 추진하고 있는 국제협력이며, 기업 간 경제협력과 민간분야에서 교류협력이 이루어지는 내용 등을 바탕으로 실질적으로 추진할 수 있는 방안을 제시한 것이라 할 수 있다. 중국의 실사구시 정신이 반영된 실행전략이라고 할 수 있다.

중국은 일대일로를 실행하기 위하여 정부와 국제기구 간 협력을 바탕으로 하는 정책소통(政策溝通), 인프라 건설 협력을 위한 시설연통(設施聯通), 무역·투자 자유화와 편리화 실현을 위한 무역창통(貿易暢通), 재원조달을 위한 자금융통(資金融通), 협력대상 국가 간 민간교류 활성화를 위한 민심상통(民心相通) 등 5통(通)을 중점협력 분야로 추진한다. 5통(通)에 일대일로의 사업이 총망라 되었다고 볼 수 있다.

중국 정부는 일대일로를 효율적으로 추진하기 위해 2015년 2월 1일 일대일로 건설 추진 공작영도소조(推进 一帶一路建設工作領导小組)를 창설하고 국가발전개혁위원회에 판공실을 설치하였다.

중국은 동북진흥정책 등 국가주도의 대형프로젝트 추진 시 중앙정부에 공작영도소조(工作領導小組)를 설치하여 사업을 추진하고 있는데, 공작영도소조(工作領導小組) 조장과 구성원에 따라서 프로젝트에 대한 국가차원의 관심도를 알 수 있다.

일대일로 건설 추진 공작영도소조(推進一帶一路建設工作领导小组) 조장은 중앙정치국 상무위원 중 1명이 당연직으로 맡고 있으며, 부조장은 부총리급 4명으로 구성하였다.

설립 초기에는 장가오리(張高丽,상무위원·상무부총리)가 맡았으나, 현재는 2018평창동계올림픽 개막식에 시진핑 주석 특별대표로 참가한 한정(韓正)상무위원 겸 상무부총리가 맡고 있다.

일대일로에 대한 중국 정부의 관심도를 알아보기 위해서는 중국의 정치체제를 이해할 필요가 있다. 중국 공산당의 핵심은 중앙위원회이다.

중위위원회는 약 200여 명의 장관급(성장, 중앙부처, 국영기업 등)으로 구성된다. 중앙위원 중 25명을 선출하여 정치국위원회를 구성하는 데 정치국위원은 부총리급이다. 정치국위원 25명 중에 상무위원 7명을 선출하는 데 상무위원은 국가급정직(国家级正职) 또는 원수급이라 부른다.

상무위원 7명은 시진핑 주석을 비롯하여 리커창 총리, 상무 부총리 등이 역할을 분담한다. 일대일로는 공산당 당장(黨章)으로 채택되기 전부터 상무위원회에서 직접 관리하는 대형 프로젝트이다.

공작영도소조 산하 중앙부처, 성(省)·직할시(直辖市)·자치구(自治区)에 프로젝트팀을 신설하여 국가와 지방정부 간에 통일적 시스템을 구축하고 일대일로를 강력하게 추진하고 있다.

또한 중국정부는 일대일로 중점협력 분야의 실행을 뒷받침하기 위하여 유관부서별로 법률·법규정비, 중앙 및 지방정부의 후속조치계획 수립 및 추진상황을 일대일로 홈페이지[71]에 수시로 발표하고 있다.

---

71 https://www.yidaiyilu.gov.cn

일대일로 후속 조치계획의 대표적인 사례는 "개방형경제 신체제"[72] 구축, 해상협력구상, 농업협력의 비전과 행동, 일대일로 이념실천과 중국의 공헌, 융자지도원칙, 녹색건설계획, 외상투자법개정, 변경지역 우대정책 등이다. 특히 "개방형경제 신체제"는 일대일로의 핵심인 글로벌 자유무역 체제와 개방형 세계경제 수호, 경제공동체 건설을 위한 대외개방의 기본방향을 규정한 것이다.

일대일로 중점협력분야인 5통(通)은 "개방형경제 신체제"에 의거 지속적으로 추진될 것이다. 중국은 이와 같이 국내적으로 법적, 제도적 지원시스템을 완비하고 국가 간 협력을 통해 일대일로를 추진하고 있다.

일대일로 중점협력 분야인 5통(通)은 중국뿐만 아니라 일대일로 참여국가 간 국제협력을 추진하는 데 참고할 필요가 있다.

(1) 정책소통(政策溝通)

정책소통은 일대일로를 효율적으로 추진하기 위하여 국가 간 또는 국제기구 등과 충분한 대화와 협의를 거쳐 일대일로 협력사업을 발굴하고 각종 사업을 제도적으로 보장하는 것이다.

중국은 일대일로의 최대 성과로 일대일로가 중국에서 발원하여 국제적 공감대를 얻고 세계화되었다는 것을 꼽고 있다. 중국의 표현을 빌리지 않더라도 일대일로에 참여하는 국가와 국제기구의 수는 중국의 성과를 입증하고 있다.

2020년 1월 기준, 일대일로에는 138개 국가, 30개 국제기구(협의체)가 참여하고 있다. 일대일로는 유엔 193개 회원국의 70% 이상이 참여할 만큼 세계화되었다고 볼 수 있다.

---

72 중국정부는 2015년 3월 28일 일대일로 기본계획인 "비전과 행동" 발표이후, 불과 2개월이 안된 시기인 5월 5일 중공 중앙 국무원의 개방형경제 신체제 구축에 관한 약간의 의견(中共中央国务院关于构建开放型经济新体制的若干意见)을 채택하였다. 이 규정은 9월17일 대내외에 발표하였다. 주요내용은 대외개방은 중국의 기본국책, 개방형 경제추진을 위한 국가계획수립, 개방형경제 신체제 구축 가속화, 외자유치와 글로벌 시장 진출 전략 결합을 통한 주동적인 대외개방으로 경제발전과 국제경쟁 주도, 개방형 강국 건설을 통한 중국의 꿈 실현을 위한 기반 마련 등이다. 中国政府网(http://www.gov.cn/xinwen/2015‒09/17/content_2934172. htm(검색일: 2020. 3. 4)

참여국가와 지역은 유라시아 대륙에서 아프리카, 중남미, 남태평양, 서유럽까지 뻗어 나가고 있다.

그리고 일대일로는 다자 국제기구와 협의체의 적극적인 지지를 받고 있다. 유엔 총회·안보리·아시아태평양경제위원회(ESCAP), 주요 20개국(G20), APEC, ASEM 등 국제기구와 협의체에 결의안으로 채택되었거나 중요 문건에 포함되는 등 세계화의 발판을 마련하였다. 특히 일대일로가 최고의 가치를 갖고 추구하는 인류운명공동체가 유엔의 중요 결의안에 포함되는 등 유엔과 협력을 강화함으로써 일대일로 추진에 탄력을 받을 수 있었다.

일대일로가 빠른 기간에 국제적 공감대를 형성할 수 있었던 것은 프로젝트에 대하여 "함께협의"하고 결정된 프로젝트는 "함께건설"하며, 건설의 성과를 나누어 갖는 "함께나눔"의 3대 건설원칙이라 할 수 있다.

중국은 일대일로를 추진하면서 참여국가의 대외개방 전략과 연계 추진하여, 프로젝트에 대한 공동관심사 제고를 통해 성과를 거두고 있는 것으로 나타나고 있다.

일대일로는 참여국가 대외개방 전략과 연계 협력 추진

지금까지 참여국가의 대외개방 전략과 연계를 추진한 주요 사례는 러시아 "유라시아연합", 몽골 "초원의 길", 카자흐스탄 "광명의 길", 유럽연합 "유럽투자계획", 호주 "북부대개발", 베트남 "두 개의 회랑 하나의 경제권"[73], 인도네시아 "글로벌해

---

73 쿤밍(昆明) - 라오까이 - 하노이 - 하이퐁을 하나의 축으로 연결하고 난닝(南宁) - 랑선 - 하노이 - 하이퐁을 다

양거점", 헝가리 "동쪽개방" 등이 있다.

한국은 2015년 10월 31일 리커창 총리와 박근혜 대통령 입회하에 일대일로 및 유라시아 이니셔티브 방면의 합작전개에 관한 양해각서(关于在丝绸之路经济带和21世纪海上丝绸之路建设以及欧亚倡议方面开展合作的谅解备忘录)를 체결했으나, 대내외적인 여건 불비 등으로 후속조치가 이루어지 않아 협력사업 추진에 진전을 보지 못하고 있는 실정이다.

최근 한국은 신남방, 신북방 정책과 일대일로 연계전략을 모색하고 있다. 일대일로와 신남방, 신북방 정책과 연계를 위해서는 기존 주변국가와 일대일로 연계 협력사례를 연구 분석할 필요가 있다.

특히, 신북방 정책의 성공적 추진을 위해서는 중·몽·러 경제공동체 건설을 목표로 하는《중·몽·러 경제회랑 건설계획 요강》의 철저한 분석을 통하여 상생협력 방안을 마련하는 것이 중요하다.

일본은 일대일로에 공식적으로 참여를 하지 않고 있지만, 그동안 일본이 주도하고 있는 아시아개발은행(ADB) 등을 통해 동남아 등 아시아 지역개발 협력사업 참여 경험을 바탕으로 일대일로 "제3자시장 협력" 사업에 깊은 관심을 갖고 있었다.

2018년 5월 일본에서 중국 리커창 총리와 일본 아베총리는 "3자시장 협력"에 관해 인식을 같이하고 "중일 제3자시장 협력에 관한 양해각서"를 체결했다. 같은 해 10월 26일 중국 베이징 인민대회당에서 중국 리커창 총리와 일본 아베 총리가 참석한 가운데 중·일 제3자시장 협력포럼을 성대하게 개최하였다. 이 포럼에서 인프라, 금융, 물류, 정보기술(IT) 등 52건의 협력 협정을 체결하고 대내외에 공개했다. 그리고 중국 국가발전개혁위원회 주임·상무부 부장과 일본외무·경제산업 대신 간 중일 혁신 협력 메커니즘 수립에 관한양해 각서(关于建立中日创新合作机制的备忘录)에 서명하는 등 새로운 협력관계를 맺었다.[74] 그리고 2019년 12월 22일 베이징에서 양

른 한 축으로 연결하는 경제망을 건설하는 계획이다. 바이두 검색일: 2020. 4. 2)
74 https://www.yidaiyilu.gov.cn/xwzx/gnxw/70587.htm 중일 3자시장 협력 일대일로에 국한하지 않는

국 정부, 기업 등이 참석한 가운데 제2회 중·일 제3자시장 협력포럼을 개최하는 등 중국과 일본 간 "3자시장 협력" 사업이 탄력을 받고 있다.[75]

일본, 프랑스, 이탈리아, 스페인, 포르투칼 등 경제발달국가가 중국이 제안한 "제3자시장 협력"에 참여하는 것은 실크로드 선상국가의 시장성과 풍부한 자원 등으로 인한 개발 잠재력 때문이라 할 수 있다.

중국은 일대일로의 외연을 지속적으로 확대해 나가면서 일대일로 참여국가와 경제공동체 건설을 위한 정책적 협력 사업을 적극적으로 추진하고 있다. 주요내용은 16개국과 「디지털 실크로드건설협력 강화 협의서」에 서명하고, 49개국 및 지역과 85건의 표준화협력 협정 체결, 111개 국가와 세무협정협력 네트워크 형성, 49개 연선국가와 「일대일로 국가지적재산권 실무협력 촉진에 관한 공동성명」, 18개 국가와 공동으로 「일대일로 에너지협력 파트너관계 건립」 선언, 법치·농업·해상협력, 국제분쟁 해결 기구를 설치하는 등 기대이상의 성과를 거두고 있는 것으로 나타나고 있다.

일대일로를 통한 중국의 국제협력 전략을 분석하면, 중국은 기본적으로 다자협의체 등 국제기구와 협력을 통해서 중국이 추진하는 글로벌 목표를 실현하고 있다. 일대일로의 사례에서도 알 수 있듯이 다자 국제기구 및 협의체인 UN, APEC, G20, ASEM, 아시아협력대화(ACD), 중국·아세안10+1, 상하이협력기구(SCO) 등과 협력을 통해 국제적 공감대 확산과 일대일로 세계화의 기틀을 마련하였다.

그리고 일대일로는 하위지역 간 협력을 통한 지역개발계획도 함께 추진하고 있다. 대표적인 하위지역 간 협력사례로는 메콩강지역경제협력체(GMS)와 광역두만강 개발계획(GTI)이 있다.

GMS는 1992년 아시아개발은행 주도로 설립한 지역개발협의체로서 일대일로 "비전과 행동"에 포함되고 국가 정상 간 협의체로 발전하는 등 지역개발 협력의 성공사례로 손꼽히고 있다.

다.(검색일: 2020. 4. 8)
75 https://www.yidaiyilu.gov.cn. 중·일 제3자시장 협력포럼 베이징에서 개최(검색일: 2020. 4. 8)

1992년 UNDP(유엔개발계획)의 주도로 설립한 GTI는 유라시아를 연결하는 지정학적 우수성과 경제적 보완성 등으로 설립초기에 세계의 주목을 받았으나, UNDP의 재원조달 실패와 북한의 탈퇴 등으로 큰 진전을 보지 못하고 있다.

GTI는 GMS와 같은 시기에 창설된 역사가 오래된 지역협의체임에도 불구하고 일대일로의 "비전과 행동"에 포함되지 않았다.

"비전과 행동"에 GMS는 포함되고 GTI가 포함되지 않은 이유는 일대일로 초기에 실크로드 선상 국가 위주의 다자 협의체를 중심으로 협력의 틀을 만드는 과정에서 동북아 국가 간 경제협의체인 GTI가 관심을 받지 못했다고 볼 수 있다.

중국이 일대일로 5년여 동안의 추진현황과 성과를 분석한 "공헌과 전망"에 GTI와 동북아의 대표적 국제박람회인 "중국동북아박람회"를 포함한 것은 중국의 동북아 국가 간 경제협력추진 의지를 대내외에 밝힌 것이라 할 수 있다.

중국은 국내적으로는 일대일로 추진에 필요한 정책지원시스템을 갖추어 놓았으며, 국제적으로는 양자 정상회담, 다자 국제조직을 통하여 경제협력의 동반자 관계 구축을 추진하고 있다.

앞으로 중국의 국제협력은 일대일로를 중심으로 추진될 것이다. 일대일로에 포함된 다자 협의체를 비롯한 정책소통 분야에 포함된 사업에 대한 연구와 분석을 통하여 글로벌 시장에서 중국과 함께 상생번영 할 수 있는 전략을 만들어나가는 것이 무엇보다 중요하다.

(2) 시설연통

인프라 연계성 강화는 일대일로의 핵심분야라 할 수 있다. 인력과 상품의 자유로운 이동을 위해서는 인프라 네트워크 구축이 선행되어야 한다.

일대일로는 해당 국가의 주권존중과 안전배려의 기초위에서 각국이 공동으로 노력하여, 철도·도로·해운·항공·파이프라인·공간종합 정보네트워크 등을 핵심으로 하는 전방위적이고 다층적 복합형 인프라 네트워크를 함께 건설하자는 것이다.

시설연통은 6개 경제회랑과 6개 망(網)을 중심으로 건설한다.

중국은 일대일로를 추진하면서 인프라 녹색저탄소 건설과 운영관리를 강화하는 등 개발에 따른 환경문제를 충분히 고려하여 추진하고 있음을 밝히고 있다.

경제회랑 건설은 중국과 국경을 맞대고 있는 지역을 중심으로 철도, 도로, 전력 등 인프라 구축, 초국경경제합작구, 초국경 전자상거래 단지를 중점으로 추진하고 있다. 일대일로 전략은 국경을 맞대고 있는 지역을 출발점으로 하여 실크로드 선상 국가와 지역으로 확대하는 전략을 채택하고 있다.

중국은 2016년부터 2018년까지 시설연통 협력 우수국가로 국경을 맞대고 있는 러시아, 카자흐스탄, 베트남, 미얀마, 몽골을 꼽고 있는 것처럼 가시적인 성과를 얻고 있다.

시설연통의 최대성과는 중국·유럽화물열차 운행이다. 중국·유럽화물열차는 2011년 누적 운행횟수 17회, 화물 총액은 6억 달러에 불과했지만 2018년 말 기준 중국·유럽화물열차 국내 출발도시는 56개이며, 아시아·유럽 대륙 16개 국가 108개 도시에 걸쳐 누적운행 1.3만회를 기록하고 있으며, 화물총액은 160억달러, 운송화물은 컨테이너 110만 개를 초과했다.

중국에서 출발한 화물열차의 적재율은 94%에 달하고, 중국에 도착하는 화물열차의 적재율은 71%에 달하는 등 안정적인 운행 기조에 들어갔다. 또한 실크로드 선상 국가와 변경 통상구(口岸) 통관협력을 추진하여 통관수속 시간이 50% 이상 향상되었다. 주요 화물은 컴퓨터, 핸드폰 등 전자제품에서 의류, 신발, 모자, 식량, 포도주, 자동차부품, 일용품 등으로 확대되고 있다.

일대일로의 인프라 구축 사업을 살펴보면 철도는 중국~라오스 철도, 중국~태국 철도, 헝가리~세르비아 철도, 자카르타~반둥철도 등의 협력사업에 중점을 둔 지역 간, 대륙 간 철도는 국가 간 협정을 체결하고 일부 착공하는 등 건설에 속도를 내고 있다.

도로는 중국과 국경을 연접한 국가를 중심으로 기본적인 도로망이 구축되었다.

또한 중국은 2016년 7월 26일 「국제도로운송협약(TIR)」에 정식으로 가입하고, 실크로드 선상 15개 국가와 「상하이협력기구 회원국 정부 간 국제도로운송 편리화 협정」을 포함한 18건의 양자·다자 간 국제운송 편리화 협정을 체결하는 등 유라시아와 동남아로 가는 도로망 구축사업도 착실하게 추진하고 있다.

해운은 해상 실크로드와 연계하여 집중 추진한 결과 세계 200여 국가와 600개 해운노선을 개설하였다. 항만은 파키스탄 과다르항, 스리랑카 함반토타항, 그리스 피레우스항, 아랍에미레이트 칼리파항 사업 등은 순조롭게 추진하고 있다.

항공은 126개 국가 및 지역과 양자 간 정부 항공운송 협정을 체결하였으며, 5년여에 걸쳐 중국과 실크로드 선상의 국가 간 새롭게 증가한 국제 항공노선은 1,239개로, 신규 개통한 국제 항공노선 총량의 69.1%를 차지한다.

에너지는 실크로드 선상 국가와 협력 기본협의서와 양해각서를 체결하고, 전력·오일가스·원자력 발전·신에너지·석탄 등의 분야에서 광범위한 협력을 추진하고 있다. 에너자원은 현지에서 가공 협력하는 것으로 전환하여 에너지 자원의 전후방산업 가치사슬을 형성하도록 한다. 중·러 원유관과 중국·중앙아시아 천연가스관을 안정적으로 운영하고 있으며, 중·러 천연가스관 동선(東線)은 2019년 12월 부분적인 공급을 실현하고, 2024년부터 전 노선에 공급할 계획이다. 중국·미얀마 오일가스관이 전 노선을 관통하는 등 안정적으로 추진하고 있다.

통신은 국제전기통신연합과 「일대일로 전기통신 및 정보통신분야 협력강화에 관한 의향서」를 체결하는 등 협력에 필요한 요건을 마련하였다.

6개 경제회랑과 6개 망(網)을 축으로 하는 시설연통은 중국과 국경을 맞대고 있는 지역 간 협력사업을 중심으로 가시적인 성과가 나타나고 있다.

일부 서방 언론 등에서 인프라 구축과 관련하여 부정적인 여론을 형성하는 측면이 있지만, 이것은 인프라 구축사업 등의 특성을 이해하지 못하는 것에서 비롯된 것이다.

인프라 구축사업은 국가 간 협의를 거쳐 사업을 결정하여도 사업기간이 장기간 소요되는 프로젝트가 대부분이다. 또한 일대일로는 참여 국가의 주권과 영토보전의 기초위에 "함께협의", "함께건설", "함께나눔"의 원칙을 갖고 추진하는 것이다.

주권 국가 간 합의에 의해서 결정하는 사업이지 중국의 강요에 의해 추진하는 사업이 아님에도 불구하고 자의적으로 언론보도를 하는 것은 지양되어야 할 것이다. 최근 언론에서 부각하고 있는 채무함정으로 인한 항구 99년 임차 등의 기사는 한국의 외국인투자촉진법에 대한 이해를 조금만 하였어도 이와 같은 기사는 쓸 수 없었을 것이다.

한국의 외국인투자촉진법에 의하면 외국기업이 2천만 달러 이상 투자 하면 국공유지를 최장 100년까지 무상 임차할 수 있다. 실제적으로 한국 춘천시의 레고랜드 테마파크의 경우 최장 100년까지 무상임차 할 수 있는 계약을 체결한 것으로 알려지고 있다.

이와 같이 세계 각국은 외국기업 투자 유치를 위해 국공유지 무상임대는 물론 보조금 지급, 세금 감면 등 많은 혜택을 주고 있음을 알아야 한다.

중국은 이해관계가 복잡한 국제관계에서 유라시아 국가와 협의를 거쳐 6개 경제회랑 건설에 관한 기본합의를 달성함으로써 실크로드 선상 국가 간의 협력사업을 추진할 수 있는 기반을 구축하였다고 볼 수 있다.

중국은 시설연통을 통해 지역 간 상품·자금·정보·기술 등의 거래 원가가 대폭 낮아져, 지역 자원요소의 자유로운 이동과 최적화 배치를 효과적으로 촉진시켜 상생협력 발전의 성과를 거두었다고 자평하고 있다.

2019년 12월 중국 쓰촨(四川)성 청두(成都)에서 개최된 제8차 한중일 정상회담에서 시진핑 주석은 문재인 대통령과 일본 아베 총리에게 일대일로 공식참여를 요청했다.

중국에서는 한반도와 일본 간 협력을 통해 태평양으로 진출 할 수 있으며, 한국과 일본은 유라시아 대륙 진출을 위해서는 중국과 협력이 필수적인 것이다.

한국과 일본이 유라시아 대륙 진출을 위해서는 시설연통과 협력을 통한 사업(철도, 아시안 하이웨이, 해상)을 발굴하는 것이 무엇보다 중요하다.

(3) 무역창통

무역창통은 무역·투자의 자유화와 편리화를 실현하여 고(高) 표준의 자유무역지대와 경제공동체 건설을 목표로 한다.

중국은 일대일로 제안 이래 무역·투자 자유화와 편리화를 위해 전방위적으로 노력을 기울이고 있는 것으로 나타나고 있다.

2015년 3월 "비전과 전망"을 발표하고 2017년 5월 14일 "일대일로 국제협력 정상포럼 무역창통 분과회의"에서 경제 글로벌화와 무역·투자 자유화와 편리화를 촉진하고 보호무역주의 배격과 상호번영을 내용으로 하는 「일대일로 무역창통 이니셔티브」를 발기했다.

「일대일로 무역창통 이니셔티브」는 중국 정부가 무역창통에서 추구하는 목표가 모두 담겨져 있다고 볼 수 있다. 주요내용은 무역증대, 상호 투자진흥, 유엔의 2030 지속 가능한 발전 어젠다 포용 등 3개 분야이다.

무역증대를 위해서는 편리화 추진, 새로운 업종 발전, 서비스 무역 협력 촉진, 무역확대, WTO의 다자무역체제를 지지한다. 중국은 향후 5년 동안 연선국가 상품 2조 달러를 수입할 계획이다.

투자진흥을 위해서는 투자협력 모델 개발 및 투자촉진, 투자자의 합법적 권익보장, 양호한 투자환경 조성, 투자와 무역 연동, 국제 생산능력 협력, 경제무역협력단지를 공동건설하며 기타 상호 보완적 장점을 살려 나간다. 중국의 향후 5년간 참여 국가에 대한 투자가 1,500억 달러에 이를 것으로 예측하고 있다.

유엔의 2030 지속 가능한 발전 어젠다를 지지하며 중국은 연선국가와 지역에 중국 방문 연수생 1만 명을 배정하며, 유관국가의 무역·투자 인재 양성을 지원한다. 현재 「일대일로 무역창통 이니셔티브」에는 83개 국가가 참여하고 있다.

중국은 그동안 「일대일로 무역창통 이니셔티브」를 바탕으로 실크로드 선상 국가와 무역창통을 적극적으로 추진하여 성과를 거두고 있는 것으로 나타나고 있다.

통관일체화는 주로 중국과 국경을 맞대고 있는 14개 국가를 중심으로 녹색통로 건설, 농산물 식품검역 진입허가 실현, 농산물 통관시간 단축 등을 통해 무역 편리화 수준을 끊임없이 향상시키고 있다.

중국은 무역활성화를 위해 WTO 가입 시 평균 관세율 15.3%를 7.5%로 대폭 낮추었다.

일대일로를 추진하면서 실크로드 선상 국가와 무역액이 대폭 증가하였는데, 2013~2018년 간 중국과 실크로드 선상 국가 간 화물무역 수출입 총액은 6조 달러를 초과했다. 평균 성장률은 같은 기간 중국 대외무역 증가속도 보다 높으며, 중국 화물무역 총액의 27.4%를 차지한다. 그 중에서도 2018년, 중국과 실크로드 선상 국가 간 화물무역 수출입 총액은 1조 3,000억 달러로 전년 동기대비 16.4% 증가했다.

세계은행 연구팀은 일대일로에 잠재적으로 참여하는 71개 국가의 무역 영향에 대한 분석을 했는데, 일대일로 참여 국가 간의 무역거래를 4.1%증가 시키는 것으로 나타났다.

그리고 초국경 전자상거래 등 새로운 업종과 신모델을 무역원활화를 추진하는 신성장 동력 사업으로 지속 발굴하고 있다. 또한 외자진입 완화를 위한 고(高)표준의 국제경영환경 조성, 전 세계에 개방된 18개의 자유무역시험구 설립, 자유무역항 건설 등을 통해 투자환경을 개선하였다.

중국은 「일대일로 무역창통 이니셔티브」 참여국가를 중심으로 무역·투자 자유화와 편리화 향상을 위해 노력하고 있지만 FTA 체결은 17건으로 미미한 수준이다.[76]

2002년 처음으로 아세안과 FTA를 체결 하였지만 FTA체결 국가와 지구는 아시아의 아세안 10개국·한국·파키스탄·몰디브·싱가포르, 아메리카의 칠레·페루·코스타리카, 오세아니아의 호주·뉴질랜드, 유럽의 아이슬란드·스위스, 유라시아의 그루지야, 아프리카 모리셔스, 타이완, 홍콩 등이다.

---

76 https://www.ccpitcq.org/html/content/19/12/6951.shtml(중국CCPIT2019. 12. 20)(검색일: 2020. 2. 2)

중국의 FTA 체결 국가를 분석하면 대륙별로 시범적으로 FTA를 체결하였다.

앞으로 중국은 기존 FTA 체결국가 간 추진성과를 바탕으로 주변 국가를 비롯한 세계 각국과 FTA를 적극적으로 추진할 계획을 밝히고 있다. 중국이 G2의 경제력을 바탕으로 중국 주도의 자유무역 질서 재편을 예고하고 있다고 볼 수 있다.

한국은 중국이 FTA를 체결한 국가 중에서 경제가 가장 발달한 국가이다. 중국이 한중 FTA를 선진국형 자유무역지대 건설을 위한 시범기지로 추진할 경우 한국에게는 기회가 될 수 있을 것이다.

중국은 일대일로 참여국가와 비(非)참여국가 간 차별화 된 무역정책을 추진할 수도 있다. 먼저 「일대일로 무역창통 이니셔티브」 참여국가를 중심으로 무역원활화를 위한 각종 조치를 취할 경우 자연스럽게 차별화된 정책이 실행될 수밖에 없을 것이다.

무역창통의 목표는 무역·투자 자유화와 편리화 실현을 위해 글로벌 자유무역 체제 구축과 경제공동체를 달성하는 것이므로 중국은 세계 각국과 국제기구 간의 협력을 더욱 강화해 나가겠다는 입장을 밝히고 있다.

한국이 중국과 일대일로 참여국가 간 무역·투자를 증진시키기 위해서는 무역창통 추진상황을 면밀히 연구 분석하여 상생번영의 방안을 마련하는 것이 무엇보다 중요하다.

(4) 자금융통

일대일로 건설을 추진하면서 재원조달에 대하여 우려의 목소리가 높았다. 연선국가 대부분이 개발도상국으로서 자체 재원으로 인프라를 구축할 여력이 많지 않기 때문이었다.

중국 전문가 그룹에서는 "융자 병목은 일대일로의 도전이다"라는 표현을 자주 사용한다. 재원조달에 문제가 발생 시 일대일로의 근간이 흔들리는 것은 주지의 사실이다. 중국의 재원조달 기본방향은 장기적이고 안정적이며 지속 가능한 발전과 리스크 통제가 가능한 다원화된 융자체계를 구축하는 것을 목표로 하고 있다.

중국은 재원조달을 위해 세계은행과 같은 기존 다자 금융기구 간 협력을 바탕으로 아시아인프라투자은행(AIIB)과 브릭스신개발은행(NDB) 등 신형 다자 개발성 금융기구를 설립하고 아울러 실크로드기금을 설립하여 일대일로 장기개발투자기금으로 활용할 수 있도록 하였다.

특히 AIIB는 당초 57개 회원국에서 93개 회원국으로 발전하였으며 일대일로 건설에 중요한 역할을 수행하고 있다.

또한 국내외 금융권과 협력을 통하여 재원조달 방안도 마련하였다. 중국 국내은행들이 대거 일대일로 연선국가 인프라 구축사업에 자금을 지원하거나 채권을 발행하는 것을 허용하였으며, 아울러 민간기업이 연선국가와 산업기금 설립 등 다양한 방식으로 재원을 조달할 수 있도록 지원하는 시스템을 구축하였다.

외국계 은행과는 주로 제3자금융 협력 방식을 활용한다.

중국인민은행과 세계은행그룹 산하 국제금융공사·미주개발은행·아프리카개발은행과 유럽부흥개발은행 등 다자 개발기구와 공동으로 융자활동을 전개하여 2018년 말까지 총 100여 개의 프로젝트에 투자하였으며, 투자지역은 70여 개 국가와 지역에 이르고 있다.

융자의 효율성을 높이기 위해 중국 재정부와 아르헨티나·러시아·인도네시아·영국·싱가포르 등 27개국 재정부는 「일대일로 융자 지도원칙」을 확정했다. 융자 범위는 인프라 연계성, 무역투자, 생산능력 협력 등의 분야에 집중하고 있다.

그리고 중국·중동부유럽은행연합체, 중국·아랍국가금융협력은행연합체와 중국·아프리카국가금융협력연합체 등 다자금융협력 메커니즘을 건립하였다.

그밖에 국부펀드, 상업펀드, 사모펀드 등 각종 투자펀드를 유치하고, 각종 채권 발행을 통해 재원 조달방안을 마련하였다.

연선국가와 자금융통을 원활히 하기 위해 2015년 10월 위안화의 국제화를 표방하며 은행이 국경을 넘어 위안화를 직접 거래할 수 있는 위안화 국제결제시스템(CIPS)을 구축하였다.

2019년 5월 19일 일본 니혼게이자이신문에 따르면 CIPS에 참여한 은행이 전 세계 89개국·지역에서 865개에 달하는 것으로 조사됐다.[77] 또한 20여 연선국가와 통화스와프를 체결하는 등 위안화의 국제화를 빠르게 추진하고 있다. 그리고 2016년에는 위안화가 국제통화기금(IMF) 특별인출권(SDR) 기반통화(바스켓)에 편입됨으로써 위안화의 국제적 위상은 날로 높아지고 있다.

금융기관 간 협력도 심화 발전하고 있다. 11개 중국계 은행은 28개 연선국가에 76개의 1급 기구를 설립하였으며, 22개 실크로드 선상 국가에서 온 50개의 은행은 중국에 7개의 법인은행과 19개의 외국은행지점, 34개의 대표부를 설립하였다.

일대일로 사업의 성패는 인프라 구축에 달려 있다. 인프라를 구축하기 위해서는 안정적인 재원조달 방안을 마련하는 것이 중요하다.

중국 지도부는 재원조달을 위해 실크로드기금과 중국 국내은행과 민간기업을 비롯하여 국내적으로 활용 가능한 모든 자원을 동원하고 있으며 기존의 세계은행 등 다자 금융기구와 협력을 바탕으로 AIIB와 NDB 설립을 주도함은 물론 국내외 금융협력체, 각종펀드 유치를 하는 한편 자금융통을 원활히 하기 위해 위안화 국제화를 적극 추진하는 등 세계 각국이 예상하지 못한 자금융통 시스템을 구축하였다.

중국이 나름대로 안정적인 자금융통 시스템을 구축할 수 있었던 배경은 중국의 경제력과 연선국가의 발전 잠재력 그리고 중국 지도부를 중심으로 한 강력한 외교력이 빛을 발휘했다고 볼 수 있다.

그러나 이와 같은 시스템이 원활하게 운영되지 못할 경우 재원조달은 어려움에 봉착할 수 있다. 최근 중국은 재원조달의 방안으로 "제3자시장 협력"과 "민관협력사업"을 강력하게 추진하고 있는 등 자금융통을 위해 노력을 기울이고 있다.

중국의 자금융통 시스템 사례분석을 통하여 일대일로 협력국가와 금융협력시스템 구축, 제3자금융시장 협력 등을 통하여 협업할 수 있는 분야를 발굴하는 것이 필

---

77 매일경제(2019. 5. 19) 中위안화 국제결제 1년새 80% 늘어…美달러패권 도전장(검색일:2020. 4. 3)

요하다.

(5) 민심상통

세계 각국 간 국제교류를 주축으로 하는 민심상통은 일대일로 중점협력 분야 5통 (通)중에서 시설연통, 무역창통, 자금융통 등에 가리어져 중시하지 않는 것으로 비춰지고 있으나 실제적으로 일대일로의 성패를 좌우하는 중요한 협력 분야이다.

일대일로를 한 폭의 그림에 비유한다면 민심상통은 그림에 가장 아름다운 색채를 그려 넣는 것이다.

시진핑 주석은 2017년 5월 17일 일대일로 국제협력 정상포럼 개막식 연설에서 한비자(韓非子)[78] 저서 설림(說林)의 글 중에서 "국가 간의 교류는 국민 간의 우정이 바탕이며, 우정은 국민 간에 서로 통하는데 있다.(国之交在于民相亲, 民相亲在于心相通)"를 인용하여 민심상통의 중요성을 강조했다. 중국 대외연락부 부부장(차관급)은 2019년 행정관리개혁 제3기(行政管理改革第3刊) 기고문에서 민심상통은 중국 전통문화에서 유래한 것으로서 신중국 외교의 우수한 전통에 기초한 새로운 시대의 외교이론임을 밝혔다.

일대일로는 국가 간 협력사업이므로 국가의 주인인 국민의 마음을 얻지 못하면 사업추진을 할 수 없는 것이다. 중국은 일대일로를 세계와 연결하는 창구로 보고 다양한 민심상통 프로그램을 갖고 국제교류협력을 추진하고 있다. 그동안 민심상통은 문화·관광교류, 학술왕래, 인재교류협력, 미디어제휴, 청년과 부녀자 교류, 자원봉사 등의 방면에서 교류를 광범위하게 전개하여, 양·다자 간 협력심화를 위한 탄탄한 민의기반을 마련하였다고 자평하고 있다.

민심상통은 문화, 교육, 관광, 위생건강, 재해구조·빈곤구제, 공공외교를 강화하고 있다. 문화교류는 연선국가와 예술제·영화제·음악제·문물전·도서전 등 상호 개최, 도서·방송·영상물의 명품창작과 방송을 중점적으로 추진하고 있다.

---

78 한비자의 이름은 한비(기원전 약 280~233년)이다. 전국말기 한(韓)나라 출신이다. 중국 고대의 이름난 사상가이자 법가학파를 대표하는 인물이다. 바이두정리(검색일: 2020. 3. 5)

대표적인 문화교류로는 동유럽·아세안·러시아·네팔·그리스·이집트·남아프리카 등 국가와 지역 간 공동으로 '문화의 해' 행사 개최, 실크로드 관광·중앙아프리카 문화포커스 등 10여 개의 문화교류 브랜드 형성이다.

중국은 실크로드 정신을 계승 발전시키기 위해 실크로드 국제예술제(2014년 9월), 해상 실크로드 국제예술제(2014년 11월), 실크로드(돈황) 국제문화박람회(2019년 9월) 등을 창설했으며 연선국가에 17개의 중국문화센터를 설립했다. 또한 실크로드 문화유산을 실크로드 선상 국가와 공동으로 유네스코에 등재하는 등 문화유산 협력사업도 활발히 진행하고 있다. 그리고 민간교류와 다양한 분야의 협력체 등 창설을 권장하고 있다. 현재 실크로드 선상의 문화, 예술, 매체, 극장 등 다양한 분야의 협력체가 창설되어 민간교류협력이 활발히 진행되고 있다. 특히, 중국이 국가적으로 관심을 갖고 추진하고 있는 것은 실크로드 선상 국가 민간조직협력네트워크(이하 '민간조직협력네트워크')이다.

민간조직협력네트워크는 실크로드 선상 국가 민간조직(의료위생, 응급구조, 자원봉사, 환경보호 등) 간 정보교류와 협력을 위한 플랫폼이다. 2017년 11월 제1회 민간조직협력네트워크 포럼을 개최하였으며 2019년 4월말 기준 69개국 310개 단체가 가입했다. 또한 중국문화 전파를 위해 54개 실크로드 선상 국가에 공자학원 153개와 공자학당 149개를 설립하는 등 다양한 방식의 교류협력을 통해 문화 일대일로를 광범위하게 추진하고 있다.

교육협력은 미래세대의 주인인 실크로드 선상 국가의 학생 장학금 프로젝트와 교육연수프로그램, 학력학위 인정 등에 집중되어 있다. 2017년 연선국가의 3만 8,700명이 장학생으로 유학을 왔으며 전체 장학생의 66%에 이른다. 24개 연선국가와 학력학위 상호인정 협약을 체결했다. 대학 간의 협력 강화를 위해 2015년 5월 시안교통대학교에서 발기한 신실크로드 대학연맹에 22개 국가와 지역에서 100여 개 대학이 가입했다. 과학기술협력 강화를 위해 실크로드 선상 국가와 46개의 과학기술 협력 협정을 체결했으며, 중국~아세안, 중국~남아시아 등과 과학기술 파트너

계획을 잇달아 가동해, 아세안·남아시아·아랍·중앙아시아·중동부유럽과 5개 지역 기술이전 플랫폼을 건립했다.

중국 과학원은 2018년 11월 "일대일로 국제과학조직연맹"을 발기 하였다. 현재 40여 개 국가의 과학연구기관과 유관 국가 기관이 참여한다.

국제과학조직연맹 창립대회(바이두)

또한 중국 사회과학원은 연선국가에 석·박사 장학금반과 과학기술 훈련반을 개설하였으며 5,000명의 수료생을 배출하는 등 과학기술 혁신을 촉진하고 성과를 연선국가로 이전할 뿐만 아니라 연선국가와 베이더우(北斗)위성항법시스템, 위성통신시스템과 위성기상 원격탐지기술 서비스 등의 우주비행 국제협력을 적극적으로 전개하고 있다.

관광협력은 관련국가와 실크로드 문화유산 관광상품 개발을 통한 관광협력 확대를 위해 노력을 기울이고 있다.

중국은 2015년을 실크로드 관광의 해로 정하고 2015년 6월 중국 관광국과 유엔세계관광기구(UNWTO) 공동으로 실크로드 연선국가 관광 장관회의와 제7회 UNWTO 실크로드 국제대회를 시작으로 연선국가 간 "관광의 해"를 공동개최함은 물론 실크로드 관광시장 보급연맹·해상 실크로드 관광보급연맹·만리다도(萬里茶道) 국제관광연맹과 같은 관광협력 메커니즘을 창설했다. 또한 관광 편리화를 위해 57개 실크로드 선상 국가와는 상호 비자 면제 협정을, 15개 국가와는 19건의 비자 간소화 협정을 체결했다.

2018년 중국 출국 관광인원은 1억 5천만 명에 달하며, 중국 입국 외국인 관광객은 3,054만 명에 달한다. 러시아·미얀마·베트남·몽골·말레이시아·필리핀·싱가포르 등이 중국의 주요 관광객 내원(來源)시장이 되었다.

중국 지린성과 러시아 연해주 간 관광교류 (지린성 자료)

위생건강, 재해구조·빈곤구제는 실크로드 선상 국가의 민생개선 차원에서 추진한다. 중국은 전통적으로 낙후지역에 있는 중국 관련 연구기관 등에 지원을 아끼지 않고 있다. 일대일로 제안 이래 실크로드 선상 국가에 20억 위안 상당의 긴급양식을 지원하였으며, 남남협력기금 10억 달러를 증자했다. 또한 사랑의 소포보내기, 100개의 "행복한 정원"프로젝트를 비롯하여 전염병, 에이즈 예방활동, 의료봉사단 파견 등 전방위적인 지원활동을 통하여 중국과 친화 분위기 조성에 노력을 기울이고 있다. 중국은 국가 외교의 보완으로 공공외교 대화 메커니즘 구축을 통해 홍보를 강화하고 있다.

연선국가의 정당·의회·싱크탱크·지방·민간·상업·언론·대학 등과 공공외교를 통하여 일대일로와 연계한 다양한 소통, 대화, 교류, 협력을 추진하고 있다. 각국에서 큰 영향을 미치고 있는 국회, 정당 간의 교류협력에 공을 들이고 있다. 가장 대표적인 것은 중국 공산당과 세계 정당 간 고위급 대화회이다. 또한 관련 국가와 일대일로 싱크탱크협력연맹, 실크로드 국제싱크탱크 네트워크 설립 등 전방위적인 홍보 메커니즘을 구축하고 있다.

중국공산당과 세계정당고위층 대화회 (신화왕)

민심상통에서 중국이 가장 중점을 갖고 추진하는 것은 관광이라 할 수 있다. 실크로드 선상의 다양한 문화와 문명을 관광상품으로 개발하고자 하는 것은 중국은 물론 연선국가의 공동 관심사항이라 할 수 있다.

중국은 실크로드 선상 국가와 협력을 통해 관광상품을 개발하고 관광객의 자유로운 왕래를 실현하기 위해 비자를 면제하는 등 관광 편리화에 적극적으로 나서고 있다.

실크로드 선상 국가의 관광수요가 날로 높아지고 있는 것은 세계 관광시장 협력의 전망을 밝게 하고 있다. 관광은 다양한 볼거리와 안전하고 쾌적한 환경에서 관광을 즐길 수 있는 상품을 개발하는 것이 관광 경쟁력을 높이는 길이다.

그리고 관광객의 자유로운 이동 실현을 위한 비자면제 등 관광 편리화 수준을 향상시키는 노력이 필요하다. 관광개방은 불법체류와 불가분의 관계이다. 불법체류를 줄이고 관광객을 유인할 수 있는 방안을 마련하는 지혜가 필요하다.

중국은 실크로드 선상 국가와 다양한 문화활동을 개최하고 교류를 활성화함은 물론 미래세대의 주인공인 학생들에게 집중 투자하고 있다. 국제협력은 인적교류에서 경제교류로 발전해 나가는 것이다. 국가가 민심을 움직일 수도 있으며, 민심이 국가를 움직여 국제교류에 영향을 미치는 것을 우리는 경험했다.

민심상통은 교류국가 국민의 마음을 얻는 다는 기본원칙 아래 정부와 민간이 협력하여 전방위적으로 노력을 기울인 결과 성과를 거두고 있는 것으로 나타나고 있다.

한국이 중국뿐만 아니라 일대일로 참여국가와 협력을 강화하기 위해서라도 중국의 민심상통을 연구 분석하여 지방정부 교류, 관광, 문화, 체육, 민간 협력 등 다양한 분야의 교류확대는 물론 내실 있는 ODA사업을 통해 국가 브랜드 제고 방안을 마련하는 것이 필요하다.

(6) 산업협력

산업협력은 중국의 글로벌 시장 진출(走出去)전략이다. 글로벌 시장 진출 전략은 1997년 장쩌민(江澤民)주석이 외자유치와 글로벌 시장 진출 전략을 병행 추진할 것을 지시함에 따라 시작되었다.

1990년대 말 동부 연해지역은 외자유치 성공에 힘입어 경제적 기반을 마련하였으나 중국 내륙지역은 여전히 낙후하여 외자유치가 필요한 시기에 글로벌 시장 진출 전략을 병행한 것이 중국의 일대일로 추진기반을 마련하는 계기가 되었다고 볼 수 있다.

중국의 대표적인 글로벌 시장 진출 전략은 해외경제무역협력단지 건설이다. 2018년 기준 세계 각국에 82개를 건설하였으며, 투자액(누계)은 289억 달러이다. 입주기업은 3,995개사이며 24만개의 일자리를 창출하고 해당지역에 세금을 20억 달러 이상 납부하는 등 지역경제 활성화에도 기여하고 있는 것으로 나타나고 있다.

실크로드 선상 국가는 자원은 풍부하나 대부분 개발도상국가이며 개발 잠재력이 무한한 지역으로써 세계 각국의 새로운 투자지로 주목을 받고 있는 지역이기도 하다. 중국은 실크로드 선상 국가와 기업의 직접투자, 국제 생산능력 협력과 제3자시장 협력, 민관협력사업(PPP), 해외경제무역협력단지 건설을 통해 시장개척에 나서고 있다.

중국이 일대일로를 본격 추진한 시기인 2013년부터 2018년까지 중국기업의 실크로드 선상 국가에 대한 직접투자는 900억 달러를 넘어섰고, 실크로드 선상 국가에서 대외도급공사 완성 매출액은 4,000억 달러가 넘는 것으로 나타났다.

2018년 중국기업의 실크로드 선상 국가에 대한 비금융류 직접투자는 156억 달러로 전년 동기대비 8.9% 증가하여 같은 기간 총액의 13%를 차지하였으며, 연선 국가에서 대외도급공사 완성 영업액은 893억 달러로 같은 기간 총액의 53%를 차지한다. 중국기업의 투자액 대비 높은 도급공사 비율은 중국기업이 투자를 하고 관련 공사의 대부분을 중국기업이 가져간다는 세계 언론의 기사와 일치하고 있다. 중국기업의 과도한 도급공사 비율은 관련국가와 합리적으로 해결해야 될 문제라 본다. 또한 중국은 관련국가와 생산능력 협력 추진을 통해 적극적으로 시장에 진출하고 있다. 현재 카자흐스탄·이집트·에티오피아·브라질 등 40여 개국과 생산능력 협력문건에 서명했으며, 아세안·아프리카연맹·중남미 및 카리브지역 국가공동체 등 지역조직과 맞춤형 생산능력 협력을 체계적으로 추진할 계획으로 있다.

기술과 자금협력이 필요한 대형프로젝트에 대해서는 프랑스·이탈리아·일본·스페인·포르투갈 등 국가와 제3자시장 협력을 통해 공동 진출을 모색하고 있다.

산업협력단지는 기존의 해외경제무역협력단지를 주축으로 확대해 나가면서, 국경과 연접한 지역에 초국경경제합작구를 건설하고 있다. 초국경경제합작구는 양 측 국가 국경의 특정 지역에 각각 설치하고 수출가공구, 종합보세구, 자유무역시험구 등의 우대정책을 부여하는 지역이다. 초국경경제합작구의 성패는 향후 경제공동체 건설에 영향을 미칠 전망이다.

제2회 중국 민관협력사업(PPP) 포럼 전경 (웨이신)

중국의 실크로드 선상 국가에 대한 직접투자는 지속적으로 증가할 것으로 전망된다. 인프라 건설은 다자 금융협력체와 민관협력사업(PPP), 제3자시장 협력사업 등을 적극적으로 활용하고, 산업협력은 대외개방의 성공경험을 바탕으로 해외경제무역협력단지를 건설하는 등 전방위적인 협력을 추진하고 있다. 중국의 실크로드 선상 국가와 산업협력에 대한 방향은 확립되었다고 볼 수 있다. 앞으로 유라시아 대륙에서 국가 간의 시장경쟁은 치열할 것으로 전망되고 있다. 유라시아 대륙 진출을 위해서는 산업협력의 방향을 철저히 연구하여 상생번영할 수 있는 방안을 마련하는 것이 중요하다.

3) 지역별 추진계획

중국은 일대일로를 추진하면서 그동안의 지역개발 상황을 고려하여, 지역균형 발전 차원에서 지역별 실정에 부합한 일대일로 추진계획을 수립하여 추진하고 있다.

실크로드 경제벨트 지역은 14개 국가와 국경을 맞대고 있으며 21세기 해상 실크로드 지역은 상하이 등 경제가 발달한 동부 연해 지역에 위치해 있다.

일대일로에 구체적으로 지역별 추진계획이 포함된 지역은 중앙정부가 관심을 갖고 집중적으로 개발하겠다는 의지를 밝힌 것이라 할 수 있다. 일대일로에 포함되지 않았다고 해서 일대일로 사업에 제외된 것은 아니다. 일대일로에 포함된 사업은 중앙정부로부터 국고보조 등 우대정책을 향유 할 수 있다. 각 지방정부에서는 일대일로와 연계한 지역개발사업을 발굴하여 중앙정부로부터 국고보조 등 우대정책 등을 받기 위해 경쟁적인 노력을 기울이고 있다.

중국은 일대일로의 효율적 추진을 위하여, 2015년 2월 1일 일대일로 건설 추진 공작영도소조를 설립하였으며, 각 성(省)·직할시·자치구 정부에도 일대일로 지원팀을 신설 운영하고 있다. 각 지방정부에서는 지역별 일대일로 추진계획을 수립하고, 정기적으로 성장(省長)·시장이 직접 추진상항을 점검하고 중앙정부에 보고하는 시스템을 갖추었다. 중국은 국토면적이 광범위하고 한 개의 지방정부가 유럽의 몇 개 국가에 해당하는 면적과 인구를 갖고 있는 만큼 지역별 기후, 문화, 습관 등에서 차이가 많이 있다.

일부에서는 중국 지방정부의 권한도 막강할 것으로 생각하고 있다. 심지어는 중국 전문가도 마치 중국 지방정부가 모든 우대정책을 갖고 있는 것처럼 얘기한다.

개혁개방 초기에 중국의 각종 법제가 완비되기 전에는 각 지방정부별로 우대정책을 남발한 사례가 있었던 것은 사실이다.

현재는 지방정부에서 임의로 우대정책을 국내외 기업에게 줄 수 없다. 우대정책은 중앙정부 주도의 지역개발사업, 각 지방정부 인민대표대회의 조례에 따라서 정하는 등 제도적으로 완비되었다고 볼 수 있다. 현재 국가차원의 우대정책을 받고 있는 산업단지는 자유무역시험구, 개발구(경제, 고신), 종합보세구, 변경경제합작구, 초국경경제합작구, 국제시범구, 변경자유무역시장(边境互市贸易区) 등이 있다. 일부 산업단지는 국가에서 지정은 해주나 우대정책이 많지 않은 산업단지도 있음을 유의해야 한다.

국가차원의 우대정책 외에 지방정부가 역점을 갖고 추진하는 사업은 지방차원의 행·재정적 지원을 받을 수 있다.

중국 지린성의 경우, 바이오, 의료기기 등을 집중 육성한다. 인·허가 장기간 소요 등으로 중국 진출이 어려운 업종은 각 지방정부의 역점사업과 협력을 통해 동반성장 할 수 있는 길을 모색할 필요가 있다.

글로벌 시대에 국가는 정책을 입안하고 방향을 제시하지만 경제, 문화, 관광 등 실질적 교류협력은 지역을 중심으로 이루어진다. 중국의 일대일로 지역별 추진계획과 역점사업 등을 연구 분석하여 지역 간 협력을 통한 동반성장 방안을 강구하는 것이 중요하다.

제1회 동북아지방협력원탁회의 (2019. 8. 22, 지린성 자료)

제2장
신(新)한중 협력방안

이번 장에서는 2개 공식문건의 분석 평가를 통해 도출한 시사점을 중심으로 중국과 일대일로 참여국가 간의 협력을 통하여 유라시아 대륙 진출과 평화와 번영의 신동북아 시대를 맞이하기 위한 신한중 협력방안을 제시하고자 한다.

1. 장기적이고 안정적인 대외전략

중국은 1978년 12월 개혁개방을 주창하고 지속적으로 대외개방 전략을 보완 발전시켜 왔다. 일대일로는 앞에서 언급했듯이 향후 40년 이상 중국의 대외개방 기본국책으로서 장기간 연속성을 갖고 추진될 것이다. 중국의 대형 국가프로젝트는 대부분 연속성을 갖고 추진하여 성과를 거두고 있다.

예를 들면, 중국 동북지역의 대표적인 장기개발 프로젝트인 두만강유역개발계획(TRADP)이다. 두만강유역개발계획은 1980년대 말 중국 지린성의 전문가 그룹에서 중국·북한·러시아 3국의 국경지역에 위치한 두만강 유역을 국제협력을 통하여 개발할 것을 중앙정부에 건의함에 따라, 중국에서 유엔개발계획(UNDP)과 협의하여 1992년부터 UNDP 지원하에 남북한, 중국, 러시아, 몽골이 참여하는 TRADP가 본격적으로 추진되기 시작했다. 그러나 UNDP의 재원조달 실패 등으로 진전이 없자 중국에서 중국 지역의 두만강유역개발계획 프로젝트를 단독으로 추진하여 성과를 거두고 있다.

중국은 TRADP사업의 성공을 위해 훈춘에 변경경제합작구, 중러 자유무역시장 등을 지원 하였으나, 큰 성과를 거두지 못함에 따라 2009년 8월 두만강유역개발계

획을 《창지투개발개방선도구전략(长吉图开发开放先导区战略)》으로 승격시키고 수출가
공구, 국제합작시범구를 건설하는 한편 2015년 9월에는 창춘~훈춘 간 고속철도를
개통함으로써 베이징에서 훈춘 간 고속철도를 연결하였다. 베이징~훈춘 간 고속철
도[79]는 러시아 및 북한 철도와 직접 연결함으로써 동북아 경제협력의 중요한 역할을
할 것으로 기대된다.

베이징 ~ 훈춘 간 고속철도 (지린성 자료)

러시아의 경우 1990년대부터 아시아 태평양 진출을 위한 신극동 전략을 추진
하여 왔다. 러시아 역시 중국처럼 신극동 전략을 지속적으로 보완 발전시켜왔다.
2012년 극동개발부를 신설하고 2015년 10월부터 블라디보스토크 자유항 프로젝
트를 본격적으로 추진하고 있다.

한국은 주변국가에 비하여 대외전략에 대한 분명한 로드맵과 연속성이 부족하다
는 평가를 받고 있다. 그간 한국의 북방진출전략 추진과정을 살펴보면 노무현 정부
는 동북아시대위원회를 대통령 직속으로 설치하였으며, 박근혜 정부는 유라시아 이
니셔티브 구상, 문재인 정부는 신북방 정책을 추진하는 등 주변국가에 비하여 장기

---

79 2015년 9월 창춘 - 훈춘(508.40km, 3시간 17분)고속도로의 개통으로 베이징 - 훈춘 간(1,484km, 10시간
  43분)고속철도가 연결되었다. 바이두(검색일: 2020. 3. 4)

적이고 안정적인 대외전략이 부족한 것은 사실이다.

한국에서도 안정적으로 동북아 지역 간 협력사업 추진을 위한 노력이 있었다. 2015년 7월 양창영 국회의원 등 33명은 "광역두만개발사업의 협력 및 지원에 관한 법률안(이하 GTI법안)"을 국회에 제출하였으나, 제19대 국회의원 임기만료로 자동 폐기되어 아쉬움을 남기고 있다.

"GTI법안"을 분석하면 "한국의 GTI 지역인 강원, 경북, 울산, 부산에 국제협력시범구 건설을 통해 국내기반을 구축하고 동북아 지역 간 협력을 강화"하자는 것이다. 우연의 일치인지 몰라도 "GTI법안"은 일대일로 기본구상과 유사성이 있다고 볼 수 있다. 한국이 주변국가와 협력을 통한 대외전략을 추진하려면, 적어도 일대일로에 상응한 대외전략을 법제화할 필요가 있다. 주변국가는 40년 이상 장기적인 대외전략을 갖고 추진하고 있는 데, 대통령이 바뀔 때마다 대외전략이 바뀌는 것은 한국의 국제경쟁력을 약화시키는 결과를 초래할 수 있다.

2. 북한과 협력기반 마련

중국의 일대일로, 러시아 신극동 전략, 한국의 신북방 정책이 성공을 거두려면 북한의 협력을 이끌어 내지 않고는 어렵다. 북한은 한국과 일본의 유라시아 대륙 진출의 관문이며, 중국과 러시아의 동해 출구전략의 중요한 지역이다.

중국과는 러시아는 북한과 기본적인 경제교류협력사업을 진행하고 있지만 최근에 북한이 유엔 안보리의 제재를 받음에 따라 경제교류가 거의 중단된 상태이다.

한국과 북한은 체제의 차이에 따른 협력방식의 문제 등을 극복하지 못하고 있다. 예를 들면 북한은 협력사업의 성과가 도출될 때 홍보를 하지만 한국은 정책입안 단계부터 협력사업을 공개함으로써 북한의 반발에 부딪혀 사업을 실행하지도 못하고 무산되는 사례가 발생하는 경우가 있다.

북한에서는 한국이 충분한 검토없이 남북협력 사업이 불가능한 사업을 남발하여 남북 간의 신뢰를 저하시키는 사례가 빈번하게 발생한다고 주장한다. 한국 정부 관계자는 북한에서도 한국의 정치체제, 사회 시스템에 대한 전반적인 이해를 통해 함께 협력할 수 있는 사업을 발굴해 나가는 것이 중요하다고 말한다.

한국에 북한 전문가가 빈약한 것도 남북협력의 걸림돌로 작용하고 있다. 북한과 한국에서 오랫동안 근무한 중국 외교관은 남북소통의 문제를 지적한다. 금강산 관광의 경우 북한은 분명히 민간인 출입 금지구역을 설정하고 무단진입 시 발포하겠다고 고지했음에도 불구하고 규정을 어긴 한국 관광객 사망의 책임을 북한으로 돌리는 등의 사례가 있었다며, 상호 체제의 차이와 문화를 존중하는 것이 중요하다고 말한다. 특히, 북한을 방문한 적이 없는 북한 전문가, 상식적으로 북한의 고급정보를 얻을 수 없는 위치에 있는 탈북민이나 검증도 되지 않은 비전문가들의 정보에 의존함으로써 오히려 남북교류에 혼선을 주는 사례가 발생하는 것은 지양해야 된다고 말한다.

북한과 교류협력 확대를 위해서는 한국이 선제적으로 학술교류를 비롯한 민간교류를 확대해 나갈 필요가 있다. 물론 현실적인 어려움은 따르겠지만 남북 간에 신뢰를 쌓기 위한 민간, 지방정부 차원의 남북교류를 지속적으로 추진하는 것이 중요하다. 그리고 남북이 협의하여 실현 가능한 협력사업을 발굴하는 것이 무엇 보다 필요하다. 북한은 정책 일관성 부족에 대한 국제사회의 지적에 대하여 신뢰할 수 있는 정책적 대안을 제시할 필요가 있다.

중국의 북한 전문가에 의하면 북한은 2019년 하노이 북미회담에 상당한 기대를 걸었던 것은 사실이다. 북미회담 결렬 전에는 한국과 미국 간의 협력을 중시하였으나, 북미 회담결렬 후 전통 우방국인 중국과 러시아와 협력을 우선순위에 두고 한국과 미국 간의 협력을 후순위에 두고 있다고 한다. 2019년 12월 16일 중국과 러시아가 유엔 안보리에 한반도 철도 건설 등에 대하여 대북제재 완화 결의안을 제출한 것도, 중국과 러시아, 북한 간 협력의 산물이라고 볼 수 있다.

북한은 2019년 12월 28일부터 31일까지 개최한 노동당 제7기 5차 전원회의에서 유엔 안보리 제재 등의 정면돌파와 자력갱생의 노선을 채택하였다. 2020년 5월 1일 북한 순천 인비료공장 준공은 노동당 제7기 5차 전원회의 결의안으로 채택한 "정면돌파, 자력갱생"의 시범사업으로 중요한 의의를 갖고 있다고 중국언론은 보도하고 있다. 특히, 주목할 것은 단둥과 신의주를 연결하는 신압록강 대교의 북한 측 공사구간 재개이다. 신압록강 대교는 2009년 10월 중국의 원자바오 총리의 북한 방문 때 체결한 '경제협력협정'에 따라 건설되기 시작했고, 중국 측은 교량 건설을, 북한 측은 세관과 도로 건설을 맡았다.

신압록강 대교는 2011년 12월 31일 착공되었다. 이 교량은 당초 2014년 10월 완공될 예정이었으나 북한 측은 활용도 등의 이유로 북한 측 연결구간 공사를 차일피일 미루어 왔다. 신압록강 대교 공사가 탄력을 받기 시작한 것은 2019년 6월 중·북 정상회담 등으로 중·북 협력의 분위기가 무르익으면서 공사가 재개되어 2020년 12월 완공될 예정이다. 신압록강 대교가 완공되면 황금평 위화도 특구와 신의주 특구 개발이 탄력을 받을 것으로 전망되고 있다. 순천 인비료공장 준공과 신압록강 대교 공사 재개는 북한의 정면돌파, 자력갱생의 길을 가겠다는 신호탄으로 해석할 수 있다.

신압록강 대교 북한 측 공사구간 현장(이춘일 회장 제공)[80]

---

80 이춘일 회장(crlee@qq.com)은 북한 김일성 대학을 졸업하고 북경조선족기업가협회장을 역임하였으며 평양대동강맥주축제를 주관하는 등 북한 전문가이다.

앞으로 북한은 중국과 러시아 간 협력을 강화해 나가면서 유엔 안보리 제재에 대한 정면돌파와 북미 협상 등을 통한 대북 제재 완화를 추구하는 2가지 전략을 병행해 나갈 것으로 전망된다.

북한의 유엔 안보리 제재 등은 영원히 지속 될 수 없을 것이다. 중국의 북한 전문가는 중국 또는 러시아 기업과 협력을 통하여 제3자시장 협력의 방식으로 북한에 진출하는 방안을 모색할 필요가 있다고 말한다.

제3자시장 협력에서 주의할 것은 중국이나 러시아 기업 중에서 북한에 특화된 기업을 발굴하는 것이 중요하며, 북한의 정치·경제 상황에 대한 이해도가 높고, 북한과 인적네트워크가 뛰어난 기업과 협력을 하는 것이 투자 리스트를 줄이는 길이라고 조언한다. 다른 한편으로 주목할 것은 북한은 2014년도에 이어 2018년에도 세계한상(韓商)기업인을 초청하여 기업인교류회 등을 개최하였다. 중국의 개혁개방 초기에 화상(華商)기업이 대거 중국에 투자 했듯이 북한에서도 세계한상(韓商)기업 유치를 통해 경제발전을 도모하겠다는 것은 시사하는 바가 크다고 할 수 있다.

평양대동강맥주축제 (이춘일 회장 제공)

일대일로는 북한과 협력을 끌어낼 수 있는 대안이 될 수 있다. 중국은 실크로드 선상 국가와 경제협력 기반을 바탕으로 일대일로와 연계한 동북아경제통합을 위해, 북한과 경제협력을 적극 추진할 전망이다. 평화와 번영의 신동북아 시대를 만들기 위해서는 한국을 비롯한 동북아 각국은 유엔 안보리 제재 제외 대상사업을 중심으로 북한과 협력사업을 적극적으로 추진하면서, 다른 한편으로는 중국의 일대일로, 한국의 신북방 정책, 러시아 신극동 전략과 연계한 실질적 협력사업을 발굴하는 등 점진적 확대전략을 추진할 필요가 있다.

3. GTI 등 다자 협의체 활용

중국이 일대일로를 제안하고 가장 먼저 추진한 것이 기존의 양·다자 국제협의체와 협력을 강화하는 것이었다. 실제적으로 다자 국제협의체와 협력을 통해 일대일로의 세계화 기반을 마련하였다. 중국이 활용한 다자 국제협의체는 유엔 등 국제기구로 부터 하위지역협의체인 메콩강지역경제협력체(GMS)까지 일대일로 추진에 도움이 되는 국제협의체와는 긴밀한 협력을 통해 사업의 성과를 거두고 있다.

아시아의 주요 하위지역협의체는 GMS와 광역두만강개발계획(GTI)이 있다. GMS는 1992년 아시아개발은행(ADB)이 설립을 주도하였으며, 회원국은 메콩강유역의 6개 국가와 지구로서 중국 윈난성(云南省), 미얀마, 라오스, 태국, 캄보디아, 베트남이다. 이 지역의 총면적은 256.86만㎢이며 인구는 3억 명이다.

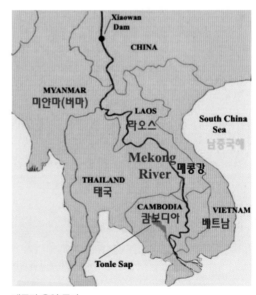

메콩강 유역 국가

공식기구는 장관회의와 정상회의이며 교통, 전신, 에너지, 환경, 인력자원개발, 관광, 농업, 무역·투자 등 9개 분야가 있다. 2002년부터 정상회의를 3년에 1회 개최하고 있다.

GMS는 일대일로에 처음부터 포함되었으며, 동남아 지역 간 협력의 중요한 역할을 하고 있다. 2019년 11월 한국 부산에서 한-메콩 정상회의를 개최하고 한-메콩강 선언을 발표하는 등 세계적 협력 대상지역으로 급부상하고 있다. GTI는 1992년 유엔개발계획(UNDP)의 지원으로 설립한 북한, 한국, 중국, 러시아, 몽골이 참여하는 동북아 지역개발을 위한 경제 협의체이다. 지역개발의 주체는 지방정부이나 지역개발의 주체인 지방정부의 참여제한과 2009년 11월 북한의 GTI 탈퇴 등으로 인하여 협력 사업에 큰 진전을 보지 못하고 있는 것이 사실이다.

같은 시기에 출발한 GMS와 GTI의 위상은 현격한 차이가 나고 있다. GMS는 국가 간 정상회의로 발전하였으나 GTI는 여전히 차관급 협의체에 머물고 있으며, 2009년 11월 북한의 탈퇴로 인하여 국제기구 전환조차 속도를 내지 못하고 있는 실정이다. GTI 지역은 한국과 일본의 유라시아 대륙 진출의 관문이며, 중국과 러시아의 태평양 진출을 위한 통로이다. GTI 지역의 지정학적 여건은 GMS와 비교할 수 없을 정도로 중요한 지정학적 여건을 갖고 있다.

그동안 GTI는 동북아 지역개발을 위한 중요한 플랫폼으로서 역할을 했다. 지방정부의 GTI 직접 참여 제한 등의 요소가 있었음에도 불구하고 GTI 전신인 두만강유역개발계획이 시작되면서 동북아 지방정부 간 경제교류가 활발히 추진되는 등 지역발전의 순기능으로 작용하고 있다.

일대일로와 한국의 신북방 정책 추진을 위해서는 북한과의 협력이 필수적이다. 유엔 안보리의 제재를 피하고 북한을 국제사회로 끌어낼 수 있는 유일한 창구는 다자 협의체나 국제기구이며 그것이 바로 GTI라고 할 수 있다.

세계 각국에서 국가 간 다자 협의체 결성을 통해서 지역을 발전시키고 있는 사례는 GMS 뿐만 아니라 유럽의 북해 및 발틱해 지역 등에서도 오래전부터 지역협의체

[81]를 결성하여 성과를 거두고 있다.

지금은 GTI가 활성화 되지 않고 있지만 북한의 참여에 따라 급물살을 탈것으로 전망된다. 최근 주변국가의 정세는 2009년 11월 북한의 GTI 탈퇴 상황과는 확연하게 달라졌다.

2009년 11월 북한의 탈퇴 이유는 TRADP사업의 미흡한 성과와 유엔 안보리 제재 등이다. 당시 남북관계는 이명박 정부의 남북 간 대화 단절, 금강산관광 중단, 개성남북경협사무소 폐쇄 등 최악의 환경이었다.

최근 주변국가의 정치적 상황을 살펴보면, 한국의 문재인 정부는 동해북부선 복원, 남북관광 재개 추진 등 남북관계 개선을 위해 노력을 기울이고 있으며, 중국과 러시아는 한반도 철도건설 사업 등에 대하여 유엔 안보리에 대북제재 완화 결의안을 제출하였다. 특히 중국은 일대일로에 GTI를 포함시키고 동북아 지역 간 협력강화를 추진하고 있다.

북한은 GTI 복귀조건으로 유엔 안보리 제재 완화 등을 제시하는 것보다는 2019년 11월 탈퇴 시 보다 달라진 주변 환경과 GTI 회원국의 지속적인 GTI 복귀요청을 수용하는 형태로 GTI 복귀를 선언한다면 국제사회의 큰 환영을 받을 것이다. 북한은 GTI 복귀를 통해, 유엔 안보리 제재대상이 아닌 관광 등 민간 교류 활성화를 추진하면서, GTI 회원국과 협력하여 유엔 안보리 제재를 해결하는 방법을 강구하는 전략이 필요하다.

북한이 GTI 복귀로 얻을 수 있는 장기적 성과로는 회원국 간의 협력으로 한반도 철도건설 등 교통·물류·무역, 나선특구, 청진, 신의주와 투자협력 사업이 가능할 것으로 전망되고 있다. GTI 지역의 평화와 번영 없이는 중국의 일대일로와 러시아

---

81 ①북해지역위원회(North Sea Commission) 1989년 창설. 노르웨이의 서남부, 스웨덴 서부, 덴마크의 쥬트랜드, 독일의 서북부, 네델란드 북부, 프랑스, 잉글랜드와 스코틀랜드 8개국 57개 지방정부이며 인구는 약 6천 만 명. ② 발틱해지역위원회(Baltic Sea Commission) 1992년 창설. 과거 공산주의 국가와 서구 자본주의 국가가 혼재되어 있는 점에서 유사한 구조를 가진 환동해권에 시사하는 바가 큼. 회원국은 덴마크, 에스토니아, 핀란드, 독일, 리투아니아, 노르웨이, 폴란드, 스웨덴 등 8개국 28개 지방정부, 인구는 1,500만 명(강원도 신동북아 시대의 대외전략 2011년 1월)

의 신극동 전략, 한국의 신북방 정책은 결실을 맺기 어려울 것이다.

GTI 회원국은 GTI 지역의 달라진 환경을 동북아 지역 발전의 기회로 활용하기 위해서는 세계 각국의 다자 협의체 성공사례를 분석하여 GTI를 세계 다자 협의체의 모델로 육성하는 데 노력을 기울여야 할 것이다. 그동안 동북아 지역 간 국제교류협력을 바탕으로 GTI 발전방안을 제시하고자 한다.

[GTI 발전 방안]

1) TRADP

■ 추진경위

- 두만강유역을 중심으로 한 동북아 지역의 경제발전을 목적으로 추진하는 다자 간 경제협력사업
- 1992년 두만강 국경지역을 국제자유무역지대로 조성하기 위해 UNDP의 지원을 받아 출범
- 1995년 12월 5개국위원회 협정 체결, 1996년부터 공식추진
  - 사업목표 : 300억 달러를 투자하여 이 지역을 동북아의 중심지로 개발
  - 사업기간 : 1996년부터 10년, 사업종료 시 자동연장(10년) 조항삽입
  - 지역범위 : 청진, 옌지, 나호드카 연결 삼각지역
  - 참 가 국 : 중국, 남북한, 러시아, 몽골
  - 추진방법 : 회원국 정부가 개발사업을 주도하고 UNDP가 지원
    ※ 5개국위원회
    - 동북아 지역 유일의 다자 간 제도적 경제협의체
    - 각 국가 간의 차관급 협의체 (한국, 기획재정부 차관)

■ 추진사항

- 재원조달 실패로 국가 간 협력사업은 답보상태이나 동북아 지방 간 경제교류협력 사업 추진의 동력이 되었음(표 8 참고)
  - 2000년 4월 28일 속초–자루비노–훈춘항로 개통, 전세기 운항, 박람회 상호 참가, 관광, 문화·예술·체육 교류 추진 등

표 8 주요 지역협의체

협의체	설립연도	회원국
동북아지사성장회의	1994	강원도, 지린성, 연해주, 돗토리현, 몽골 튜브도
동북아자치단체 연합	1996	6개국, 78개 광역자치단체
환동해 거점도시	1994	4개국, 13개 기초자치단체 동해, 속초, 포항, 훈춘, 요나고 등

자료 : 강원도 내부자료 및 www.neargov.org(동북아자치단체연합)

■ 중국 자체 두만강유역개발계획 프로젝트 추진
  − 1980년대 말, 두만개발 건의
  − 1991년, 국가급 대외개방도시 지정
  − 1992년 3월, 훈춘 변경경제합작구 설립
  − 2000년 4월, 수출가공구 설립
  − 2001년 2월, 중러 자유무역시장 개설
  − 2009년 8월, 창지투 개발계획 발표
  − 2012년 4월, 국제합작시범구 지정
  − 2015년 9월, 창춘−훈춘 고속철 개통
  − 2017년 7월, 연변대학교 훈춘캠퍼스 설립
  − 2019년 2월, 종합보세구 지정
  − 2020년 5월, 훈춘해양경제발전시범구 비준

2) GTI 체제 전환

▣ 추진경위

■ 재원조달 실패로 TRADP사업의 성과가 미흡함에 따라 2005년 9월 중국 창춘에서 개최된 제8차 회의에서 TRADP를 10년 간 연장하고 회원국의 Ownership을 강조하는 GTI(大图们倡议, 광역두만강개발계획) 체제로 전환

■ 주요내용은
  − 사업대상지역을 북한 나선 경제무역지대, 중국 동북성과 네이멍구, 한국 동해안 (강원, 경북, 울산, 부산), 러시아 연해주와 하바롭스크, 몽골 동부로 조정·확대
  − 실질협력을 위한 투자·무역, 물류, 관광, 환경, 에너지, 농업 위원회 등 설치
  − 실현가능한 프로젝트개발 추진
  − 지방정부 및 기업인 참여 확대

광역두만강권(신동북아 시대의 강원도 대외전략)

▣ 추진사항

- 2009년 5월, 한국 GTI 비준
- 2009년 11월, 북한은 TRADP사업의 미흡한 성과와 유엔 안보리 제재 등의 이유로 탈퇴하였음
- 2011년 9월, 한국 GTI 역사상 처음으로 제12차 총회를 강원도 평창에서 개최
  - 동북아 지방협력위원회 창립
- 2013년 10월, 강원도와 GTI 사무국은 국제무역투자박람회 창설 및 개최(제8회 2020년 10월, 강원도 원주 개최)
- 물류, 무역, 관광, 환경, 에너지 등 6개 개 분과위원회를 구성·운영하고 있으나 큰 성과를 거두지 못하고 있음
- 현재 국제기구 전환을 추진 중이나 러시아에서 북한의 GTI 미(未)복귀를 이유로 반대

▣ 성과 부진 이유

- 차관급 협의체로 추진의 한계성
- 실행 가능한 공동프로젝트 개발 미흡
- 협력기금 미조성

- 포럼위주의 형식적 협의체 운영
  - 회의 개최 후속조치 미흡
- 지역개발의 주체인 지방정부 참여 제한
- GTI 조정관의 직급이 낮고 상이함
- 북한의 GTI 미(未)복귀
  - 두만강 유역의 핵심국가인 북한의 미(未)복귀로 인한 사업추진 동력 저하

3) GTI 발전과제

▣ 기구 및 조직개편

- 협의체 대표 격상 : 차관 → 총리
  - 차관급으로는 대내외적으로 다양한 문제를 해결하는데 한계가 있음
- 실질적 협의체 구성 : 장관 또는 차관
- GTI 사무국 확대 개편
  - 사무국장 : 과장·계장 → 차관 또는 장관

▣ 공동비전과 액션플랜 제시 및 협력기금 설치

– 동북아 지역 간 상생협력 토대 구축 –

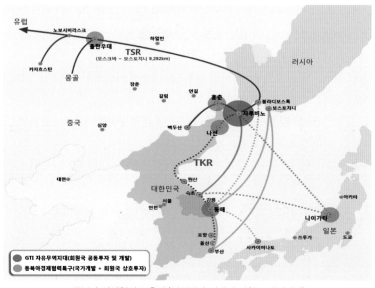

동북아 상생협력 구축안 (신동북아 시대의 강원도 대외전략)

■ 교통·물류협의체 보완 발전

■ 철도·도로·물류망 구축을 위한 공동협력

■ GTI 관광협의체 등 격상

- 현재 각종 분과위원회는 대부분 실무급으로 구성되어 실질적 협력사업 추진에 한계 노출 → 최소 국장급으로 격상

■ 동북아 경제협력 특구 건설

- 회원국별 1개소 지정, 회원국 공동참여, 우대정책 부여
- 각 국가별 GTI 지역 간 경제협력 활성화를 위한 산업 기반 조성
  - GTI 지역 간 협력을 강화하기 위해서는 어느 한 국가만의 인프라 구축으로는 협력사업 진행이 어려우므로, 상호 간에 협력기반(인프라 등 산업)을 구축하는 것이 중요함

■ 지방정부와 중앙정부가 함께하는 GTI 체제 구축

- GTI 지역 개발의 주체인 지방정부의 참여가 제한적이어서 활성화되지 못하고 있으므로, 지방정부를 GTI 회의 공식 멤버로 참여토록 하여, 중앙정부와 지방 정부가 함께하는 GTI 체제로 전환
- 지방정부의 공동참여를 통한 협력사업 발굴
- GTI 의제로 지역 간 경제협력 과정에서 나타난 문제를 선정, 해결
  ⇒ 북해·발틱해 비전, 메콩강지역경제협력체를 동북아 국부지역 간 협력의 모델로 개발

■ 회의형태 개선

- 포럼형태의 운영을 지양하고, 동북아 국가 간 교류협력의 문제점을 중심으로 의제를 선정, 해결 방안 마련
  예1) 해운항로 활성화를 위한 통관제도 개선
  예2) 관광객 자유왕래를 위한 비자 제도
- GTI 총회와 연계 박람회 및 투자 설명회 병행

■ GTI 비전그룹 설립(5~10명)

- GTI 사무국 기능강화와 GTI 발전을 위한 비전그룹 설립
- 구 성 : 회원국별 저명인사(전현직 차관급 이상 또는 연구원장 등) 1~2명
- 역 할 : 매년 GTI 평가 및 발전 방향 마련⇒ GTI 총회 보고

4. 변경지역과 초국경 협력

일대일로가 중국의 변경지역과 국경을 맞대고 있는 국가를 중심으로 사업을 추진함에 따라 변경지역이 신발전 지대로 주목을 받고 있다. 특히 중국이 실크로드 선상국가 간 협력을 바탕으로 동북아경제통합을 적극적으로 추진할 계획을 대내외에 밝힘에 따라 한국의 신북방 정책도 탄력을 받을 것으로 전망되고 있다. 이번 장에서는 중국의 변경지역을 중심으로 지역발전 전략, 산업단지 및 초국경 협력 실태분석을 통해 한중 협력방안을 제시하고자 한다.

1) 변경지역과 연계한 초국경 협력

중국은 국토면적이 광대한 만큼 접경국가가 많다. 육지와 국경을 맞대고 있는 국가는 14개(표 9 참고)이며, 해상은 한국, 일본, 필리핀, 브루나이, 말레이시아, 싱가포르 등 6개 국가이다.

중국 14개 접경국가 지도

변경지역은 일대일로의 출발점이라 할 수 있다. 변경지역과 협력을 위해서는 중국의 접경국가와 연계한 협력사업의 방향을 살펴볼 필요가 있다.

일대일로는 접경국가와 인프라 건설에 최우선을 두고 있다. 최근 중국은 아시아 하이웨이, 범아시아 철도망 계획과 건설에 적극 나서고 있으며 중앙아시아, 남아시아 및 동남아 국가와는 주요 도로 13개, 철도 8개를 개통하였다. 이 밖에도 가스관, 국제교량, 송전선로, 광케이블 전송시스템 등의 인프라 구축사업도 성과를 얻고 있다.

주요 변경지역

인프라 구축과 재원조달 방향도 분명히 제시하고 있다. 인프라는 국경 통상구(口岸), 도로, 교량, 파이프라인 등 국제인프라 건설수요에 따라 국제종합운송로를 보완하는 한편 통관, 품질검사, 표준 등 소프트웨어 건설에 주력해 종합서비스 수준을 향상하겠다는 것이다.

재원은 AIIB, 중국-유라시아경협기금, 실크로드기금 등을 활용한다. 일대일로의 접경국가 협력방안과 재원조달 방안 등은 향후 북한과 협력사업 추진에 시사하는 바가 크다고 할 수 있다. 그동안 중국은 변경지역 발전을 위해 개방도시 지정, 변경경제합작구, 종합보세구, 전자상거래산업단지, 초국경경제합작구 등을 설립하였으며, 변경지역 발전을 위해 상하이협력기구, 광역두만강개발계획, 메콩강지역경제협력체 등 다자 협의체를 적극 활용하는 등 전방위적으로 변경지역 발전을 위해 노력을 기울여 왔다.

변경지역은 국가적인 지원을 받아 지역경제 발전의 성과를 거두고 있으나 내륙지역 등의 한계로 인하여 기대한 만큼 성과를 거두고 있지 못하고 있는 것으로 나타나고 있다.

중국은 일대일로를 추진하면서 변경지역 활성화를 위한 우대정책을 지속적으로 부여할 것으로 전망된다. 일대일로가 변경지역과 주변국가 간 초국경 협력사업 등을 중점적으로 추진함에 따라 중국의 변경지역이 새로운 시장으로 각광을 받고 있다. 변경지역은 대부분 내륙에 위치하고 있어 경제가 낙후한 지역으로서 중국 정부가 특별히 관심을 갖고 관리하는 지역 중의 하나이다. 1990년대 초부터 변경지역을 동부 연해지역에 준하는 우대정책을 부여하는 개방도시로 지정하고 변경경제합작구를 설립했다. 1992년 이래 국무원이 승인한 변경경제합작구는 2015년 9월 기준 17개(표 9 참고)이다. 설립목적은 국내외 자본 및 기업 유치를 통해 생산가공 및 변경무역 기능을 수행함으로써 중국 변경지역 경제개발 및 중국 내 지역격차 해소 등에 있지만 지역별로 개발의 방향은 차이가 난다. 예를 들면 연변조선족자치주에 있는 허룽(和龙)변경경제합작구는 북한의 무산철광 등과 협력 강화를 위해 설립했다.

변경지역 중에서 경제합작구와 종합보세구[82], 변경자유무역시장(边民互市贸易区)[83]

---

82 무역·투자·물류 활성화를 위해 설립. 보세창고, 보세판매장, 보세전시장, 보세공장 등이 설치되어 있다.
83 변경자유무역시장은 일정한 금액의 범위 내에 서 면세 혜택이 있으며, 인근 국가 주민 왕래 편의를 위해 무비자 제도를 실시한다.

을 모두 갖춘 지역은 연변조선족자치주 훈춘, 헤이룽장성 수이펀허, 네이멍구 만저우리 등이다. 변경경제합작구 설립 이외의 지역은 종합보세구, 수출가공구, 전자상거래 산업단지, 자유무역시험구 지정 등을 통해 변경지역의 균형발전을 도모하고 있다.

표 9 변경경제합작구

지 역	변경경제합작구
지린(吉林, 2)	훈춘(珲春)* 종합보세구(중러 자유무역시장), 허룽(和龙)
네이멍구(内蒙古, 2)	만저우리(满洲里) * 종합보세구(중러 자유무역시장) 얼렌하오터(二连浩特)
랴오닝(辽宁, 1)	단둥(丹东)
헤이룽장(黑龙江, 2)	헤이허(黑河), 수이펀허(绥芬河)* 종합보세구(중러 자유무역시장)
광시(广西, 2)	핑샹(凭祥), 둥싱(东兴)
윈난(云南, 4)	완딩(畹町), 허커우(河口), 루이리(瑞丽), 린창(临沧)
신장(新疆,4)	이닝(伊宁), 보러(博乐), 다청(塔城), 지무나이(吉木乃)

자료 : www.baidu.com 저자 정리

그동안 변경지역 활성화를 위하여 중국내에 변경경제합작구 등을 설치하였다면, 초국경경제합작구는 양 국가 접경지역의 특정지역을 지정하여 건설한다. 이 지역은 보세공장, 보세창고, 관광 편리화, 자유무역 지역 등의 상호 우대정책을 향유한다.

초국경경제합작구[84]는 변경경제합작구와 자유무역시장 운영 경험을 바탕으로, 중국 동북 변경지역은 동북아 국가, 북서부 변경지역은 중앙아시아 5개국, 남서부 변경지역은 동남아와 국경지역에 건설할 계획이다.

현재 초국경경제합작구 건설은 미얀마·베트남·라오스와 국경에 연접한 윈난성이 가장 활발하다. 윈난성의 모한(磨憨)·라오스(보텐), 루이리(瑞丽)·미얀마 뮤즈, 훙허(红河)·베트남 라오까이 등이 있으며 지속적으로 확대할 계획이다.

그 외에 광시 둥싱(东兴)-베트남 몽카이, 신장(新疆)·카자흐스탄휘얼궈쓰(霍尔果斯)초국경경제협력센터 등이 있다. 초국경경제합작구는 관련 국가와 조건 등이 충족되면 중국 관할 구역부터 사업 시행을 추진하는 등 일대일로를 주도적으로 추진할

---

84 http://baike.chinaso.com/wiki/doc - view - 222717.html跨境经济合作区(초국경경제합작구)(검색일: 2020. 3. 2)

계획임을 밝히고 있다. 초국경경제합작구는 중국의 14개 접경국가와의 자유무역지대 건설을 위한 시범적인 역할을 할 것으로 기대된다.

일대일로 추진으로 변경지역에 새로운 바람이 불고 있다. 중국 정부가 2015년 9월 17일 발표한 일대일로 개방형 세계경제 추진의 핵심전략인 "개방형경제 신체제" 내용에는 변경지역을 개방의 새로운 지점으로 육성할 계획임을 밝히고 있다. 주요내용은 변경경제합작구는 주변국가 간 협력의 중요한 플랫폼으로 건설하여, 국경개방의 속도를 가속화한다. 변경중점 통상구, 변경도시, 변경경제합작구 재인원의 왕래, 가공물류, 관광 등 방면에서 특수한 방식과 정책을 시행하며, 관련 규정에 따라 변경경제합작구 신설, 구역조정과 구역확장 작업을 순차적으로 진행한다.

훠얼궈쓰(霍尔果斯)초국경경제협력센터 중국 측 시설 (바이두)

중국 정부는 "개방형경제 신체제" 전략에 따라 2016년 1월 7일 변경지역중점지구개발개방약간의 정책조치에 관한 의견(关于支持沿边重点地区开发开放若干政策措施的意见)을 발표하였다. 주요내용은 변경지역 발전을 위해 변경안정, 민족통합, 주변안녕의 필요성에 착안해 변경지역 주민부흥, 체제개혁, 무역구조 조정, 지역특화형 산업발전 촉진, 관광개방 수준 제고, 인프라 구축 강화, 재정과 세제 지원 확대, 금융혁신 및 개방장려 등 8개 부문 31개 정책을 실시하겠다는 내용이다. 앞으로 변경지역의 지정학적 이점과 새로운 우대정책에 대한 연구 분석을 통하여 상생협력 사업을 발굴할 필요가 있다.

2) 중국의 산업단지 실태

중국이 오늘날의 경제성장을 이룬 배경에는 개혁개방과 함께 한국의 산업단지와 경제자유구역 등에 해당하는 각종 개발구 등을 지역별 특성에 맞게 지정하고 세계경제흐름에 따라 지속적으로 보완 발전시켜 왔기 때문이다.

1970년대 말 개혁개방 초기 동부 연해도시에 경제시범특구 등을 지정하여 성과를 거둠에 따라, 전국의 각 성(省)·시(市)에 2~3개의 경제기술개발구(経済技术开发区)와 고신기술산업개발구(高新技术产业开发区) 등을 지정하였다.[85]

시안고신기술산업개발구 전경 (바이두)

85 경제기술개발구는 1981년부터 개혁개방의 일환으로 설립하였으며 현재 219개가 있다. 고신기술산업개발구는 1988년부터 첨단산업을 발전시키기 위하여 설립하였으며 현재 168개가 있다. 최근에는 개발구 업그레이드를 통해 외자유치 선도, 기술혁신, 녹색발전 시범구를 추진하고 있으나, 경제가 발달한 지역의 개발구는 기업입주가 포화 상태이다. 바이두(검색일: 2020. 3. 5)

개발구는 국비지원과 우대정책을 통하여 산업단지와 행정지원기구, 아파트 단지 등으로 구성된 복합타운으로 조성하였다. 특히, 기업설립과 경영지원을 위한 원스톱 서비스(one stop service)[86] 지원시스템을 갖추고 적극적인 국내외 기업유치를 통해 지역발전에 크게 기여 하였다. 개발구가 성공을 거둠에 따라 변경경제합작구, 수출가공구, 종합보세구, 국제합작시범구, 전자상거래산업단지, 자유무역시험구 등의 순차적인 지정을 통하여 지역경제 발전을 견인해 왔다. 일대일로 역시 변경경제합작구, 종합보세구, 국제합작시범구, 자유무역시험구 등을 축으로 지역발전과 글로벌 대외개방 전략을 추진할 것이다.

(1) 수출가공구와 종합보세구 등

2000년 4월부터 외자유치와 가공무역 활성화를 위해 각 지역에 수출가공구를 설립했다. 2018년 기준 전국에 63개의 수출가공구가 설립·운영 중에 있다[87], 수출가공구 지정만으로 외자유치 등의 성과를 거두지 못하고 있는 지역을 중심으로 종합보세구역을 지정 운영하고 있다. 현재 수출가공구는 대부분 종합보세구로 흡수되어 역사의 뒤안길로 사라졌다.

훈춘종합보세구 전경 (바이두)

---

86 원 스톱 서비스는 한 장소에서 관련한 업무를 일괄하여 처리하는 방식을 말함.
87 www.hncom.gov.cn(河南省商务厅开发区管理处)(검색일: 2020. 3. 3)

2006년 수저우 공업원종합보세구(苏州工业园综合保税区)를 시작으로 2019년 기준 전국에 100개의 종합보세구가 설치·운영되고 있다. 종합보세구역은 내륙지역에 보세항구 기능을 갖춘 세관의 특수감독구역이다. 보세구, 수출가공구, 중계무역, 배송, 구매·판매 기능 등을 갖추었다.

대부분의 종합보세구에는 초국경 전자상거래단지가 있다. 초국경 전자상거래단지는 초기에는 정부에서 우대정책을 부여하는 등 장려하였으나, 현재는 우대정책이 많지 않은 실정이나 국제전상거래 플랫폼으로 정착단계에 도달했으며 현재 전국에 105개가 설립·운영되고 있다.

(2) 자유무역시험구 등 신형 협력단지

중국의 각종 산업단지는 진화 발전하고 있다. 중국의 각종 산업단지 보완발전 사례를 통해 향후 중국의 국내외 기업유치 전략을 가늠해 볼 수 있다. 중국의 산업단지는 1979년 동부연해 경제특구 → 개발구(경제, 고신, 변경) → 수출가공구 → 종합보세구 → 자유무역시험구로 발전해 왔다. 문제는 산업단지의 양극화가 발생했다는 것이다. 상하이와 같은 경제가 발달한 지역은 세계적 경쟁력을 갖춘 새로운 우대정책이 필요하게 되었지만 기타 지역은 여전히 종합보세구 등을 활용한 외자유치가 필요한 실정이다.

자유무역시험구는 각종 산업단지 운영의 노하우를 바탕으로 중국의 경제발전 상황을 고려한 21세기에 걸맞은 새로운 형태의 산업단지라 할 수 있다. 자유무역시험구는 자유무역의 지정 등에 관한 법률에 의하여 대외무역에서 관세법 등의 법률에 의한 규제를 완화함으로써 자유로운 제조, 유통, 무역활동 등이 보장된 지역을 말한다. 중국의 자유무역시험구는 2013년 9월에 설립된 상하이 자유무역시험구를 시작으로 2019년 8월에 신규 추가된 6개의 자유무역시험구를 포함, 현재 총 18개의 자유무역시험구(표 10 참고)가 있다.

자유무역시험구는 각 지역별로 현지실정에 맞는 투자유치, 금융, 제조업, 서비스업, 농업 등 분야의 지원정책이 있으며 우수한 정책일 경우 전국적으로 확대 시행하고 있다. 자유무역시험구 투자유치 항목을 분석하여 보면 중국의 기업유치 패턴이 가공무역에서 첨단산업으로 바뀌어 가고 있음을 알 수 있다. 자유무역시험구는 현존하는 각종 산업단지 중에서 우대정책이 가장 많은 곳이다.

앞으로 자유무역시험구는 경제가 발달한 지역은 글로벌 경쟁력 강화를, 낙후지역은 지역발전을 위해 지정을 확대해 나갈 것으로 전망된다.

표 10 자유무역 시험구 현황

연번	설립일	자유무역시험구	비고
1	2013년 9월	상하이(上海)	바이오산업, 인공지능, 항공산업, 집적회로, 금융, 무역
2	2015년 4월	광둥(广东)	해운, 첨단기술제조업, 금융, 물류, 여행, 문화산업
3		톈진(天津)	금융, 물류, 제조업, 첨단산업
4		푸젠(福建)	여행, 해운, 금융
5	2017년 3월	랴오닝(辽宁)	물류, 첨단설비, 전자상거래
6		저장(浙江)	석유 및 관련산업
7		허난(河南)	스마트제조업, 바이오산업, 물류, 전자상거래
8		후베이(湖北)	차세대정보기술, 스마트제조업, 금융, 물류, 신소재, 바이오산업
9		충칭(重庆)	첨단설비, 전자상거래, 융자임대, 금융, 물류, 가공무역
10		쓰촨(四川)	서비스업, 첨단산업, 자동차수입, 전시산업
11		산시(陕西)	첨단산업, 항공물류, 교육, 금융, 여행, 전시산업
12	2018년 10월	하이난(海南)	여행, 금융, 신에너지 자동차, 선박 및 비행기 제조, 보험
13	2019년 8월	산둥(山东)	인공지능, 금융, 물류, 신소재, 바이오 의약
14		장수(江苏)	현대산업시범구, 첨단기술산업구, 국제교통허브
15		광시(广西)	스마트 물류, 디지털경제, 친환경화학공업, 초국경무역·물류
16		허베이(河北)	차세대정보기술, 바이오기술, 첨단장비, 에너지, 항공물류
17		윈난(云南)	항공물류, 디지털경제, 초국경 여행·전자상거래
18		헤이룽장(黑龙江)	하얼빈, 헤이허, 수이펀허

자료 : 一带一路(www.yidaiyilu.gov.cn, 저자 정리)

자유무역시험구 외에 한중 FTA 산업단지와 특수목적성 경제협력단지가 있다.

한중 FTA 산업단지는 장수성(江苏省) 옌청(盐城), 산둥성(山东省) 옌타이(烟台), 광둥성(广东省) 후이저우(惠州) 등이 있다. 한국에는 새만금이 있다. 그리고 한중 FTA 지방협력시범단지로는 웨이하이시(威海市)와 인천경제자유구역이 있으나 활성화 되지 못하고 있는 실정이다.

신형산업단지로는 중한 창춘국제합작시범구(中韩长春国际合作示范区)와 훈춘해양경제발전시범구 등이 있다. 중한 창춘국제합작시범구는 한국과 경제협력 강화를 위해 2020년 4월 21일 중국 국무원이 특별히 비준하였다.

한국 측 파트너는 북방경제협력위원회이다. 중국은 중한 창춘국제합작시범구를 동북아 경제협력의 플랫폼으로 육성할 계획이다. 지린성에서는 한국의 신북방 정책을 추진하고 있는 북방경제협력위원회가 사업에 참여함에 따라 한국과 경제협력에 큰 기대를 갖고 있다.

한국이 주목 해야 할 지역은 훈춘이다. 훈춘은 두만강유역개발계획의 중심이며 창지투개발 계획의 창구이다. 지린성은 2018년부터 러시아와 북한과 협력을 통하여 두만강에서 동남연해로 나가는 해상 실크로드 전략을 추진한 결과, 2020년 5월 중앙정부로부터 훈춘해양경제발전시범구 비준을 받았다. 지린성은 훈춘을 동북아 해양경제, 해양관광도시로 집중 개발할 계획이다.

훈춘은 이미 북한과 러시아 수산물을 활용하여 수산물 가공단지를 조성하여 성과를 거두고 있으며 동북아 해양산업 육성을 위하여 연변대학교 훈춘 캠퍼스에 해양인재 육성기지를 설립하는 등 노력을 기울이고 있다.

바다가 없는 지린성이 북한과 러시아 자원을 활용하여 훈춘을 동북아 해양도시로 발전시키려는 전략은 수산물 가공분야에서 한국과 경쟁이 불가피한 측면도 있지만 동해를 중심으로 해양관광 등의 새로운 협력 분야를 만들어나가는 계기가 될 것이다.

이와 같이 중국의 변경지역은 지역의 특성에 적합한 사업을 발굴하여 신성장 동력으로 삼고 있다. 변경지역과 중국의 각종 산업단지는 한국기업에게 새로운 협력의 기회를 제공할 것이다.

두만강유역개발계획 중심 훈춘 (지린성 자료)

3) 협력방안

지금까지 변경지역과 초국경경제합작구를 비롯한 중국의 각종 산업단지 현황과 실태를 살펴보았다. 중국 산업단지의 특징은 동부연해 지역의 경제특구 시범지역을 시작으로 자유무역시험구로 진화 발전해 왔다. 개혁개방 초기에 지정한 개발구는 제조업을 중심으로 산업기반을 마련하는 데 크게 기여하였다. 수출가공구와 종합보세구는 개발구의 기능을 보완하여 수출기반을 마련하는 데 있었다.

자유무역시험구는 21세기에 걸맞은 산업단지 최신 버전을 도입하여 산업고도화를 추진해 나갈 계획이다. 각종 산업단지의 실태를 분석해 보면 국내외 기업유치 전략이 제조업, 가공무역에서 첨단산업과 4차산업으로 바뀌어 가고 있음을 알 수 있다.

한국이 주목해야 할 것은 중국의 산업이 고도화됨에 따라 외자유치 전략이 전통 제조업, 가공무역에서 첨단산업과 4차산업으로 바뀌어 가고 있다는 것이다. 어떠한 지역에서는 제조업의 수요가 있는가 하면 경제가 발달한 지역은 최첨단산업 위주로 유치 전략이 바뀌었다. 향후 중국의 외자유치 전략은 기존 개발구(경제·고신), 변경경제합작구·종합보세구·초국경경제합작구, 국제합작시범구, 자유무역시험구를 중심으로 이루어질 것이다. 중국의 외자유치 전략이 첨단산업 위주로 바뀌는 추세에 있지만 상하이 등 경제가 발달한 자유무역시험구 외에는 여전히 가공무역, 일반 제조업 유치를 추진하고 있다.

변경지역은 일대일로를 추진하면서 새로운 시장으로 각광을 받는 지역임에는 틀림이 없다. 지역마다 다르지만 어떠한 지역은 교통인프라가 잘 갖추어져 있고 접경국가의 대도시와 인접하고 있는 지역이 있는가 하면 어떠한 지역은 접경국가의 대도시와 원거리에 위치하여 활성화되지 않은 지역도 있다. 변경지역은 일반적으로 변경경제합작구, 종합보세구를 중심으로 외자유치를 추진한다. 대부분 종합보세구에는 초국경 전자상거래산업단지가 있으나 기존에는 많은 우대정책을 부여했으나, 현재 특별한 우대정책은 없다.

변경지역에서 잠재력이 있는 지역으로는 북한과 마주보고 있는 랴오닝성 단둥시(辽宁省丹东市)와 신의주, 지린성 훈춘시(吉林省珲春市)와 나진·러시아 하산, 투먼시(图们市)와 남양, 롱징시(龙井市)와 은성·회령, 허룽시(和龙市)와 무산·혼단, 린장시(临江市)와 중강, 지안시(集安市)와 만포, 창바이현(长白县)과 혜산, 네이멍구 만저우리(内蒙古满洲里)와 자바이칼스크, 2019년 8월 자유무역시험구로 지정된 헤이룽장성(黑龙江省)의 헤이허(黑河)와 블라고베셴스크시, 수이펀허(绥芬河)와 포그라치니 등이다.

현재 변경무역이 비교적 활발한 지역인 지린성 훈춘시(吉林省珲春市)·투먼시(图们市), 네이멍구 만저우리(满洲里), 헤이룽장성 수이펀허(绥芬河)·헤이허(黑河), 광시성 둥싱(东兴)의 사례분석을 통하여 변경지역 진출 전략을 수립할 필요가 있다.

헤이허 중러 자유무역시장에서 쇼핑하는 러시아 상인

　향후 중국은 접경국가와 FTA 체결을 비롯하여 무역·투자 자유화와 편리화를 적극적으로 추진함은 물론 초국경경제합작구도 지속적으로 확대해 나갈 계획이다.

　초국경경제합작구의 모델은 중국의 변경제합작구와 종합보세구, 변경자유무역시장의 기능을 통합한 것이라고 볼 수 있다. 중국은 초국경경제합작구 건설과 관련해 많은 노하우를 갖고 있다. 초국경경제합작구는 접경국가 간 자유무역지대로 주목을 받고 있으나, 접경국가의 시장성 등을 충분히 고려하여야 할 것이다. 특히 유라시아 대륙 진출을 구상하고 있는 기업은 중국 동북지역의 초국경경제합작구 건설에 대비한 참여전략을 마련하는 것이 중요하다.

　중국은 한중 FTA산업단지와 같은 특수목적성 경제협력단지를 지정 운영하고 있으나 가시적인 성과를 내지 못하고 있다. 한중 FTA산업단지 진출을 준비하는 기업들은 입지여건, 우대정책 등을 면밀히 분석한 후 진출 여부를 결정하여야 할 것이다.

　지방정부는 지역발전을 위해 중앙정부로부터 국제협력단지 등의 지정을 받지만 특별한 우대정책이 없는 곳도 많으며, 이전과 달리 지방정부가 임의로 우대정책을 정할 수 없음을 유의하여야 한다. 중국의 산업단지는 종합보세구에서 자유무역시험구로 전환되는 과도기에 있다. 중국의 외자유치 방향도 제조업과 첨단산업·4차 산업이 혼재하고 있다. 성공적인 중국진출을 위해서는 2020년 1월 1일부터 시행하고 있는 외상투자법(外商投资法)[88], 외상투자산업장려목록(鼓励外商投资产业目录)[89]과 지방의 중점유치산업을 충분히 분석한 후 진출지역을 결정하여야 한다. 지방정부가 특별한 관심을 갖고있는 중점유치산업은 정부기관의 인허가 지원 등 각종 편의를 받을 수 있다. 특히, 중국 시장 진출을 위해 인허가에 1년 이상 장기간 소요되는 의료기기, 바이오 등의 제품은 중국기업과 기술 또는 부품협력을 통해 진출하는 방안을 검토해 볼 필요가 있다.

중국 공무원들이 국가별 투자행태를 분석하였는데 "미국 등 서구 국가는 협상 시 대원칙에는 쉽게 합의하나 실제 계약체결 시 알파벳 하나하나를 세밀하게 검토하는 등 계약체결이 너무 힘들다", "일본은 충분한 시장조사를 거쳐 원하는 것을 얻을 때까지 지루한 협상을 진행하며, 협상이 완료되면 계약 등 실행은 빠르다", "한국은 협상과 계약체결이 신속하나 성공률이 낮다"고 한다. 중국 현지 전문가들은 한국기업은 아직도 충분한 시장조사를 하지 않고 법과 규정보다는 인맥을 찾는 경향이 있다고 이야기한다. 중국 시장개척을 위해서는 충분한 시장조사를 거쳐 진출 전략을 마련하는 무엇보다 중요하다.

5. "침묵의 바다"를 "활력이 넘치는 신동해"로

중국이 코로나 이후에 일대일로와 연계한 동북아 경제협력을 본격 추진할 준비

---

88 중국은 일대일로의 핵심인 개방형경제 신체제 구축을 위해 기존의 중외합자기업법, 중외합작경영기업법, 외자기업법을 통폐합한 새로운 "외상투자기업법"을 제정하였다. 동법 시행으로 3개법은 폐지되었다.
89 장려목록에 포함된 산업은 지역에 따라 우대정책을 받을 수도있다. 장려목록에 포함되지 않은 산업은 투자가 제한된다. 장려목록을 분석하면 중국의 산업구조 흐름을 이해할 수 있다.

를 하고 있는 가운데 상무부(走出去导航网)는 2020년 5월 13일 일대일로 홈페이지에 "일대일로 동북아의 위기와 기회"라는 기고문을 통해 동북아 경제협력의 지역적 범위와 협력방안을 제시했다. 동북아 경제협력의 추진방법은 기존의 양·다자 협의체를 충분히 활용하겠다는 정책소통의 기본방향과 일치한다. 중국은 동북아 경제협력을 추진함에 있어서 기존의 동북아 지역 간 경제협의체인 환황해경제기술교류회의, 광역두만강개발계획 등 다자 협의체와 환동해경제협력 구상 등을 적극 활용하고, 한중일이 중심이 되어 일대일로와 연계한 동북아해륙복합운송로 건설 등을 제시하고 있다.

중국이 제시한 동북아 경제협력 방안은 한국의 전문가들이 제기하는 환동해경제권[90]과 환황해경제권[91]을 축으로 중국과 경제협력을 강화하자는 전략과 일맥상통한다고 볼 수 있다.

중국이 동북아 경제협력 방안으로 제시한 지역 중에서 동해를 둘러싸고 있는 환동해경제권은 한반도 동해, 중국 동북, 러시아 극동, 일본의 서해안을 포함하는 지역으로써 경제발전의 잠재력은 무한하나 국가 간 체제의 차이, 역사문제, 재원조달 실패 등으로 여전히 "침묵의 바다"로 남아 있다. "침묵의 바다"가 "활력이 넘치는 신동해 바다"로 바뀔 때 평화와 번영의 신동북아 시대는 실현될 것이다.

환동해경제권을 중국에서는 동북아경제권이라 부른다. 이 장에서는 환동해권으로 용어를 통일하여 사용하기로 한다. "침묵의 바다"를 역동적이고 활력이 넘치는 바다를 만들기 위하여 1992년 두만강유역개발계획을 창설하였지만 큰 진전을 보지 못하고 있는 실정이다. 30년 가까이 이 지역은 여전히 자국(自國)의 발달지역에 비하여 경제발전 속도가 완만하다. 환동해권은 왜 발전 속도가 늦을까. 환동해권의 우수한 지정학적 여건이 오히려 지역개발의 걸림돌이 되었다고 볼 수 있다.

---

90 동해를 끼고 있는 남북한과 일본, 중국 동북부, 극동 러시아를 하나의 경제권으로 묶는 다는 구상. 한국과 일본의 기술력과 자본, 극동러시아의 풍부한 지하자원, 중국 동북부와 북한의 노동력을 결합할 경우 EU나 NAFTA에 필적하는 동북아시아의 경제블록이 될 수 있을 것으로 기대되고 있다.(네이버 지식백과 매일경제)

91 황해를 둘러싼 고리 모양의 지역으로, 구체적으로 한국 전라남도, 전라북도, 충청남도, 경기도의 해안지역과 중국의 산둥성, 허베이성, 톈진시, 그리고 일본의 기타큐슈 등을 포함하는 경제권을 가리킨다.(네이버 지식백과 두산백과)

환동해권은 유라시아 대륙을 연결하는 교통의 요충이지만 대부분 변방 지역에 자리 잡고 있기 때문에 자국 개발의 후 순위에 밀려나 있다. 다른 하나는 남북문제, 북한과 일본 간의 정치 문제 등 개발의 제약 요소가 존재하고 있기 때문이다.

이와 같은 외부환경 요인을 극복하기 위하여 중국은 창지투개발개방선도구, 러시아는 신극동 전략, 한국은 신북방 정책, 북한은 나선특구 개발, 일본은 동북아 진출 전략을 추진하고 있지만 활력이 넘치는 신동해 바다를 만들기에는 역부족이다.

환동해권 경제협력은 어느 한 나라의 개발전략, 어느 한나라 발전만으로는 성공을 거둘 수 없는 특징을 갖고 있다. 현재 이 지역은 중국과 러시아가 국가적인 차원에서 집중지원을 하고 있지만, 한반도의 동해안 지역은 특별한 개발전략이 부족한 실정이다. 최근 환동해권에 변화의 바람이 불고 있다. 변화의 주역은 일대일로이다. 앞에서도 언급했지만 일대일로는 길을 만들고 잘 만들어진 길 위로 인력과 상품의 자유로운 이동을 실현하는 것이다.

그동안 일대일로는 고대 실크로드 선상의 국가와 인프라 등 협력기반을 구축하는 데 주력하여 온 결과 6개 경제회랑과 6개망(網) 협력에 관한 기본적인 협약 등이 완료됨에 따라, 동북아 지역 간 경제협력을 통한 태평양 진출전략을 본격적으로 추진할 것으로 전망되고 있다. 특히 중국과 러시아는 일대일로 협력사업을 통해 새로운 협력체제를 구축하였으며, 북한의 국제사회 정면돌파와 자력갱생, 한국의 동해 북부선 연결 등은 환동해권에 새로운 협력의 불씨를 지피고 있다.

침묵의 바다 "동해"를 "활력이 넘치는 신동해 바다"로 만들기 위해서는 일대일로와 연계한 개발사업을 추진하는 것이 무엇보다 중요하다. 특히 일대일로가 실크로드 선상의 국가와 협력사업을 추진하면서 접경국가의 인프라 건설에 일대일로 자금을 대거 투입하였다는 것은 환동해권에 속하는 북한, 러시아 접경지역의 인프라 구축사업에 일대일로 자금을 활용할 수 있는 여지가 있다는 것을 보여주는 사례라 할 수 있다. 이 장에서는 일대일로와 연계한 "활력이 넘치는 신동해 바다"를 만들기 위한 방안을 제시하고자 한다.

1) 남북철도 연결

남북철도 연결은 동북아 국가 모두의 소망이다. 남북철도가 연결되면 한국은 유라시아 대륙으로 갈 수 있으며, 중국과 러시아는 태평양으로 나갈 수 있다.

남북철도 연결사업은 남북 및 미국과의 관계에 많은 영향을 받고 있다. 남북 간에 평화적 우호 관계의 불씨를 지핀 것은 김대중 대통령이다. 당시 김대중 대통령과 김정일 국장위원장은 2000년 6월 13일부터 6월 15일 평양에서 남북 정상 간 역사적 상봉과 함께 남북 정상회담을 개최하고 6·15 남북공동선언문을 채택했다.

6·15 남북공동선언 이후 남북은 남북철도 연결을 위한 시험운행에 합의하고 2007년 5월 17일 경의선(도라산역~판문점)과 동해선(금강산청년역~제진역) 열차 시험운행을 성공리에 마쳤다. 2007년 남북열차 시험운행 이후 서울~평양 정기열차, 시베리아 횡단철도와 연결 등 논의가 있었으나 북한의 노후한 선로 상태와 여러 난제로 실행되지 못했다.

2007년 5월 17일 남북철도 연결 시험운행

남북협력의 분위기가 무르익던 남북관계는 이명박 정부의 5·24대북 제재 조치[92]

---

92 5.24조치는 2010년 3월 26일 천안함 사건에 대한 대응으로 한국정부가 내 놓은 강력한 대북 조치이다. 남북 교류와 경제협력을 중단시키면서 북한에 경제적인 압박을 가하기 위한 목적으로 시행됐다. 네이버 뉴스 종합 정리(검색일: 2020. 3. 4)

로 경색되기 시작했다.

박근혜 정부 역시 개성공단 철수 등 강경한 대북정책을 실시했지만 유라시아 이 니셔티브 구상을 바탕으로 통일에 대비한 "한반도 통합철도망 마스터플랜[93]"을 마련 했다. 이 마스터플랜은 통일 전에 약 37조 8,000억 원을 들여 북한 내 7개 노선을 개량 및 신설한다는 내용이 담겼다. 한국철도공사 고위 관계자는 "지난 정부 때 만 들어진 계획이지만 향후 남북 철도망 구상 역시 이를 기초로 마련될 가능성이 높다" 고 말했다.

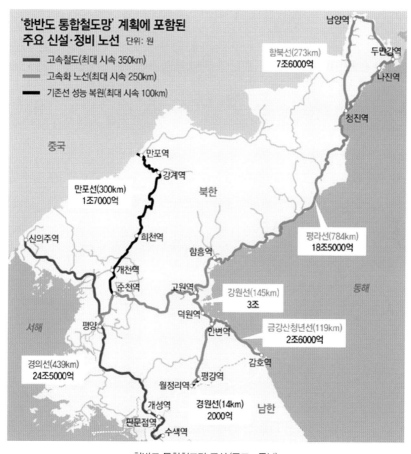

한반도 통합철도망 구상(국토교통부)

93 http://www.donga.com/news/article/all/20180430/89859669/1동아일보2018-04-3(검색일: 2020. 2. 3)

이명박 정부의 5·24대북 제재 조치는 미국의 대북제재와 맞물려 한국 정부가 대북제재 조치를 하였음에도 불구하고 한국 정부가 풀지 못하는 국면으로 빠져들어 남북관계를 더욱 어렵게 만드는 단초를 제공했다.

그간 남북철도 연결은 남북 간의 연속성 없는 대외정책, 유엔 안보리 제재와 막대한 재원조달의 문제로 진전이 없었다.

북한의 지속적 핵실험으로 비롯된 유엔 안보리의 북한에 대한 제재와 미국의 영향권 아래 있는 한국이 남북철도 연결에 관한 독자적 의사결정권을 행사하지 못함으로 인하여 동북아 국가 모두의 소망인 남북철도 연결사업이 진전을 보지 못하고 있는 것이다.

최근에 남북철도 연결을 위한 변화의 바람이 불고 있다. 2019년 12월 16일 중국과 러시아는 유엔 안보리에 남북철도 건설 사업 등에 관한 대북제재 완화 결의안을 제출하였다. 이번 대북제재 완화 결의안은 중국과 러시아가 북한과 남북철도 연결에 대한 공감대 형성 없이 유엔 안보리에 제출하지는 않았을 것이다. 이것은 중국과 러시아는 남북한 철도 연결에 협력할 준비가 되어 있다는 것을 대내외에 발표한 것이라 할 수 있다. 2018년 평창동계올림픽, 남북 정상회담, 북미 정상회담 등으로 한반도에 평화의 바람이 불 당시만 해도 북한은 한국과 미국 간 협력을 중시하였으나, 2019년 2월 북한과 미국 간 하노이 정상회담 결렬 이후 전통 우방국인 중국과 러시아 간 협력을 더욱 중시하게 되었다.

이와 같은 정황을 미루어 볼 때 남북철도 연결에 대하여 중북러 3국이 공통된 인식을 하고 있다고 볼 수 있다.

최근 한국 정부는 남북철도 연결에 강한 의지를 가지고 있는 것을 볼 수 있다. 문재인 대통령은 2019년 12월 중국 청두에서 열린 '제7회 한중일 비즈니스 서밋' 기조연설에서 '자유무역 질서'와 '동북아 철도 공동체'를 강조했다. 금년 1월 대통령 신년 기자회견에서 신남방, 신북방 정책과 일대일로 연계 방안을 밝힘은 물론, 4월에 동해북부선 한국 구간 건설계획을 발표하였다.

중국의 한반도 전문가는 남북철도 연결은 중국과 러시아를 비롯한 주변국가가 함께 노력을 기울여 유엔 안보리 제재 완화를 위한 노력을 강화하는 것도 중요하지만 한국이 미국의 영향을 받지 않고 독자적으로 남북철도 연결사업을 결정하는 것이 중요하다고 말한다.

21세기 "활력이 넘치는 신동해 바다"를 만들기 위해서는 남북철도 연결은 필수불가결한 요소이다. 한국은 남북철도 연결을 위하여 대내외적으로 역량을 모아야 할 필요가 있다.

2) 초국경 자유관광무역 지대

중북러 3국의 국경지역에 위치한 두만강 유역은 교통의 요충지, 경제적 보완성 등 지경학적 우수성으로 인하여 국제사회의 주목을 받았다.

이 지역은 초국경이라는 신조어가 나오기 전부터 초국경 협력사업을 추진해 왔다. 대표적 초국경 협력사업은 두만강유역개발계획(TRADP)이다. 중북러 3국은 TRADP를 바탕으로 중국은 두만강유역개발계획, 러시아는 신극동 전략, 북한은 나선특구를 중심으로 지속적인 협력사업을 발굴해 왔다.

중국과 러시아는 2009년 10월 중국 동북노공업진흥 정책과 신극동 전략을 연계한 중국 동북지구와 러시아 극동 및 동시베리아지구 합작계획요강(2009~2018)《(中国东北地区与俄罗斯远东及东西伯利亚地区合作规划纲要(2009~2018)》[94]에 서명하였다.

2018년 11월 동(同)합작계획요강을 바탕으로 중러 극동러시아 합작발전계획(2018~2024)《中俄在俄罗斯远东地区合作发展规划(2018~2024年)》[95]을 체결하고 협력사업을 적극적으로 추진하고 있다.

---

94 www.fgw.hlbe.gov.cn.후룬베이얼얼개위(呼伦贝尔发改委)中国东北地区与俄罗斯远东及东西伯利亚地区合作规划纲要(2009~2018)》(검색일:2020. 3. 15)
95 《侨园》2019年5期.中国东北地区与俄罗斯远东地区合作策略研究(穆重怀 宋殿娇)

중북러 3국 접경지역 (지린성 자료)

중국과 러시아, 몽골은 2016년 6월 23일《중몽러 경제회랑 건설계획 요강》을 체결하는 등 동북아 경제협력의 기본 구상인 경제공동체 건설을 위한 전방위적 협력을 전개 하고 있다.

중국과 북한은 2012년 10월 나선경제특구에 "중·조 공동개발, 공동관리의 나선경제무역관리위원회" 현판식[96]을 갖고 본격적인 업무에 들어갔다. 현재 동(同)관리위원회의 중국 측 파트너는 지린성 상무청이다. 중북러는 오래 전부터 경제교류협력 사업을 추진하여 왔으며 일정한 성과를 거두고 있는 것으로 나타나고 있다.

최근에 유엔 안보리 대북제재 등으로 경제교류협력이 거의 중단된 상태라고 할 수 있지만 일대일로와 연계한 초국경 협력사업의 가능성이 가장 높은 지역 중의 하나이다. 중국 지린성에서는 오래 전부터 중북러 변경관광지대와 훈춘~자루비노 자유무역지대 건설을 구상하여 왔으나 대북제재, 재원조달 등의 문제로 실행에 옮기지 못하고 있는 실정이다. 최근 중국에서 일대일로와 연계한 동북아경제통합을 추진할 계획을 밝힘에 따라 중북러와 한국 간 초국경 협력사업에 관심이 집중되고 있다.

---

96 www.baidu.com百度百科 罗先特区(검색일:2020. 2. 20)

일대일로와 연계하여 초국경 협력사업을 추진할 경우 일대일로 자금융통 시스템을 통해 재원조달 문제를 해결할 가능성이 있다. 초국경 자유관광무역지대 건설대상으로는 중북러 3국의 두만강 유역과 강원도 동해안을 꼽을 수 있다. 자유관광무역지대는 각국의 특색있는 민속 문화촌과 자유무역지대를 건설하고 무비자, 무관세 지역으로 조성하는 방안이다. 한국은 러시아와 협력으로 고려인 집단거주 지역이었던 두만강 유역 일대에 고려인 문화촌 건립 방안과 자유무역지대 건설 참여를 검토해 볼만하다. 이 사업의 성공을 위해서는 당사국 간 협업시스템을 구축하고, 일대일로 초국경 협력 모델사업으로 추진하는 것을 적극적으로 검토하여야 한다.

3) 해운물류 협력 (표 11 참고)

중국은 일대일로 해운항로의 범위 북선(北线)A노선을 중시하고 있다. 이 노선은 북아메리카~북태평양~일본, 한국·동해~블라디보스토크(자루비노·슬로비안카)~훈춘(琿春)~옌지(延吉)~지린(吉林)~창춘(长春, 창지투개발개방선도구)~몽골~러시아~유럽을 연결하는 해륙복합항로를 구상하고 있다.

북선(北线)A는 동해를 중심으로 한 해운항로를 통해서 태평양과 유라시아 대륙을 연결하는 전략이라 할 수 있다.

이 항로는 1992년 두만강유역개발계획(TRADP)이 추진되면서 주목을 받기 시작했다. TRADP 추진으로 남북경협과 중국 동북지역 개발에 대한 기대가 커지면서 1995년 나진과 부산을 잇는 컨테이너 항로 등이 개설되었다. 2007년부터는 북한 국적 정기화물선 단결봉호가 2007년 5월 19일부터 운행을 하였으나 2010년 한국의 5.24조치로 중단되었다. 이 항로는 남북경협의 상징으로서 큰 기대를 받았으나 대북제재 등의 벽을 넘지 못하고 2015년 중단되었다.

러시아 블라디보스토크와 자루비노항을 중심으로 한 해운항로는 남북관계의 불안정성을 극복하고 중국 동북과 러시아 극동지역 간 경협추진을 목적으로 개설되었다.

표 11 주요항로 운행 실태

주요항로	개통일	비고
나진~부산	1995년 10월	2015년 중단
블라디보스토크~자루비노·훈춘 ~ 속초	2000년 4월	2014년 6월 중단
동해~부산~보스토치니	2008년 1월	2011년 중단
동해~사카이미나토, 동해~블라디보스토크	2009년 6월	2020년 4월 중단
부산~자루비노~훈춘	2015년 5월	4,246톤의 'M/V KARIN'

자료: 강원도 내부자료(저자 정리)

속초~자루비노(훈춘)~블라디보스토크 해륙교통로는 2000년 4월 28일 GTI 지역 핵심 지방정부인 강원도, 지린성, 연해주가 해운회사와 협력하여 개설하였다.

이 항로는 지방정부 간 국제협력 사업의 모델로 꼽히기도 했다. 3국 지방정부는 항로 활성화를 위하여 해운물류협의체를 구성하는 등 지원체계를 구축하고, 해운회사에 화물유치장려금, 입항료 등 각종 지원은 물론 통관 간편화 등을 위해 공동노력을 기울여 온 결과 한때는 일본 니가타까지 항로를 연장하는 등 활성화되었으나, 만성적인 물동량 부족, 불안정한 관세제도, 빈번한 정책변화, 통관절차 복잡, 통과비자 등의 문제로 해운선사가 3번 교체되는 등 어렵게 운항을 이어 오다가 2014년 6월 운항이 중단되었다.

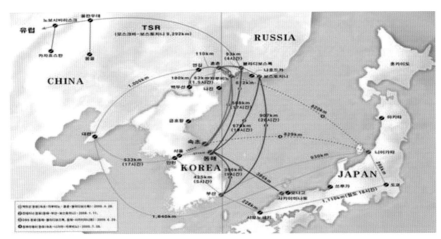

환동해권 항로

블라디보스토크~동해~사카이미나토(마이즈루) 항로 역시 강원도, 연해주, 돗토리현 등 3개 지방정부의 노력으로 2009년 6월 개설되었다. 이 항로는 한·러·일 3개국을 잇는 항로로서 안정적인 운항을 하여 왔으나, 2019년 일본의 한국 수출제한 조치로 촉발된 관광경기 위축과 코로나 사태 등으로 2020년 4월 운항 선사인 DBS 크루즈가 폐업했다.

현재 동해를 중심으로 한 유일한 항로는 2015년 개통한 부산~자루비노~훈춘 컨테이너 항로이다. 동해를 중심으로 한 항로에 취항했던 해운회사는 대부분 중간에 해산되는 등 이 항로는 해운회사의 묘지가 되었다.

이항로가 활성화 되지 못한 이유는 첫째로는 중국 동북지역과 극동지역의 물동량 부족이다. 중국 동북지역은 랴오닝성을 제외한 지린성, 헤이룽장성, 네이멍구 등은 성장 잠재력은 높지만 국제 물동량 창출에는 시간이 필요하다.

둘째로는 항구 간 연계성이 부족하다. 동해에 면한 각국의 항구들은 저마다 섬처럼 떨어져 고립돼 있다. 동해를 연결하는 운항사들이 하나같이 문들 닫거나 운항을 중단했기 때문이다.

셋째로는 육상인프라가 미비하다. 중국 동북지역과 극동러시아는 항구와 연결되는 육상 인프라가 미비하다. 특히 러시아 블라디보스토크~훈춘 도로는 노후화로 화물 체증현상이 심하다.

넷째로는 복잡한 통관절차와 자루비노 통과비자 미해결도 활성화에 걸림돌로 작용하고 있다.

다섯째로는 이항로는 지방정부 간 국제협력은 잘되고 있으나, 국가의 지원이 부족하다. 동해를 중심으로 한 해운항로는 지정학적 중요성을 갖고 있지만 해운항로 개설은 지방정부가 중심이 되어 추진한 결과 복잡한 통관절차와 통과비자 해결에 한계가 있었다.

최근 환동해권은 변화의 새바람이 불고 있다. 중국과 러시아는 일대일로 프로젝트를 중심으로 초국경 협력을 적극 추진하고 있으며, 중국 동북지역의 교통망 확충과 경제력 향상으로 물동량 증가가 예상된다. 특히 남북경협과 신북방 정책 추진을 위해서는 환동해권 항로 활성화를 위한 국가적인 관심이 필요하다.

지금까지는 동북아 지방정부와 해운회사가 이 지역 항로 활성화를 위해 노력을 기울여 왔다. 동북아 지방정부는 십여 년 이상 해운항로 활성화를 위하여 화물유치 장려금, 입항료 면제, 운항 보조금 등 막대한 예산을 지원해 왔으나, 상술한 내용 등으로 인하여 이 항로는 해운선사가 기피하는 항로가 되었다. 이 항로는 지역발전을 위한 필요한 항로일 뿐만 아니라 환동해권 국가 간 발전을 위해서 반드시 활성화 시켜야 한다. 그동안 운영결과를 분석하여 보면 이 항로는 지방정부 간 국제협력과 해운선사만의 노력으로 살릴 수 없다. 이제는 관련 국가가 직접 나서서 해운항로 활성화를 위한 특단의 대안을 마련하여야 할 때이다.

"침묵의 바다"를 "활력이 넘치는 신동해 바다"를 만들기 위해서는 국가 간 협력을 통하여 "해운회사"를 설립하거나 "운항장려금" 등 국고보조, "물류확충" 방안 마련과 통관 간소화와 통과비자 문제를 해결해 나간다면 유라시아와 태평양을 잇는 해륙복합항로로써 평화와 번영의 신동북아 시대를 열어나가는 항로가 될 것이다.

4) 초국경 관광협력

일대일로 민심상통의 가장 중요한 부분은 관광이다. 관광은 사람의 왕래를 통하여 서로 다른 문화를 존중하고 상호 간의 우의를 증진 시킬 뿐만 아니 경제적 효과가 어떠한 산업보다 높기 때문이다.

관광은 흔히 '굴뚝 없는 공장'이라고 한다. 즉 관광은 제품을 생산하는 공장이 없어도 고용 창출의 효과를 낼 수 있는 고부가 가치 산업이다. 또한 관광은 '보이지 않는 무역'이라고 하여 외화 획득의 효율적인 방안이며 국제 친선, 문화교류, 국위 선양 등의 역할을 하고 있다.

외국 관광객 1명의 방문은 텔레비전 약 16대, 소형 승용차 0.2대를 판매한 것과 같은 경제적 효과를 갖는다[97]. 관광객의 증가는 숙박, 음식, 상업, 교통 등의 관련 서비스 산업을 성장시키고 이를 통해 지역 또는 국가의 경제가 활성화되며, 고용 기회가 증대되어 소득 증가로 이어진다. 특히 관광 산업은 외국인을 상대할 경우 외화 가득률(상품이나 용역의 수출이 외화 획득에 공헌하는 정도)이 높아 국제 수지 개선 효과가 크다. 관광은 이러한 중요성 때문에 선진국뿐만 아니라, 자원이 빈약한 국가의 경우 전략 산업으로 육성하고 있다.

일대일로에서 관광협력은 실크로드라는 공동의 테마를 갖고 각국의 상이한 문화 자원과 결합한 관광상품을 개발하여 상생번영할 수 있는 토대를 만드는 것이라 할 수 있다. 특히 관광협력은 실크로드 관광장관회의, 세계관광기구를 기반으로 문화·예술·미디어 연맹 등 다양한 협력체 결성을 통하여 관광협력을 지속적으로 이끌어 갈 수 있는 시스템을 구축하고 있다.

동아시아관광포럼

---

97 http://www.jeollailbo.com/news/articleView.html?idxno=578725(전라일보 2019. 9. 6)(검색일:2020. 3. 3)

환동해권 관광인프라는 실크로드 선상 국가에 비하여 잘 갖추어져 있다고 볼 수 있다. 관광자원은 중북러 국경, 러시아 유럽풍, 지린성 장백산·소수민족, 북한 칠보산·금강산, 한국 설악산과 청정 동해바다, 일본 온천·서해안 사구 등이 있으며, 또한 각국의 서로 다른 문화는 훌륭한 관광자원이라 할 수 있다.

세계 각국의 지방정부는 관광객 유치를 통해 지역경제 발전을 촉진시키고자 지방정부 간 관광협력체를 구성하고 관광객 유치에 나서고 있다.

아시아에서 지방정부가 중심이 되어 설립한 대표적인 국제관광협력기구는 동아시아지방정부관광포럼(EATOF)이다.

이 포럼은 1996년 동북아지사·성장회의[98] 산하 '환동해권관광촉진협의회'로 출발하였으나 2000년 EATOF로 이름을 바꾸고 아시아 전역으로 확대하였다. 회원국은 베트남, 인도네시아, 말레이시아, 캄보디아, 라오스 등 10개 지방정부이다. EATOF 회원국은 관광자원은 풍부하나 대부분 개발도상국으로 쌍방향 관광이 이루어지지 못하고 있을 뿐만 아니라, 지방정부의 관광객 모객 한계 등으로 기대한 만큼 성과를 얻지 못하고 있다.

이처럼 지방정부는 관광객 유치 의지는 있으나 국외에서 지방정부 단독으로 관광마케팅을 하기에는 한계가 있음을 여러 차례 경험했다. 현재 한국의 경우는 지방자치단체와 관광공사 간 협업을 통해 관광객 유치를 추진하여 성과를 거두고 있다.

일대일로가 실크로드라는 테마를 갖고 관광을 활성화하기 위하여 실크로드 관광장관회의·유엔세계관광기구(UNWTO)와 지방정부 간 협업시스템을 구축한 사례는 환동해권 관광협력 활성화를 위해 시사하는 바가 크다고 할 수 있다.

환동해권은 이처럼 우수한 관광자원이 있고, 지방정부가 관광객 유치를 적극 추진하고 있음에도 불구하고 환동해권 국가 간에 관광협력을 이끌고 갈 구심체가 없

---

98 1994년 11월 강원도가 중심이 되어 동북아 지방정부 간 경제협력을 촉진하기 위하여 설립했다. 회원국은 강원도, 러시아 연해주, 중국 지린성, 일본 돗토리현, 몽골 튜브도이다. 제2회 지사성장회의 시 환동해권 관광촉진협의회 설립을 결의했다. (전홍진, 2006, 동북아지방간 경제협력연구 학위 논문)

다. 특히 일본과 한국은 국부지역 간 관광협력에 중앙정부가 적극적으로 나서지 않는 경향이 있다. 오히려 정치체제가 다른 중국과 러시아가 지방정부 주도의 국제행사에 적극적으로 참여하고 있다.

환동해권 관광 활성화를 위해서는 환동해권 관광장관회의 정례화, 각국 관광공사 협의체 구성 등을 통하여 국가 차원에서 관광지원 체계를 확립하고, 공동으로 관광 활성화 방안을 마련하여 지속적으로 추진할 필요가 있다. 또한 관광교류 확대를 위하여 마이스산업 활성화와 관광, 문화, 예술, 체육, 청소년 등 다양한 민간단체 결성을 지원하여 안정적인 관광인프라를 구축하는 방안도 적극적으로 검토해야 한다.

그리고 세계관광기구, 관광공사, 지방정부가 함께하는 대형 국제 관광이벤트를 순회 개최함으로써 국제관광지대로 육성할 필요가 있다. 아울러 환동해권 순환 관광상품개발, 지역축제 상호 홍보 및 참가를 통한 쌍방향 관광 활성화 방안을 마련하여야 한다.

중·러 만저우리 자유무역시장(신화왕)[99]

___

99 중국 변경지역에 설치한 자유무역시장은 대부분 무비자 자유무역시장이다. 사진은 중·러 만저우리 자유무역시장이다. 무역, 쇼핑, 관광으로 구성되어 있다.

또한 크루즈 시대를 맞이하여 환동해권 크루즈 관광 상품 공동개발을 적극 추진하고 거점별 대형 면세점 개설, 선상카지노 규제 완화 등도 적극 추진할 필요가 있다. 관광 활성화를 위해서는 매력적인 관광상품 개발과 함께 무비자 제도를 확대해 나가야 한다. 현재 한러 간에는 무비자를 시행하고 있으나 한중 간에는 공무 무비자를 시행하고 있다. 관광 활성화를 위해서는 환동해권 국가 간에 획기적인 무비자 제도 확대를 통해 관광 활성화 계기를 만들어 나가야 한다.

6. 일대일로와 신북방 정책 연계

코로나 이후 일대일로의 추진방향은 동북아 경제협력을 통한 동북아경제통합이다. 앞장에서도 언급 했듯이 중국은 일대일로와 연계한 동북아경제통합 추진의지를 대내외적으로 표명하였으며, 중국 전문가들도 코로나 이후가 동북아경제통합 추진의 적기라고 주장하고 있다. 한국 문재인 대통령도 금년 1월 신년 기자회견에서 신남방, 신북방 정책과 일대일로 연계방안을 모색하겠다고 밝히는 등 일대일로와 신북방 정책 간 상생번영의 방안을 마련하는 노력이 진행되고 있다.

이번 장에서는 양 국가의 공식발표 자료를 중심으로 일대일로와 신북방 정책 간 상생번영 방안을 제시하고자 한다. 한국 신북방 정책[100] 추진과정을 살펴보면, 문재인 대통령이 2017년 6월 26일 러시아 극동개발을 위한 남북러 3각 협력을 강력히 추진할 것을 관련기관에 지시함에 따라 한국 정부는 2017년 8월 25일 북방경제협력위원회의 설치 및 운영에 관한 규정을 제정하였다. 그리고 2017년 8월 28일 문재인 대통령이 북방경제협력위원회(이하 북방위) 위원장을 임명함으로써 북방위는 본격적으로 업무를 추진하기 시작했다.

---

100 신북방 정책 관련자료는 북방경제협력위원회(www.bukbang.go.kr) 홈페이지와 언론 자료를 종합 정리하였다.

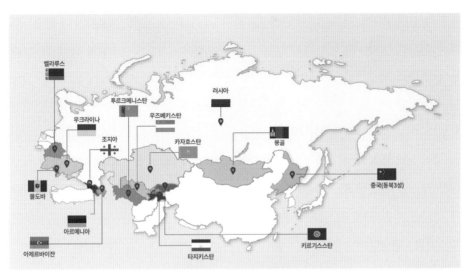

신북방 대상국가(북방위 홈페이지)

2017년 9월 6일 문재인 대통령은 한러 정상회담 및 제3차 동방경제포럼 기조 연설에서 신북방 정책 비전선언 및 한러 간 9개 협력분야인 [9-BRIDGE 전략] 구상을 제시했다. 2018년 6월 18일 북방위 제2차 회의에서 신북방 정책의 전략과 중점과제를 확정했다. 신북방 대상 국가는 러시아, 몽골, 중국(동북3성), 중앙아시아 등 14개 국가로서 일대일로의 참여국가 범위와 일치한다.

북방위는 설립이후 신북방 정책 비전, 중점과제, 추진방향을 확정하고 북방지역과 협력사업을 적극적으로 추진하고 있다.

신북방 정책의 비전은 "평화와 번영의 북방경제공동체" 건설이다. 이를 통해 해양과 대륙을 잇는 가교국가 정체성 회복, 새로운 경제공간과 기회를 확장, 동북아·한반도평화 정착, 동북아 책임공동체·한반도 신경제 지도 구상을 실현하는 것이다. 신북방 정책의 4대 목표와 16대 중점과제는 〈표 12〉와 같다.

추진방향은 지역별 경제협력 강화, 경제협력 소통채널 구축, 우리기업 북방진출 지원, 다양한 분야의 교류확대 등이다.

지역별 경제협력은 러시아와는 9개다리 12개 분야 협력 사업을 추진한다. 주요내용은 전력, 가스, 철도, 수산, 항만, 북극항로, 조선, 농업, 산업단지+환경, 보건의료, 교육이다. 지역별 경제협력은 지린성, 랴오닝성, 헤이룽장성 등 동북3성과는 산업구조 및 경제교육 특성을 감안한 한중 경제협력을 강화한다. 중앙아시아와는 자원개발, 인프라 분야 중심으로 교류 협력을 지속적으로 추진하고, 한국 '발전모델 공유'를 통한 동반성장을 추구한다.

경제협력 소통채널 구축은 한러기업협의회, 비즈니스 포럼 등 참여를 통한 상호 대화 채널을 마련하고, 한국기업 북방진출 지원을 위해 북방진출 금융 접근성 강화를 위한 플랫폼 확장 및 금융 비즈니스 지원을 한다. 그리고 인적교류, 교육, 문화, 보건의료, 관광분야, 정부·민간 협력 등 다양한 분야의 교류를 확대한다.

표 12 신북방 정책 4대 목표 16대 중점과제

목표	과제	주요사업
1. 소다자협력 활성화로 동북아 평화기반구축	1. 초국경 경제협력 - 경제특구 다자간 개발 - GTI활성화	·나진항 및 배후단지 개발 검토 ·나진-하산 물류사업 참여 방안 검토 ·GTI 활성화를 위한 정부 간 협력 추진
	2. 환동해관광협력 - 크루즈 활성화 - 두만강 관광특구	·국내모항 환동해 크루즈 운항 ·크루즈 체험단 운영 및 방송홍보 ·환동해 항만인프라 조사 및 신규항로 검토 ·국제관광특구 개발구상 마련
2. 통합네트워크 구축을 통한 전략적 이익공유	3. 유라시아 복합물류망 구축 - TSR이용 활성화 - TCR블록트레인 - 국제철도협력기구협력 - 남북철도 연결 - 항공용량증대 및 신항로 개설	·한·러 철도공사 간 MOU 체결 ·통관 등 기업 애로사항 해소 ·블록트레인(무정차 직행열차) 운행 개시 ·표준운송장 도입 및 저진동물류기술 R&D ·국제화물·여객운송 협약 운영 참여 등 ·국제철도운송 협력 강화 ·동해북부선 기본계획 및 실시 설계 ·한-우즈벡 공급력 증대, 한-조지아 항공협정 체결
	4. 동북아수퍼그리드(전력망) 구축	·한중일 전력망 및 남북러 전력망 연계 ＊정부 간 협의채널 마련 및 공동연구
	5. 한러천연가스협력 강화	·LNG 도입조건 협상, LNG 구매계약개시 한러 PNG 공동연구, PNG 로드맵 수립 및 상업협상

	과 제	주요사업
2. 통합네크워크 구축을 통한 전략적 이익공유	6. 북극항로해운·조선 신시장 개척	·북극항로 운송참여, 내륙수로 연계운송 ·4차 산업기술 적용, 북극 연안국 협력, 극동항만개발 타당성 조사 및 항만 개발사업착공
3. 산업협력 고도화를 통한 신성장 동력 창출	7. 한러혁신플랫폼 구축	·혁신 플랫폼 구축 이행약정 체결 ·한러 혁신센터 개소
	8. 인프라·환경 협력 확대 – 인프라 협력기반 – 연해주산업단지조성 – 수자원협력 – 환경협력	·카자흐 알마티 순환도로 착공 ·벨라루스 M–10도로 정부간 MOU 체결 ·한 – 우즈벡 스마트시티 협력 ·해외인프라 도시개발공사 출범 ·글로벌인프라 펀드 북방펀드 신설 ·해외건설 시장개척사업 북방지역 사업확대 ·플랜트 수주지원센터 개소 및 운영 ·연해주 산업단지 타당성조사 ·연해주 산업단지 조성 착수 ·조지아 넨스크라 수력발전소 개발 ·우즈벡 상수관 및 통합물관리 M/P수립 ·한국형 종량제 현지 시범사업 및 홍보 추진 ·폐기물 관리 사업 진출(러 콤소몰스크 매립장, 카자흐 매립장 조성), 몽골 대기 개선
	9. 4차 산업혁명대응, 산업협력 강화 – 과학기술협력 – ICT 협력 – 조선 및 산업협력 – 몽골 친환경에너지타운 조성 지원 – 한 – 러, 한 – EAEU FTA 추진	·스마트팜 공동연구센터 등 혁신기술 협력확대 ·몽골 등과 자원 고부가가치 기술개발협력 ·석탄액화(CTL) 기술사업화 ·지능형 인프라 협력 ·EAEU 디지털 변혁 전략 수립 ·중앙아 디지털사회 구현을 위한 ICT 협력 ·한 선박해양연 – 러 조선공사 MOU 체결 ·즈베즈다 조선소 현대화 지원 ·우즈벡 한국형 전자무역플랫폼(KTNET)구축 ·우즈벡 농기계 R&D 센터 조성 ·우즈벡 섬유테크노파크 조성 ·온–오프라인 유통망 지원체계 구축 ·몽골 친환경에너지 타운 조성 지원 ·한–EAEU FTA 실무작업반 운영

	과 제	주요사업
3. 산업협력고도화를 통한 신성장 동력 창출	10. 북방진출 기업의 금융 접근성 강화 - 금융플랫폼 활성화 - MDB, 전대금융 등 금융지원 강화	·정례 협의회 및 후보사업 발굴 ·금융협력 이니셔티브 갱신 검토 ·국제금융기구 조달설명회 ·국제금융기구 신탁기금 출연 ·전대한도 증액 및 지원조건 완화 ·전대금융 재설정 및 활성화 ·금융상담서비스, 비즈니스 개발지원 등
	11. 보건의료 및 헬스 케어산업협력 확대	·의료인 및 병원경영자 대상 국내연수 확대 ·한국형 보건의료시스템 전수 ·EDCF 병원건립 사업과 연계한 ODA사업 ·CIS 지역 의료 해외진출 지원 ·극동지역 e-health 마스터 플랜마련 ·보건의료사절단 파견 ·북방경제국가 제약분야 조달공무원 대상 교육프로그램 운영(K-Pharma Academy)
	12. 농수산 분야 진출 활성화 - 민간교류 및 농식품교역 확대 - 시설원예 - 종자보급 - 곡물유통 - 수산협력 강화	·한-러 비즈니스 다이얼로그 개최 ·극동지역 농기업 해외진출 데스크 설치 ·북방지역 물류기반 구축 및 농식품시장개척 ·수출조직 육성, 맞춤형 온실패키지진출확대 ·현지 적응 품종개발 공동연구 ·우수품종 개발, 현지 등록 및 보급 확대 ·극동지역 곡물 판로 확보,극동곡물저장·가공 시설 타당성 조사, 흑해지역 곡물유통기반구축 ·투자 사업 부지확보 및 타당성조사,실시 ·설계인허가 착공(수산물가공복합단지조성) ·대러 수산투자 확대 타당성조사 ·한·러 연구기관 간 협의체 구축 ·극동지역 수산자원조사 및 공동연구 추진
4. 인적문화교류 확대로 상호이해 증진	13. 문화·체육·관광 협력 확대 - 정부 간 협력 및문화행사 확대 - ODA, 콘텐츠 수출	·카자흐, 우즈벡 관광박람회 참가 ·한-몽, 한-러 관광주간 개최 ·한-카자흐·우즈벡 수교 30주년 기념사업 ·한국어 보급 확대 등 협력사업 추진 ·세종문화아카데미를 문화브랜드로 육성 ·ODA 확대를 통한 견실한 관계 구축 ·북방지역 맞춤형 콘텐츠 진출전략 연구 ·기업진출 지원을 위한 비즈니스 센터 구축

과 제		주요사업
4. 인적문화교류 확대로 상호이해 증진	14. 대학·청년·학술 단체교류 및 인력양성 － 우수 유학생유치 － 대학 간 교류확대 － 특수 외국어지원 및 북방지역 전문가양성 － 학술교류네트워크 구축 － 유라시아 청년아카데미 운영 － 기업 재직자 교육 등 중앙아 전문인력 양성 － 글로벌마케터 육성	·중앙아 대학생 초청연수 선발 및 연수 ·한국유학박람회 개최 ·국제협력선도대학 육성·지원사업 추진 ·한－러 학위 상호인정 ·표준교육과정 개발 및 평가체계 구축 ·특수외국어 인력양성 및 활용 확대 ·북방지역 인문·학술 공동연구 ·한국학 씨앗형사업 및 중핵대학 지원 ·유라시아 아카데미 신설 및 운영 ·러시아 시장진출 전략과정 운영 ·교육 및 현장마케팅 실습 ·해외 거점에 청년 전문가 파견
추진체계 구축	15. 위원회 중심의 협력체계 구축 － 유관기관협의체 운영을 통한 협업체계 구축 － 대국민 소통 강화 － 기업진출 지원	·기관별 협의체 구성 및 운영 ·청년 서포터즈 발족·운영 ·SNS 활용 홍보 ·투자지원센터(블라디보스토크) 본격 운영 ·한국투자자의 날 개최
	16. 다각적인 외교협력 기반조성 － 양·다자 협력 활성화 － 주요 협력대상국과 협력채널 구축 － 한러지방협력포럼 － 북방경제권 ODA 및 지식공유 사업	·북방경제권과의 정상·장관급 회의 ·한－중앙아 포럼 등을 활용 ·협력국과 북방위 차원의 협력채널 구축 ·기존 운영중인 위원회·포럼 등 참여 ·중앙아 미래비전 리포트 공동 작성 ·한－러 지방협력포럼 개최 ·북방경제권 국가를 대상으로 하는 ODA 및 지식공유사업 추진상황 점검

자료 : 북방위 홈페이지(저자 정리)

　　한국 신북방 정책의 4대 목표 16대 중점과제를 살펴보면 러시아와 협력사업을 중심으로 중앙아시아, 몽골 사업이 일부 포함되었으며, 북방협력 우선 대상국가인 북한과 협력사업은 검토 단계 수준에 머물러 있음을 알 수 있다.

　　신북방 정책 추진방향에서는 동북3성의 지린성, 랴오닝성, 헤이룽장성 등과 협력 강화를 제시하고 있지만 북한과 협력방안은 제시하고 있지 않다. 사업추진 단계는 3단계로 나누어 추진하고 있다. 1단계는 2017년 북방위 출범, 2단계는 2018년 중점과제 확정 등 제도 정착기, 3단계인 2019년부터는 과제 이행기로 본격적인 사업을 추진하고 있다.

북방위는 출범 이래 신북방 정책의 추진체계 정비, 추진전략과 16대 중점과제 선정 등 북방국가들과의 경제협력 기반을 구축하였으며, 북방국가들과의 고위급 협의채널 및 기업 간 네트워크 형성, 지방정부와 협력 채널 구축, 중국(동북3성), 중앙아시아, 벨라루스 등으로 협력 범위를 확대를 하였다. 러시아와는 9개 다리 행동계획을 중심으로 사업추진을 가속화하고 있다.

중앙아시아와는 2019년 4월 문재인 대통령이 투르그메니스탄, 우즈베키스탄, 카자흐스탄 등 3국 순방을 계기로 신북방 정책 이행을 본격화하고 있다. 중국 동북지역과는 지린성에 창춘 중한국제합작시범구 공동 건설을 추진하는 등 가시적인 성과를 얻고 있는 것으로 나타나고 있다. 특히, 금년 4월 동해 북부선 강릉~제진 간 공사 확정은 북방위의 최대 성과라 할 수 있다.

이와 같이 한국은 역대 어느 정부보다 북방정책을 역동적으로 추진하고 있지만 한국 정부가 신북방 정책으로 제시한 "평화와 번영의 북방경제공동체"를 비전으로 하는 해양과 대륙을 잇는 가교국가 정체성 회복, 새로운 경제공간과 기회 확장, 동북아·한반도평화정착, 동북아 책임공동체·한반도 신경제 지도 구상 실현을 위해서는 신북방 정책을 더욱 보완 발전시킬 필요가 있다.

일대일로와 한국의 신북방 정책은 역내 경제공동체 건설이라는 공동의 비전을 갖고 있을 뿐만 아니라 사업의 내용도 대동소이하다. 그러나 사업의 범위 추진방향 등에서는 다소 차이가 있다.

일대일로와 신북방 정책의 주요내용 비교분석을 통해 상생번영 방안을 제시하고자 한다.

사업추진의 연속성 여부이다.

중국은 1978년 12월 덩샤오핑이 주창한 개혁개방을 공산당 지도부 교체와 관계없이 일관성을 갖고 추진하여 G2국가로 발전시켰다. 일대일로는 2017년 10월 24일 중국 공산당 당장(黨章)에 채택됨으로써 향후 40여 년 이상 중국의 대외개방 전략으로서 지속적으로 추진할 수 있는 기반을 마련하였다. 한국의 역대 정부는 북방국가와 협력의 중요성은 인식하고 있지만 대통령의 정치적 성향에 따라서 북방정책이 변하는 등 일관성을 유지하지 못하고 있다.

한국의 고위 관료들은 대통령 단임제인 한국 정치체제에서 현직 대통령이 추진하는 국정과제는 초기에 힘을 받을 수 있지만 임기 말로 갈수록 추진동력이 떨어지는 한계가 있다고 지적한다. 한국의 전문가들은 한국도 중국의 두만강유역개발계획, 러시아의 신극동 전략처럼 정권이 바뀌어도 연속성을 갖고 추진할 수 있는 시스템을 갖추는 것이 중요하다고 말한다. 한국이 북방국가와 협력을 통해 유라시아 대륙 진출을 위해서는 신북방 정책을 지속적으로 추진할 수 있는 법적, 제도적 시스템을 갖추는 것이 무엇보다 중요하다.

경제공동체 건설에 부합한 사업발굴이 중요하다.

신북방 정책의 중점과제는 대부분 러시아 협력사업 위주이며, 한국이 북방진출을 위한 최대 협력 파트너인 북한과 중국 동북지역 간 사업 등에 대하여는 구체적인 프로젝트를 제시하지 않고 있다. 한국의 신북방 정책 4대 목표 16대 중점과제만으로는 평화와 번영의 북방경제공동체 건설을 실현하기에는 미흡한 것이 사실이다.

일대일로 경제공동체 건설 프로젝트 중 한국 신북방 정책과 연계성이 높은 중·몽·러 경제공동체 건설 추진사례를 살펴보면 한국 신북방 정책이 나아갈 방향을 가늠할 수 있다.

중·러, 중·몽 간에는 경제공동체 건설을 위한 《중·몽·러 경제회랑 건설계획 요강》에 서명하기 전부터 양국 간 실질적 경제협력 사업을 다수 추진하여 성과를 얻고 있다.

중국과 러시아는 2009년 10월 중국 동북노공업진흥 정책과 신극동 전략을 연계한 중국 동북지구와 러시아 극동 및 동시베리아지구 합작계획요강(2009~2018) 《中国东北地区与俄罗斯远东及东西伯利亚地区合作规划纲要(2009~2018)》에 서명하였다. 그리고 2018년 11월 동(同)합작계획요강을 바탕으로 중·러 극동러시아 합작발전계획(2018~2024) 《中俄在俄罗斯远东地区合作发展规划(2018~2024年)》을 체결하고 협력사업을 적극적으로 추진하고 있다. 중국과 몽골은 철도·도로 변경 통상구를 중심으로 초국경 협력사업을 활발히 추진하고 있으며, 중국은 몽골의 최대 무역국이자 투자국이다. 이와 같이 중국, 몽골, 러시아는 오랜 협력사업의 성과를 바탕으로 2016년 6월 23일 경제공동체 실현을 위한 《중·몽·러 경제회랑 건설계획 요강》을 체결하고 본격적인 사업을 추진하고 있다.

빈하이(滨海)2호, 훈춘~자루비노 철도·도로 개조공사 (지린성 자료)

한국의 신북방 정책을 바탕으로 한 러시아 협력사업은《중·몽·러 경제회랑 건설계획 요강》전 단계라 볼 수 있다.

한국이 "평화와 번영의 북방경제공동체" 실현을 위해서는 북방국가 간 실질적 경제협력을 심화 발전시켜 나가는 가운데 경제공동체 건설 대상국가를 명확히 설정하고《중·몽·러 경제회랑 건설계획 요강》연구 분석 등을 통해 실행전략을 보완 발전시킬 필요가 있다.

일대일로와 연계협력사업 개발이 필요하다.

한국의 신북방 정책의 중점과제를 살펴보면 북방국가 협력은 러시아를 중점으로 중앙아시아, 몽골, 중국 동북, 북한 간 협력방안을 제시하고 있다. 일대일로 추진방향은 변경지역과 국경을 맞대고 있는 지역이 출발점으로 명확히 설정되어 있다. 신북방 정책의 출발점 역시 중·북·러 접경지역을 중심으로 일대일로와 연계협력 사업을 발굴하는 것이 사업의 성과를 극대화 할 수 있다. 특히, 신북방 정책이 중점으로 추진하고 있는 "9개 다리 행동계획"은 대부분 일대일로 사업에 포함되어 있으므로 관련국가와 추진에 필요한 사항들을 면밀히 검토하여 연계 협력사업을 발굴하는 것이 무엇보다 중요하다.

일대일로는 참여국가와 인프라 구축, 초국경경제합작구, 해외경제무역협력단지 건설 등의 프로젝트를 진행하고 있으므로, 중국 일대일로 주관부서 및 참여국가 관련 기관과 지속적 협업시스템을 구축하는 등 사업 참여방안을 마련할 필요가 있다.

북방위도 사업참여를 추진하고 있는 자루비노항 (지린성 자료)[101]

한국형 민심상통을 추진할 필요가 있다.

일대일로의 민심상통에 해당하는 인문교류, 관광, ODA 사업 등은 중국이 오래 전부터 실크로드 선상 국가에 공을 들여온 분야일 뿐만 아니라 국가 차원에서 교류를 광범위하게 추진하고 있으므로 한국이 이 지역과 친화관계 형성을 위해서는 한국의 특색을 살린 교류사업을 적극적으로 발굴하여 추진하는 것이 중요하다.

강력한 추진시스템이 필요하다.

한국과 중국은 정치체제 등의 차이로 인하여 추진체계를 단순 비교할 수는 없지만 중국이 더 강력한 추진체계를 구축하고 있다. 중국은 일대일로 조장을 국가원수급인 상무위원이 맡고 있으며, 부조장 4명은 부총리급이 맡고 있을 뿐만 아니라, 중앙부처 유관부서, 성(省)급 지방정부에 일대일로 TF팀을 설치하는 등 중앙과 지방 간 협업시스템을 구축하였다.

---

101 자루비노항은 현재 닝보내륙운송과 부산 컨테이너선이 운항하고 있다.

한국은 대통령 직속의 북방경제협력위원회 위원장이 업무를 총괄하고 있으며, 위원은 민간위원 23인, 당연직 정부위원 5인(기재·외교·통일·산업부 장관, 청와대 경제보좌관(간사))으로 구성되어 있다. 실무업무를 총괄하고 있는 지원단은 단장에 청와대 신남방·신북방 비서관[102], 부단장은 기재부 국장이 맡고 있는 등 외관상으로 강력한 추진체계를 갖추고 있다. 기획재정부 국장이 지원단 실무를 총괄 하고 있으므로 부서 간 업무 조정은 가능할 수 도 있으나, 옥상옥 이라 할 수 있는 위원회 역할 등으로 업무추진에 한계가 있을 수 있다.

추진체계를 총리 또는 경제부총리 체제로 전환하고 북방경제협력위원회의 역할 조정 등을 검토할 필요가 있다.

일대일로와 신북방 정책은 경제공동체 건설이라는 공동의 비전을 갖고 있으므로 정책공유 등을 통하여 상생번영 방안을 마련하는 지혜를 발휘하는 것이 중요하다.

7. 한중 신경협 시대 도래

1992년 8월 24일 한중수교 후 한중 간 경제교류 협력은 날로 발전해 왔다. 1990년대는 한국이 중국의 최대 투자유치 대상국이 되었으며, 중국의 각급 지방정부는 서울에서 기업투자 유치설명회를 개최하는 등 한국기업 유치에 모든 노력을 기울여 왔다.

이와 같은 분위기에 힘입어 중국 내에서 한국에 대한 이미지도 급상승하여 롯데껌, 금호타이어 등이 중국 시장 점유율 1위를 차지하였으며 삼성 핸드폰은 귀족폰이라 불린 만큼 인기를 끌었다.

현대자동차 등 한국 굴지의 회사들은 하청업체와 중국에 동반 진출 하는 등 한국 기업의 중국 투자 열풍도 이어졌다.

---

102 북방위 출범초기는 통상 비서관이었으나 2020년1월 신남방·신북방 비서관으로 명칭을 변경하였다. 한국의 강력한 추진의지를 읽을 수 있다.

문화 예술방면에서는 1991년 한국에서 최고의 시청율을 자랑했던 드라마 "사랑이 뭐길래"의 중국 방영을 계기로 "아내의 유혹" 등 많은 드라마가 중국 시청자들의 마음을 사로잡았다.

특히, 2005년 9월부터 중국 후난위성 TV를 통해 방영되었던 "대장금"은 한류의 전성기를 이루었다. 당시 중국 언론들은 "대장금" 민간요법에 대한 토론의 장을 마련하는가 하면, "대장금" 요리 경연 등 이벤트를 앞 다투어 개최하였다. "대장금" 주제가 "오나라"는 중국 최대의 히트곡이 되었으며, "대장금"은 한국상품·문화·음식 등을 홍보하는 데 크게 기여 하였다.

당시 한국인들은 중국에서 폭발적인 붐을 일으켰던 "대장금"의 인기를 실감하지 못할 수도 있었을 것이다. 중국의 골목 골목에서 대장금 주제가 "오나라"를 들을 수 있었다. 중국의 한 장관급 고위관료는 "대장금"으로 인하여 가족들이 한국음식을 선호함에 따라 지갑이 얇아졌다는 농담을 할 정도로 "대장금"은 중국인들에게 많은 인기를 얻었다.

이와 같은 한류 분위기에 힘입어 한중 양국 간 교류는 폭발적으로 증가하기 시작했다. 2016년 사드 전 방한 중국 관광객은 806만 명으로 방한 관광객의 46.8%를 차지하였으며 방중 한국 관광객은 365만 명으로 한중 관광객 1,100만 시대를 열었으나, 2017년 사드사태 이후 한한령 등으로 한중교류가 급속히 냉각되었다.[103]

사드사태 이후 한중 관광객은 일본으로 관광을 전환함에 따라 일본은 때 아닌 관광특수를 누리게 되었다. 일본 관광국 자료에 의하면 2018년 일본을 방문한 중국 관광객은 836만 명으로 사드 이전의 한국 관광객 수를 초과했다.

일본의 관광비용이 한국보다 고가임을 고려할 때 중국인 생활수준 향상에 따른 관광행태의 변화를 읽을 수 있다.

중국의 경제가 발달한 지역의 지방정부 최고위 관료인 성장(省長)은 머지않은 장

---

103 방한 중국인은 8,268천명임(주중한국대사관)

래에 한국의 GDP를 따라잡겠다고 공언할 정도로 중국의 경제가 급속히 성장하고 있다.

중국경제의 빠른 발전과 함께 국민의 일상생활을 바꾸어 놓은 것은 모바일결제이다. 한국 등 선진국이 '현금에서 신용카드', '신용카드에서 모바일결제' 단계로 넘어간데 반해 중국은 '현금에서 바로 모바일' 단계로 넘어가며 선진화된 모바일 결제 환경을 갖추어 놓았다.

모바일결제의 대명사인 위챗(微信)과 알리페이(支付宝)는 중국 국민의 소비행태는 물론 생활 전반을 바꾸어 놓았다. 노점상, 무인점포 등 모두가 모바일로 이루어져 현금 없는 사회가 실현되었다. 모바일결제가 빠르게 안착할 수 있었던 것은 중국인의 편리함 추구와 함께 이용자에게 수수료가 전혀 없는 점이 가장 큰 요인이라 할 수 있다.

위챗(微信)과 알리페이(支付宝) (바이두)

중국은 모바일결제를 시작으로 종이 없는 스마트 시대를 선도해 간다. 대부분 식당에서 전자주문이 일상화되어 있으며, 화물 등 다양한 상품에 대한 배송시스템이 잘 갖추어져 있다.

알리바바가 중국 최대 쇼핑 축제인 '상스이'(雙11·광군절)에 한화 44조원의 매출을 기록할 수 있는 배경에는 잘 갖추어진 배송시스템이 있기에 가능한 것이다.

중국 국민은 생활수준이 향상됨에 따라 세계관광과 쇼핑을 주도하고 있다. 생활수준에 따라 소비행태의 차이는 있지만 글로벌화의 영향으로 브랜드와 품질을 중시하는 등 중국시장이 전반적으로 변화하고 있다. 그렇다면 중국 수출입 경쟁력은 어떨까. WTO 자료에 의하면, 2018년 중국은 전 세계 수출의 12.8%를 차지하는 수출 1위 국가이다. 수입은 전 세계 10.8%를 차지하며 미국에 이어 제2위 국가이다.

한국 관세청 자료에 따르면 2019년 한국 최대 수출입 국가는 중국이다. 수출입 비중은 각각 25.1%, 21.3%를 차지한다.

최근 한중 간 무역현황을 살펴보면 무역수지는 2013년 628억 달러를 기록한 이래 2019년은 289억 달러로 지속적으로 감소하고 있다.

한국이 중국과 무역수지가 감소하고 있는 것은 중국의 성장전략 변화, 산업고도화에 따른 수입대체 및 중국 내 생산비용 상승에 따른 산업기지의 이전 등에 그 원인이 있다. 즉 한국이 중간재를 중국에 수출하고 중국이 최종재를 생산하여 제3국에 수출하는 글로벌 분업구조에 기반을 둔 양국 간 협력이 한계에 직면하고 있음을 의미한다. 현재는 한국의 많은 기업들이 중국 부품을 수입하여 조립 후 제3국으로 수출하는 구조로 바뀌어 가고 있다. 중국에 투자한 한국 중소기업들은 2008년 글로벌 외환위기 직후 야반도주 바람이 불었다. 주원인은 급격한 임금상승과 중국 시장에서 경쟁력 저하라고 볼 수 있다.

한국의 대기업과 동반진출 하였던 납품업체들은 초기에는 대기업에 제품을 납품하는 등 순조로운 성장을 하였으나, 중국기업들의 경쟁력 상승과 중국 정부의 현지 부품 조달 등의 요구에 따라 한국의 대기업이 입찰구매제를 채택하여 한국 납품업체들은 중국기업들과 경쟁에 이기지 못하고 철수하는 기업들이 늘기 시작했다.

중국시장에서 한국제품의 경쟁력은 어떨까. 한국의 반도체를 비롯한 10대 수출

품목, 화장품 등은 경쟁력을 유지하고 있지만 일반 공산품 등은 중국시장에서 치열하게 경쟁하고 있거나 외면받고 있다.

중국에서 오랫동안 한국상품을 취급하고 있는 유통회사의 대표는 '한국상품이 품질과 포장 디자인 등에서 날로 경쟁력이 저하되고 있는데, 일부 한국기업이나 국민들은 중국을 여전히 저가시장으로 생각한다.'며 안타까움을 표시하고 있다.

실질적으로 중국에서 오랫동안 상주하고 있는 한국인들은 중국에서 경제가 발달한 상하이, 광저우, 선전 등지에서는 한국의 공산품은 경쟁력을 잃은지 오래라고 입을 모은다. 이처럼 중국 시장은 급격하게 변하고 있는데 한국이 중국의 변화하는 시장흐름을 읽지 못하고 현실에 안주한다면 중국은 한국의 최대 무역 흑자국에서 최대 적자국으로 전환 될 수도 있다.

한국 관세청의 자료에 따르면 2009년부터 2018년까지 중국은 한국의 최대 무역 흑자국이었으나 2019년도에는 홍콩에게 자리를 내주었다는 것은 시사하는 바가 크다고 할 수 있다. 중국 언론은 현재 한중 양국은 경제적 보완성은 날로 저하되고 경쟁분야는 증가하고 있다고 본다.

이와 같은 시점에서 한국기업이 중국시장 진출을 위해서는 한중 양국의 무역구조 등을 면밀히 분석하고 진출전략을 마련하지 않으면 안된다.

한국은 그동안 유지돼온 한국과 중국·일본 간 분업구조가 해체되고 있는 점을 감안해 혁신적인 서비스업을 창출하고 창의적인 지식산업을 육성해야 한다.

금융위기 이후 중국 정부는 가공무역 대신 산업구조 고도화를 통한 산업발전에 주력하고 있다. 실제 낮은 수준의 기술군 산업 수출 비중은 지난 2000년 38.4%에서 2017년 19.2%로 하락한 반면 정보통신기술(ICT) 산업의 비중은 같은 기간 16.0%에서 26.7%로 높아졌다. 여기에 중국 정부는 '중국 제조 2025'를 내놓고 산업구조를 반도체·로봇·자율주행차 등 하이테크 제조업으로 바꿔보겠다며 산업구조 전환에 속도를 더 붙이고 있다.

전문가들은 한국이 중국의 정책에 대응하기 위해서는 산업 고도화와 함께 서비스 산업 육성이 시급하다는 목소리가 높다. 기술 중심 산업에서 비교우위 품목을 확대하는 한편 자동화 기술 등을 적극적으로 도입해 생산비 절감을 이뤄내야 한다는 것이다. 전문가들은 이를 위해 창의적인 신산업 발굴과 함께 기존 산업에 4차 산업혁명 기술을 접목하는 현실적인 산업육성정책이 필요하다고 조언한다.[104]

한국에 투자한 중국기업들은 한국은 민주적인 사회인데 각종 규제가 너무 많다고 이야기한다. 한국은 분명 한국만의 장점이 있다. 한국의 장점을 살리고 약점을 과감하게 버리고 각종규제를 완화하여 기업하기 좋은 환경 조성을 통해 새로운 한중 경협 시대를 열어야 할 것이다.

필자는 오래전부터 한국이 지리적으로 가까운 중국시장을 해외시장으로 접근할 것이 아니라 내수시장 개념으로 시장개척 전략을 마련해야 한다고 주장해 왔다.

한국에서 중국 동북지역 간 거리는 중국의 경제가 발달한 상하이 등보다 지리적으로 가깝다. 지금도 인천과 웨하이는 같은 생활권이라 할 정도로 양국 국민 간 교류가 활발하다.

남북관계가 개선되고 북한의 육해공로(陸海空路)를 활용할 수 있는 시대가 오면 한중 양국은 하루 생활권이 가능하다.

한국은 이와 같은 지리적 이점을 활용하여 '중국시장 맞춤형 메이드인 코리아 제품'을 만들 수 있도록 산업단지를 조성하고 각종 규제를 완화하여 세계에서 가장 경쟁력 있는 제품을 생산할 수 있는 환경을 조성하여야 한다.

한중 FTA가 사드 사태 등 외부요인으로 인하여 후속 조치가 탄력을 받고 있지 못하고 있다. 한국은 한국제품의 경쟁력 향상을 선행 조건으로 하여, 한중 FTA를 세계 최고의 자유무역지대로 건설할 필요가 있다. 중국 역시 일대일로를 추진하면서 고표준의 자유무역지대를 시범적으로 건설할 필요성을 느끼고 있다. 이를 위해 한중 FTA 지방경제 협력 시범구인 인천경제자유구역과 웨하이시를 자유무역지대

---

104 https://www.sedaily.com/NewsView/1Z07JGKB.(서울경제 2020.3.15.혁신적 서비스업·창의적 지식산업 등 산업구조 고도화 급하다. (검색 및 정리 : 2020.3.20)

로 육성 발전시킬 필요가 있다.

양 지역의 자유무역지대 시범구 운영 성과를 바탕으로 강원도 동해안경제자유구역과 연변조선족자치주 간 시범운영구를 확대해 나감은 물론, 지역별 거점항구를 중심으로 중러 자유무역시장 형태를 모델 삼아 한중 자유무역시장을 개설하여 무역과 관광을 활성화 시키는 방안을 검토할 필요가 있다.

한중 FTA 산업단지 활성화가 필요하다.

한중 양국은 한국 새만금과 중국 옌청(盐城), 옌타이(烟台), 후이저우(惠州)에 FTA 산업단지를 만들었으나 기대한 만큼 성과를 얻지 못하고 있다.

FTA 산업단지 활성화를 위해서는 한중 양국 정부에서 기업을 유인할 수 있는 특별한 우대 정책을 부여할 필요가 있다. 특히 새만금 산업단지 활성화를 위해서는 중국 투자기업에게 일정한 수준의 중국인 고용허가제를 도입할 필요가 있다.

현재 한국의 건설현장과 농촌에는 대부분 외국인 근로자를 고용하고 있는 현실을 감안할 때 새만금에 투자하는 중국기업에게 중국인 고용허가제를 도입할 경우 중국기업 유치에 탄력을 받을 수 있을 것이다.

일대일로에서 눈여겨볼 것은 국제 전시·박람회이다.

중국은 실크로드 선상 국가와 무역·투자를 촉진하기 위하여 공동으로 전시·박람회를 개최한다. 중국의 기업과 바이어는 각종 전시·박람회를 통해 새로운 아이템과 신상품을 찾는 것이 일상화 되었다고 볼 수 있다. 이에 따라 중국은 각 지방(省)·직할시에 2~4개의 전시컨벤션센터를 건립하고 연중 전시·박람회를 개최한다.

중국이 일대일로 초기 단계부터 연선국가와 공동으로 국제 전시·박람회를 기획한 것은 무역·투자 촉진은 물론 일대일로를 함께 홍보하는 장으로 활용하기 위함이다. 중국은 일대일로와 연계한 실크로드박람회 및 중국동서부협력투자무역상담회, 중국·아세안박람회, 중국·유라시아박람회, 중국·아랍국가박람회, 중국·남아시아

박람회, 중국동북아박람회, 중국서부국제박람회 등 대형 국제 전시·박람회를 개최하여 큰 성과를 얻고 있다. 일대일로와 연계한 박람회는 중국 바이어는 물론 일대일로 선상 국가의 바이어도 만날 수 있는 기회가 있다.

한국에서도 한중 간 무역 투자를 촉진시키기 위해서는 한국에서 대형 한중 박람회를 정기적으로 개최함은 물론, 강원도와 GTI 사무국이 주관하는 "GTI국제무역투자박람회", "오송 뷰티박람회" 등을 육성할 필요가 있다.

세계 각국에서는 국제 전시·박람회를 시장개척의 중요한 수단으로 널리 활용하고 있다.

일대일로와 연계한 국제 전시·박람회 참가를 통해 시장개척의 기회를 만들어 나갈 수 있으므로 관련 국제 전시·박람회를 지속적으로 모니터링하여 시장개척 전략을 수립하는 것이 중요하다.

중국의 일대일로 추진은 한국기업에게 도전이자 기회라 할 수 있다.

중국이 일대일로 참여국가를 중심으로 무역·투자 자유화와 편리화를 강력하게 추진할 경우 참여하지 않은 국가와 차별성이 존재할 수밖에 없다. 전문가들은 이미 동남아 시장에서 한중일 간 과도한 경쟁에 대한 우려의 목소리를 제기하고 있다.

최근 동남아 시장에서 한국기업들의 야반도주가 자주 언론에 오르내리고 있다. 글로벌 시대 기업의 경쟁력은 기술을 바탕으로 한 경쟁력 있는 제품을 만드는 것이다. 즉 경쟁력 있는 기업은 국내외 어느 곳에 투자를 하여도 생존할 수 있다는 것이다. 한국기업은 이와 같은 글로벌 시대의 흐름에 따라 중국 시장뿐만 아니라 일대일로 참여국가의 무역 동향 등을 면밀히 분석하여 대응전략을 마련해 나간다면 새로운 성장의 기회를 마련할 수 있을 것이다.

8. 신한중 시대 교류협력 확대

코로나로 인하여 한중 관계는 어려울 때 서로 돕는 이웃이라는 데 인식을 같이했다. 오늘날 한중 관계가 전략적 협력동반자 관계로 발전하기까지는 많은 우여곡절이 있었다.

한중 수교의 물꼬를 튼 역사적 배경이 된 것은 1983년 중국 민항기 춘천 캠프페이지 불시착 사건이다. 지난 1983년 5월 5일 승무원 9명을 포함한 승객 105명이 탄 중국 민항기가 선양을 출발, 상하이로 가던 중 납치범들에 의해 공중에서 피랍돼 캠프페이지에 불시착했다.

이 사건 송환문제로 한국과 중국 정부는 첫 교류를 시작, 10여 년간 비밀리에 수교에까지 이르는 만남을 가졌으며 1992년 국교수립의 성과를 거뒀다.[105] 한중 양국은 북한과 타이완 등 이해 당사국의 반발 등을 극복하고 1992년 8월 24일 역사적인 한중 국교를 수립하였다. 한중 간 국교 수립 이후 한중 교류는 여러 분야에서 비약적으로 발전했다. 예를 들어 교역 규모는 1992년 63억 달러에서 2019년 2,434억 달러로 약 39배 증가하였으며, 2019년 말 기준, 중국은 한국의 최대 교역 대상국이다. 양국 간 인적교류는 1992년 13만 명에서 2019년 1,037만 명으로 약 80배 증가하는 등 한중 간의 교류는 정치, 경제, 사회, 문화 등 다양한 분야로 확대되고 있다.[106] 한중 간 인적교류는 초기에는 방중 한국인이 절대 다수를 차지했다. 2000년대 초까지만 해도 한중 항공노선의 주요고객은 한국인이었다. 방중 한국인은 2016년 519만 명, 2017년 452만 명, 2018년 418만 명, 2019년 532만 명을 유지하고 있다.[107]

---

105 강원도민일보(2019. 10. 11) 강원도, 중국민항기불시착사건 기념사업 추진.
106 주중한국대사관 홈페이지(검색일:2020. 2. 2) * 양국 방문인원은 기관별 집계 방식에 따라 주중한국대사관 자료와 다소 차이가 날 수 있음
107 KBS(2018. 1. 22)2017년 방중 한국인감소, 티티엘뉴스(2019. 11. 22)주한중국문화원 2019~2020년 문화사업 추진 현황 등 종합정리(검색일:2020. 2. 1)

방한 중국인은 2011년 처음으로 200만 명을 돌파했으며, 2013년까지 한중 방문 인원은 평형을 이루다가 2014년부터 방한 중국인이 방중 한국인을 앞지르기 시작했으며, 2016년 역대 최고치인 826만여 명을 기록하였다.

2017년 사드 배치 등에 따른 한중 관계 경색으로 전년 대비 46.9% 감소한 439만 여 명에 불과하였으나 2018년부터 다시 회복 및 증가 추세를 보이고 있다.(표 13참고)

표 13 중국인 방한 현황(2014년~2019년)

연도별	2013	2014	2015	2016	2017	2018	2019
만명	4,327	6,275	6,154	8,268	4,393	5,032	6,284

자료 : 주중한국대사관 홈페이지 및 네이버 자료 종합

이와 같이 한중 교류는 사드 등의 악재가 있었음에도 불구하고 세계 어느 국가보다 인적교류가 활발히 진행되고 있는 것은 한중 수교 28년 동안 정치, 경제, 문화, 사회 등 다방면에서 교류협력의 기틀이 마련되었기 때문에 가능한 일이다.

중국 관광객 치맥파티

코로나 이후 한중 관계 역시 중미 관계 악화 등의 외부요인이 한중 관계에 걸림돌로 작용할 수 있지만, 새로운 한중 관계를 바라는 시대적 흐름을 막지는 못할 것이다.

신한중 시대란 남북 철도를 이용해 한중 양국의 인력과 상품이 자유롭게 이동하는 시대를 말한다. 신한중 시대를 맞이하기 위해서는 지금보다 더 큰 개방과 혁신을 통해서 한중 양국 국민이 자유롭게 왕래할 수 있는 기반을 마련하는 것이 무엇보다 중요하다.

코로나 이후 중미 갈등 등 외부요인에도 흔들리지 않는 신한중 시대를 열어 가기 위해서는 사람의 이동을 제한하는 비자제도부터 간편화해야 한다.

한중 간 비자제도는 2002년부터 제주도 중국인 무비자 제도를 도입하는 등 지속적으로 개선되고 있다. 제주도 중국인 무비자 제도는 한중 양국의 경제, 문화, 관광 교류의 촉매제가 되었다 해도 과언이 아니다. 제주도 무비자 제도는 한중 1,000만 명 교류시대를 앞당기었다. 앞으로 2,000만 명 교류시대를 열어 나가기 위해서는 한중 양국의 무비자 제도를 전향적으로 확대하는 등 더욱 간편화해야 한다.

다른 한편으로는 상호 간의 문화적 전통 및 가치관을 존중하는 가운데 정치, 경제, 사회, 관광, 문화 등 다양한 교류프로그램을 개발해야 한다.

한중 양국의 교류는 어떠한 외부요인에도 흔들리지 않을 만큼 성장해 왔다고 볼 수 있다. 한중 양국 속담에 "가까운 이웃이 먼 친척보다 낫다"라는 말이 있다. 지리적으로나 감정적으로 가까운 이웃이 어쩌다 소식이 닿는 먼 친척보다 어려울 때 힘이 돼줄 수 있기 때문이다. 우리는 코로나를 통해서 가까운 이웃의 소중함을 공유하고 있다.

신한중 시대를 맞이하기 위해서는 한중 양국 국민의 마음을 얻는 민심상통 분야의 협력을 더욱 강화해 나갈 필요가 있다. 중국의 주요 도시와 한국은 2시간 대로 가까운 곳에 위치하고 있다. 한중 양국은 지리적 이점과 상호 보완성을 충분히 활용해 나간다면 한중 양국이 상생번영하는 신한중 시대를 열어 나갈 수 있을 것이다.

9. 글로벌 협력 강화

중국은 1978년 12월 덩샤오핑이 개혁개방을 주창한 이래 개혁개방을 기본국책으로 지속적으로 추진한 결과 G2의 국가로 성장하였다.

2013년 9월과 10월, 시진핑 주석이 일대일로를 국제사회에 제안한 이래 중국 정부는 2015년 3월 28일 공식문건이자 기본계획인 "비전과 행동"을 대내외에 발표하였다. 일대일로는 2017년 10월 24일 공산당 당장(党章)에 채택됨으로써 향후 40여 년간 개혁개방을 이어받아 중국의 글로벌 대외개방 기본국책으로서 지속적으로 추진될 것이다.

일대일로는 정치, 경제, 외교, 문화, 관광 등을 총망라한 중국의 글로벌 대외개방 전략이다. 앞으로 중국은 일대일로를 중심으로 세계 각국과 국제협력을 추진할 것이다.

한국은 세계에서 중국과 가장 가까운 이웃에 있는 국가일 뿐만 아니라 경제적으로 의존도가 가장 높은 나라이다.

중국과 한 차원 높은 교류협력을 추진하기 위해서는 일대일로에 대한 충분한 이해를 통해 상생번영의 방안을 마련하는 전략이 필요하다. 이번 장에서는 중앙정부, 기업, 지방정부 차원에서의 글로벌 협력 강화 방안을 제시 하고자 한다.

1) 중앙정부

중앙정부 차원에서는 중국과 교류협력의 기본방향이 일대일로로 전환되었음을 인식하여야한다. 일대일로는 새로운 것이 아니다. 기존의 개혁개방을 이어받아 글로벌 자유무역 체제와 개방형 세계 경제를 수호하고 경제공동체를 함께 만들어 나가는 것이다.

중국이 일대일로를 국제협력의 기본국책으로 강력하게 추진하고 있는 만큼 중국과 협력을 통한 경제발전을 추진하기 위해서는 기존 중국 조직의 대폭 정비를 통해 새로운 한중 경제협력 시대를 열어나가야 할 것이다.

이를 위해서는 기존의 중국 관련 부서 내 또는 별도의 일대일로 관련 총괄 부서를 신설할 필요가 있다. 일대일로 총괄부서는 중국뿐만 아니라 일대일로 참여국가 간 협력방안을 수립하고 추진상황을 점검하는 컨트롤 타워 역할을 수행하는 방안을 검토해 볼만하다.

그리고 중국 관련 조직이나 기관단체는 중국의 부처별 일대일로 관련부서와 교류협력을 강화함은 물론 일대일로 연구, 자료수집, 일대일로 참여국가 동향분석 등을 통해 상생 협력사업을 지속적으로 발굴하여 중국과 일대일로 참여국가 간 교류협력을 희망하는 기업, 기관단체 등에게 수시로 자료를 제공하는 시스템을 갖출 필요가 있다.

특히, 일대일로에 포함된 GTI(광역두만강개발계획), 환동해권 해륙복합운송로 프로젝트 등은 관심을 갖고 중국과 협업을 추진할 경우 성과를 거둘 수 있을 것이다. 아울러 기업하기 좋은 환경을 조성하여야 한다. 한국은 중국 등 다른 나라에 비하여 규제가 많고 기업설립 절차가 복잡하다는 평가를 받고 있다. 글로벌 시대 기업은 경영환경이 좋은 곳으로 이전하고 있다. 중국 등 동북아 각국의 기업설립 절차, 노무, 복지 등의 사례를 분석하여 최적의 기업환경을 만들어 나가야한다.

끝으로 신한류(新韓流)점화가 필요하다. 중국 정부는 신외교의 방향은 민심상통이라고 할 만큼 민간교류에 관심을 갖고 추진한다. 중국은 일대일로의 성공은 교류국가 국민의 마음 얻는 것이라는 기본 전제하에 미래 세대의 주역인 유학생 장학금을 시작으로 문화, 예술, 체육, 관광, 환경 등 다양한 방면의 교류를 확대 추진하고 있으며 위생, 보건, 재해구조 등을 통해 교류국가와 한류(汉流)분위기 형성에 모든 노력을 기울이고 있다.

한국이 중국뿐만 아니라 일대일로 참여국가와 우호 분위기 조성을 통해 시장개척에 탄력을 받으려면 일대일로와 차별화된 한국형 민심상통 모델을 개발하여 새로운 한류 분위기를 점화하여 나갈 필요가 있다.

2) 기업

일대일로는 글로벌 자유무역 체제와 개방형 세계경제 수호를 통한 경제공동체 건설을 추구하는 것이다. 중국은 이미 일대일로 참여국가와 '일대일로 무역창통 이니셔티'와 '일대일로 세무협력 이니셔티브' 창설을 비롯하여 건설, 농업, 법치, 에너지 등 거의 모든 분야에서 FTA에 준하는 각종 협정을 체결하고 자유무역지대 건설을 적극적으로 추진하고 있다.

현재 중국은 17건의 FTA를 체결하였지만 앞으로 일대일로 참여국가 간에 FTA체결을 확대해 나갈 전망이다. 일대일로는 중국과 일대일로 참여국가 간 경제지도를 바꿀 수 있는 폭발력을 갖고 있다고 볼 수 있다.

중국은 일대일로를 추진하면서 각 지방정부별로 일대일로 추진계획을 수립 추진하고 있다. 일대일로 선상의 국가와 국경을 맞대고 있는 변경지역은 우대정책을 향유하는 새로운 산업단지 건설을 비롯한 집중투자가 이루어 질 것이다.

시장개척을 희망하는 기업은 외상투자법,해외투자산업장려목록과 지역별 중점 투자 유치업종을 비교분석하여 진출지역을 결정한다면 성과를 얻을 수 있을 것이다.

중국은 코로나 이후에 다자주의와 자유무역, 관세인하, 무역장벽해소, 상호 시장 개방 등을 강력하게 추진할 것을 밝히고 있다. 특히 건강 의료, 인공지능, 5G 분야 등의 협력을 더욱 강화하여 새로운 경제 성장점으로 건설하겠다고 발표했다. 아울러 한중일 FTA 조속 체결을 비롯한 동북아 경제협력을 적극적으로 추진할 전망이다.

중국 정부가 일대일로 사업을 적극적으로 추진하면서 실크로드 선상 국가 간 교통 인프라, 무역·투자 등 경제환경이 빠르게 변화하고 있다. 중국 기업은 시설 인프라 공사 참여를 비롯하여 초국경경제합작구와 해외경제무역협력단지 건설을 주도적으로 진행하고 있다.

최근 중국 정부에서는 한국 정부에 일대일로 협력사업으로 제3자시장 협력과 민관협력사업(PPP)을 제안하고 있다. 이것은 실크로드 선상 국가와 협력에 필요한 기본 협약 등은 마무리 되었으나 사업추진에 필요한 재원을 중국정부가 자체 조달하기에는 한계가 있기 때문이라고 볼 수 있다.

중국은 이미 일본, 프랑스, 이탈리아, 스페인, 포르투칼 등의 국가와 제3자시장 협력에 관한 협정을 체결하는 등 국제협력을 통한 일대일로 선상 국가와 경제협력 프로젝트를 적극적으로 추진하고 있으며, 지속적으로 제3자시장 협력과 민관협력 사업(PPP) 활성화에 대한 연구를 진행하고 있다.

제3자시장 협력과 민관협력사업(PPP)은 관련국가로부터 투자에 따른 우대정책을 향유하는 프로젝트가 대부분이라 할 수 있다. 사업 참여에 따른 우대정책 향유 여부 등을 면밀히 검토할 필요가 있다.

실크로드 선상의 국가는 풍부한 자원과 무한한 개발 잠재력 등으로 인하여 세계의 새로운 시장으로 떠오르고 있다. 유라시아 대륙 진출을 염두에 둔 기업은 유망한 프로젝트를 발굴하여 제3자시장 협력과 민관협력사업(PPP) 참가방안을 마련하는 것이 중요하다. 특히 중국의 변경지역과 초국경경제합작구, 해외경제무역협력단지를 유라시아 대륙 진출의 거점으로 적극 활용할 필요가 있다.

현재 동남아 시장에서는 한중일 간 경쟁이 격화되고 있다고 전문가들은 분석하고 있다. 앞으로 일대일로 시장에서 세계 각국 간 치열한 경쟁이 예상되고 있다. 한국 기업이 중국과 일대일로 참여국가 진출을 위해서는 자료수집과 시장동향 등을 면밀히 분석하여 상생번영 할 수 있는 방안을 마련하는 것이 필요하다.

3) 지방정부

세계화, 지방화 시대를 맞이하여 지방정부의 역할이 점점 더 중요해지고 있다. 지방정부는 국가 간 교류협력 실행 주체일 뿐만 아니라 국가 간의 이해 충돌로 교류가 중단되거나 긴장 상태가 조성되었을 때도 관련 지방정부 간 교류협력을 통해 국가 간 교류협력의 어려운 문제를 풀어가는 등 중요한 역할을 하고 있다. 특히 지방화 시대를 맞이하여 지방정부가 중심이 되어 지역발전을 시켜야하는 과제를 안고 있다. 따라서 지방정부는 무역, 투자, 관광 등의 활성화를 통해 지역발전을 앞당기기 위해 많은 노력을 기울이고 있다.

지방정부 국제교류의 특징은 주변 국가와의 국제교류는 성과를 얻고 있으나 원거리에 있는 국가와는 국제교류가 활성화 되지 않고 있는 실정이다. 따라서 대부분의 지방정부가 지리적으로 가까운 아시아권을 중심으로 자매결연 또는 교류협정을 체결하고 경제, 문화, 관광 등 다양한 방면의 국제교류를 추진하고 있다.

강원도와 지린성 자매결연 25주년 기념 (지린성 자료)

아시아권 국가는 대부분 중앙집권적이고 관료주의 사회이므로 국가나 지방정부가 민간분야에 끼치는 영향이 크다. 이와 같은 국가의 시장개척을 위해서는 국가나 지방정부의 도움을 받아 진출하는 전략을 채택할 필요가 있다.

중국 지방정부는 일대일로를 지역발전의 동력으로 삼기위해 경쟁을 벌이고 있다. 일대일로의 수혜지역인 서부지역과 변경지역은 우대 정책을 바탕으로 자유무역시험구, 초국경경제합작구 건설을 비롯한 산업단지 활성화를 통한 국내외 자본 유치에 심혈을 기울이고 있다. 기타 지역은 일대일로와 연계한 사업발굴을 통해 지역 발전을 도모하고 있다.

중국의 일대일로 추진 이후 중국 지방정부의 한국 방문 목적 등을 분석하면 그 지역의 중점프로젝트 분야를 확인할 수 있다. 최근 중국 지린성 등 지방정부는 한국 방문 목적이 농업 현대화, 바이오, 의료기, 건강, 양로, 전자상거래 등의 분야에 관심을 갖고 시장조사를 하고 있는 것으로 나타나고 있다.

중국시장 진출을 위해서는 중국 지방정부의 특성을 이해하여야 한다. 중국은 국토면적이 광범위하고 한 개의 지방정부가 유럽의 몇 개 국가에 해당하는 면적과 인구를 갖고 있는 만큼 지역별 기후, 문화, 습관 등에서 차이가 있다.

한국의 정부, 기업가, 일부 전문가들은 중국 지방정부의 권한이 광활한 지역의 면적만큼 클 것이라고 생각한다. 과연 지방정부의 권한은 얼마나 될까. 중국은 지방정부의 수장인 성장(省長), 부성장(副省長) 등은 국가에서 직접 임명한다. 지방정부 고위층의 국외출장은 반드시 중앙정부 비준을 받아야 하는 등 중앙집권적인 정치체제를 갖추고 있다.외국의 차관급이상 고위 인사의 면담 역시 중앙정부의 비준이 필요하다. 개혁개방 초기에는 일부 지방정부에서 중앙정부의 비준을 받지 않고 우대정책을 남발하는 경우도 있었으나, 이제는 중앙정부의 비준이나 조례로 정하지 않고는 투자기업에게 우대정책을 줄 수 없는 등 제도적 시스템이 완비되었다.

정치적으로 중앙집권적 시스템을 갖추고 있으나 인허가 등은 지방정부에 권한이 대폭 이양되어 있다. 중앙정부의 인허가가 필요한 대형프로젝트 외에는 지방정부 권한으로 거의 다 처리할 수 있다. 국가적인 대형프로젝트도 지방정부와 협업시스템만 구축하면 인허가를 어렵지 않게 받을 수 있다. 특히, 수출입 허가증 등은 등급에 따라 지방정부에서 독자적으로 발급할 수 있는 등 지방정부에서 기업설립, 인허가 등에 대하여 많은 권한을 갖고 있다. 다시 말하면 정치적으로 중앙집권적 형태이지만 중앙정부의 권한이 지방으로 대폭 위임되어 있는 등 지방정부의 권한이 많다.

중국시장 개척을 위해서는 기존의 자매결연 또는 우호 교류협정을 맺은 지역과 경제, 문화, 예술 등 다양한 방면의 교류협력을 통해 우의를 더욱 돈독히 할 필요가 있다.

한국 지방정부에서는 교류지역과 우호협력의 정신을 바탕으로 일대일로 사업을 분석하고 비교우위 산업을 발굴하여 기업과 함께 상생협업 방안을 마련하는 것이 중요하다. 그리고 협력 가능한 프로젝트를 갖고 기업과 함께 시장개척을 추진할 경우 성과를 거둘 수 있을 것이다.

참고문헌

[중국어 자료]

国家发展改革委, 外交部, 商务部, 2015. 3. 28, 『실크로드 경제벨트 및 21세기 해상 실크로드 공동건설 추진을 위한 비전과행동(推动共建丝绸之路经济带和21世纪海上丝绸之路的愿景与行动)』.

"一带一路" 建设工作领导小组办公室, 2019. 4. 22, 『일대일로 건설 이니셔티브진전, 공헌과 전망(共建一带一路倡议进展,贡献与展望)』.

江泽林, 2019, "增进互信合作开创东北亚美好新未来"(GTI经济合作论坛).

赵磊, 2018, "一带一路"一位中国学者的观察, 人民出版社.

王义桅, 2015, 中欧在海上丝绸之路的合作『第一期国际援助杂志』.

刘伟, 郭濂, 2016, "一带一路" 协同发展研究丛书" 北京大学出版社.

华侨大学海上丝绸研究院, 2017, 21世纪海上丝绸之路研究报告, (2018~2019) 社会科学文献出版社.

[한국어 자료]

리춘일, 2020, "현시기 중조경제관계 및 조선족기업인에게 주어진 기회와 역할" 中国民族朝鲜文版.

한국무역협회 상해지부, 2019, "중국 자유무역시험구 현황 분석".

조창상, 2019, "북방경제협력증진방안"(GTI 경제협력포럼).

KOTRA, 2018, "중국의 자유무역시험구 추진 동향과 활용시사점".

이창주, 2017, "일대일로의 모든 것" 서해문집.

대외경제정책연구원, 2017, "중국의 일대일로 전략 평가와 한국의 대응방안".

정환우, 조민경, 2017, "중국의 일대일로 추진동향과 시사점" 코트라.

국제무역연구원, 2015, 중국의 꿈 (中國夢)일대일로 프로젝트 현황과 영향.

전국시도지사협의회, 2015, 지방자치단체 국제교류메뉴얼.

양창영·전홍진·윤병섭, 2014, 동북아 지역 경제협력 증진과 GTI 역할 강화방안, 경남대학교 지역산업연구.

강원도, 2011, 신동북아 시대의 강원도 대외전략.

[인터넷 자료] : 본문에 출처 표기 제외

https://www.yidaiyilu.gov.cn/一带一路.

https://www.yidaiyilu.gov.cn/info/iList.jsp?tm_id=96五通发展.

https://www.yidaiyilu.gov.cn/gbjj.htm国际合作.

https://www.yidaiyilu.gov.cn/info/iList.jsp?tm_id=540什么事一带一路.

https://www.yidaiyilu.gov.cn/ydyllzn.htm "一带一路"六周年大事记.

https://www.yidaiyilu.gov.cn/xwzx/pdjdt/88237.htm#p=4习近平主持第二届"一一路"国际合作高峰论坛圆.

https://www.yidaiyilu.gov.cn/jcsjpc.htm一带一路大数据指数.

https://www.yidaiyilu.gov.cn/yw/qwfb/633.htm《建设中蒙俄经济走廊规划纲要》.

https://baike.baidu.com/item/%E4%B8%80%E5%B8%A6%E4%B8%80%E8%B7%AF/13132427?fr=aladdin.一带一路.

https://baike.baidu.com/reference/13132427/4946dLMufkagkjATY2EvGJty7yWTHP5RBLLQQZiHcDCdN2IFa6ncDqdx8RmtGlTLKWNUBHsNYlbi2AcJ1qYYVgnDjZy_YOvfSefxPul9c1_HWnO2Pg2pVdZv正确认识"一带一路"人民网.

https://baike.baidu.com/reference/13132427/338fW__D6xDDBM9LGrQEDpekbPPBqJ9qtuDpv0BhmALSHi48zht48_hueXOZpb2LIYxVeWntiaDPUXxNdLO8ajxXbC8K_VoBdQmaE0TqQoQ0q2fIRJyahAfSMndDxwY13.联合国大会一致通过决议呼吁各国推进"一带一路"倡议.

https://m.toutiaocdn.com/i6840008071213744647/?app=news_article_lite&timestamp=1592667610&req_id=20200620234010010129043019 2AD5BC29&group_id=6840008071213744647一带一路国际合作级别视频会议.

https://m.toutiaocdn.com/group/6826304087898718733/?app=news_article_lite&timestamp=1589386885&req_id=2020051400212901013107417 2222CF305&group_id=6826304087898718733一带一路":东北亚的危与机中国一带一路网.

中国吉林朝鲜文报社(http://www.jlcxwb.com.cn/)길림신문.

중국 흑룡강신문(http://www.hljxinwen.cn/).

부록

중·몽·러 경제공동체 건설계획

　일대일로의 경제회랑은 경제공동체 건설을 위한 출발점이라 할 수 있다. 일대일로의 6개 경제회랑 중에서 중·몽·러 경제회랑은 한국의 신북방 정책과 연계성이 가장 높다고 볼 수 있다. 일대일로와 한국의 신북방 정책은 경제공동체 건설이라는 공동의 비전을 갖고 있다. 일대일로와 한국의 신북방 정책 간 협력사업 추진을 위해서는 중·몽·러 경제회랑 사업내용과 추진방향을 이해하는 것이 무엇보다 중요하다. 중·몽·러 3국의 경제공동체 실현을 위한《중·몽·러 경제회랑 건설계획 요강》은 일대일로와 신북방 정책 간 협력의 접점을 찾는 데 도움이 될 것이라 생각한다.

　중·몽·러 경제회랑은 2개 통로이다. 하나는 화베이(华北) 통로로 징진지(京津冀), 네이멍구(内蒙古)후허하오터(呼和浩特)－몽골과 러시아, 다른 하나는 동북(东北)통로로, 중동철도(中东铁路)를 따라 다렌(大连)－선양(沈阳)－창춘(长春)－하얼빈(哈尔滨)－만저우리(满洲里)와 러시아 치타(cheetah)이다.

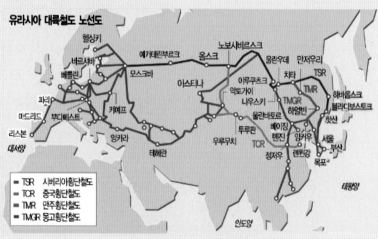

유라시아 철도 노선도 (코레일)

　화베이(华北)지구는 베이징(北京), 톈진(天津), 허베이(河北), 산시(山西), 네이멍구(内蒙古) 중부 지역이며 면적은 83만 8,100평방킬로미터이며 인구는 1억68백만 명이다. 중국 동북지구는 헤이룽장(黑龙江), 지린(吉林)과 랴오닝(辽宁) 등 동북3성과 네이멍구(内蒙古)이며 면적은 145만평방킬로미터, 인구는 1억2천만 명이다.

중동철도(中东铁路)는 하얼빈(哈尔滨)을 중심으로 서쪽으로 만저우리(满洲里), 동쪽으로 수이펀허(绥芬河), 남쪽은 다롄(大连)으로 丁자형이다. 전체길이는 약 2,400킬로미터이다.

중국, 몽골, 러시아는 전통적 우호 관계를 바탕으로 2016년 6월 23일《중·몽·러 경제회랑 건설계획 요강》을 체결했다. 3국은 일대일로 추진 이전에도 각종 경제협력 사업을 추진해 왔다. 중·몽·러 경제회랑 건설은 일대일로를 바탕으로 경제공동체를 건설하겠다는 3국의 의지를 읽을 수 있다.

《중·몽·러 경제회랑 건설계획 요강》은 제정경위, 목적, 협력분야, 협력원칙, 재원조달, 추진기구 등으로 구성되어 있다.

[중·몽·러 경제회랑 건설계획 요강] 요약

□ 제정경위

■ 중·몽·러는 전통적으로 우호적이고 호혜적인 경제, 무역관계를 발전시켜 나가고 있음
■ 3국은 2015년 7월 9일 러시아 우파에서 체결한《중·몽·러 경제회랑 건설계획 요강, 이하 "회랑건설계획"》양해각서에 근거하여
 − 중국 실크로드 경제벨트, 러시아 유라시아 경제연합, 몽골 "초원의 길" 결합을 목표로 평등·호혜·윈~윈 원칙에 입각하여 "회랑건설계획" 제정

1. 목적

■ 교역량 증대, 제품 경쟁력 제고, 통과 운수 편리화 강화, 인프라 발전 등의 분야에서 협력 프로젝트 실시를 통해 3국 협력 강화
■ 상생 경제발전, 3국의 잠재력과 장점 발휘 ⇒ 공동번영 촉진
■ 국제시장에서 공동 경쟁력 제고를 비전으로 함
■ 지역경제통합 촉진, 각국의 발전전략 결합, 인프라 호련호통, 무역·투자의 안정적 발전, 경제정책 협력과 인적교류 토대 마련
■ 국제경제협력 플랫폼을 적극적으로 활용하여, 협력 프로젝트의 효과적인 실시를 위한 여건 조성

2. 협력분야

1) 교통 인프라 발전 및 호련호통 촉진

- 3국의 도로, 철도, 항공, 항구, 통상구 등 인프라자원 공동 기획
- 국제운송로, 국경인프라기반과 초국경 운송조직 등 분야 협력강화
  - 장기적인 소통 메커니즘 형성, 호련호통 촉진
- 국제 육로 교통회랑 건설
  - 인프라 함께건설 프로젝트를 실시하고, 승객, 화물 및 교통수단의 자유로운 이동 보장
- 철도 및 도로 운송 잠재력 제고
  - 기존 철도 현대화와 철도·도로 신설 프로젝트 추진
- 초국경 운수분야 규칙제정
  - 양호한 기술과 관세조건 제공, 국제통관·환적·전 노선 복합 운송 연계
  - 국제 연합운송 정보교환, 철도 화물운송 데이터 공유
- 항공운송서비스 호련호통
  - 안전수준 제고, 경제적 효익의 향상과 효율적 공간 활용
- 정기 국제컨테이너 화물열차를 교통물류의 핵심으로 발전

2) 통상구 건설과 세관, 검사검역 관리감독

- 3국은 소프트웨어·하드웨어 능력 강화
  - 인프라 리노베이션과 리모델링을 추진하여 공중위생 통제 수준을 높이며, 정보교환과 법 집행 공조 강화
- 세관, 검사검역 업무 및 화물감독 체계와 모델 혁신
  - 통상구 통행과 화물운송 능력향상 추진
  - 환적, 국경기차역 화물하역, 철도 통상구 수용능력 균형성장 촉진
  - 동식물 검사검역 분야 협력 추진
  - 식품안전협력체제 구축, 식품 통과무역 관리감독 강화
  - 식품 통과무역 편리화 촉진
  - 국가 간 AEO(수출입안전관리우수공인업체) 인증 등 협력 강화
  - 초국경 전염병 감시검측 통제, 병원균의 전파 매개체 감시검측, 돌발 공중위생 사건 처치 등에 관한 협력 강화

3) 생산능력과 투자협력 강화

- 에너지광산자원, 고기술, 제조업, 농업·임업·목축업 등의 분야에서 협력을 강화하여
  - 공동으로 생산능력과 투자협력 집적지구 조성
  - 산업협동 실현 및 지역생산 네트워크 형성
- 전기통신 네트워크의 확대, 인터넷 트래픽의 증가, 전자상거래 제휴 강화, 중계 트래픽의 향상을 위한 조치 연구
- 송전선과 신발전 설비의 신설에 따른 경제 기술적 합리성 연구
- 몽골을 경유하는 중·러 원유 및 천연가스관의 적정성 연구
- 원자력·수력발전·풍력발전, 태양광 에너지, 바이오매스 에너지 등의 협력
- 3국 과학기술단지와 혁신고지(高地)협력
- 민용(民用) 우주 인프라 협력 및 정보 교류와 협력 확대

4) 경제무역 협력 확대

- 국경무역 발전, 상품무역 구조 최적화, 서비스 무역 확대
- 농산품, 에너지광산, 건자재 및 제지제품, 방직 등의 무역규모 확대 및 장비제조와 고기술 제품의 생산 수준 향상
- 관광, 물류, 금융, 컨설팅, 광고, 문화 창의 등 서비스 무역 분야의 교류협력 강화
  - 정보기술·업무 프로세스·노하우 아웃소싱 추진
  - 소프트웨어 연구개발 및 데이터 유지 보호 등 분야 협력
  - 초국경경제합작구 건립
  - 국경무역은 가공·투자·무역 일체화 추진

5) 인문교류 협력 확대

- 교육·과학기술·문화·관광·위생·지적재산권 등 방면의 협력 중점 추진, 인적왕래 편리화 촉진, 민간교류 확대
- 관광산업을 발전시키고, 초국경 관광노선 개발
- 국경도시 관광레저 기능 완비에 주력
- 다양한 관광상품 개발, 양호한 관광환경 조성
- 초국경, 권역별 관광종합안전보장 메커니즘 건설
  - 관광객의 인신, 재산의 안전을 확보하기 위한 조치 실시
  - 관광객 환경보호 의식 강화, 비상시 관광객 구조체계 수립

- 공동 관광브랜드 육성, 관광객 정보통합사업 실시 검토
- 교육과 과학연구기관 간 교류협력 강화
- 지적 재산권 보호 실천 및 지적 재산권 분야 인력 양성 등에 관한 교류협력 강화
- 문화교류 브랜드화, 직접창작 연계 확대
- 연극·음악과 서커스·영화·민간 창작·문화유산보호·도서관 사무와 문화분야 인재육성 등에 관한 교류협력을 심도 있게 추진

6) 생태환경보호 협력 강화

- 정보공유 플랫폼 구축 가능성 연구
- 생물다양성, 자연보호지역, 습지보호, 산림방화 및 사막화 분야 협력 추진
- 방재·화재감소에 관한 협력 확대
  - 자연재해와 인위적 사고, 초국경 삼림과 초원 화재, 특수 위험성 전염병 등 초국경 고위험 자연 재해 발생 시 정보교류 강화
- 생태환경보호 분야의 기술교류 협력 적극 추진
- 환경보호 세미나를 공동 개최하여, 연구와 실험 분야에서의 협업 가능성 모색

7) 지방 및 변경지구 협력 추진

- 각 지방의 비교우위를 충분히 발휘하여, 지방 및 변경지구 협력 추진
  - 지방개방 협력의 장 마련
  - 자국 지방에서 중·몽·러 경제회랑 건설 참여방안 적시 수립·추진
- 지방 간 경제무역 협력 추진
  - 관련 지방 비교우위를 충분히 발휘하여, 협력 메커니즘 건설
  * 예시: 몽골의 동부지방과 중·러의 관련 지방 간 협력체제 추진

3. 협력원칙

- 계획요강의 틀 안에서 각 측이 정한 지리적 범위 내에서, 3국 간 협의를 거쳐 일치된 프로젝트와 활동에 대해 연구 추진

4. 재원조달

- 국가투자, 민간투자, 민관협력 모델의 도입
  - 국제금융기구의 융자는 AIIB, 브릭스개발은행, 상하이협력기구 은행연합체, 실크로드기금 등에 국한하지 않음

5. 추진기구

■ 계획요강 실시를 담당하는 집행기관은 다음과 같음
 - 중국 : 국가발전개혁위원회
 - 몽골 : 외교부
 - 러시아 : 연방경제발전부
■ 집행기관은 관리계획요강 및 프로젝트 실시상황을 감독하고, 다음 사업을 실시하기 위한 조치를 협의함(연1회 이상)

6. 기타

■ 본 계획요강은 서명한 날로부터 효력 발생, 유효기간 5년이며 합의에 의하여 5년 연장 가능
■ 본 계획요강은 2016년 6월 23일 타슈켄트에서 서명하였음

"회랑건설계획"은 중국, 몽골, 러시아 간 교통물류, 무역·투자, 산업협력, 인문교류, 환경보호, 지방정부 참여 등 전방위적인 협력방안을 담고 있다. 특히, 재원조달방안과 추진기구 체제 완비를 통해 프로젝트의 실행력을 높였다고 할 수 있다.

推动共建丝绸之路经济带和21世纪 海上丝绸之路的愿景与行动

国家发展改革委 外交部 商务部

(经国务院授权发布)

2015年3月28日

目录

前言

2000多年前, 亚欧大陆上勤劳勇敢的人民, 探索出多条连接亚欧非几大文明的贸易和人文交流通路,后人将其统称为 "丝绸之路"。千百年来,"和平合作、开放包容、互学互鉴、互利共赢"的丝绸之路精神薪火相传, 推进了人类文明进步, 是促进沿线各国繁荣发展的重要纽带, 是东西方交流合作的象征, 是世界各国共有的历史文化遗产。

进入21世纪,在以和平、发展、合作、共赢为主题的新时代,面对复苏乏力的全球经济形势,纷繁复杂的国际和地区局面,传承和弘扬丝绸之路精神更显重要和珍贵。

2013年9月和10月，中国国家主席习近平在出访中亚和东南亚国家期间，先后提出共建"丝绸之路经济带"和"21世纪海上丝绸之路"（以下简称"一带一路"）的重大倡议，得到国际社会高度关注。中国国务院总理李克强参加 2013年中国－东盟博览会时强调，铺就面向东盟的海上丝绸之路，打造带动腹地发展的战略支点。加快"一带一路"建设，有利于促进沿线各国经济繁荣与区域经济合作，加强不同文明交流互鉴，促进世界和平发展，是一项造福世界各国人民的伟大事业。

　　"一带一路"建设是一项系统工程，要坚持共商、共建、共享原则，积极推进沿线国家发展战略的相互对接。为推进实施"一带一路"重大倡议，让古丝绸之路焕发新的生机活力，以新的形式使亚欧非各国联系更加紧密，互利合作迈向新的历史高度，中国政府特制定并发布《推动共建丝绸之路经济带和21世纪海上丝绸之路的愿景与行动》。

一、时代背景

　　当今世界正发生复杂深刻的变化，国际金融危机深层次影响继续显现，世界经济缓慢复苏、发展分化，国际投资贸易格局和多边投资贸易规则酝酿深刻调整，各国面临的发展问题依然严峻。共建 "一带一路"顺应世界多极化、经济全球化、文化多样化、社会信息化的潮流，秉持开放的区域合作精神，致力于维护全球自由贸易体系和开放型世界经济。

　　共建"一带一路"旨在促进经济要素有序自由流动、资源高效配置和市场深度融合，推动沿线各国实现经济政策协调，开展更大范围、更高水平、更深层次的区域合作，共同打造开放、包容、均衡、普惠的区域经济合作架构。共建"一带一路"符合国际社会的根本利益，彰显人类社会共同理想和美好追求，是国际合作以及全球治理新模式的积极探索，将为世界和平发展增添新的正能量。

　　共建"一带一路"致力于亚欧非大陆及附近海洋的互联互通，建立和加强沿线各国互联互通伙伴关系，构建全方位、多层次、复合型的互联互通网络，实现沿线各国多元、自主、平衡、可持续的发展。"一带一路"的互联互通项目将推动沿线各国发展战略的对接与耦合，发掘区域内市场的潜力，促进投资和消费，创造需求和就业，增进沿线各国人民的人文交流与文明互鉴，让各国人民相逢相知、互信互敬，共享和谐、安宁、富裕的生活。

　　当前，中国经济和世界经济高度关联。中国将一以贯之地坚持对外开放的基本国策，构建全方位开放新格局，深度融入世界经济体系。推进"一带一路"建设既是中国扩大和深化对外开放的需要，也是加强和亚欧非及世界各国互利合作的需要, 中国愿意在力所能及的范围内承担更多责任义务, 为人类和平发展作出更大的贡献。

二、共建原则

恪守联合国宪章的宗旨和原则。遵守和平共处五项原则, 即尊重各国主权和领土完整、互不侵犯、互不干涉内政、和平共处、平等互利。

坚持开放合作。"一带一路"相关的国家基于但不限于古代丝绸之路的范围, 各国和国际、地区组织均可参与, 让共建成果惠及更广泛的区域。

坚持和谐包容。倡导文明宽容, 尊重各国发展道路和模式的选择, 加强不同文明之间的对话, 求同存异、兼容并蓄、和平共处、共生共荣。

坚持市场运作。遵循市场规律和国际通行规则, 充分发挥市场在资源配置中的决定性作用和各类企业的主体作用, 同时发挥好政府的作用。

坚持互利共赢。兼顾各方利益和关切, 寻求利益契合点和合作最大公约数, 体现各方智慧和创意, 各施所长, 各尽所能, 把各方优势和潜力充分发挥出来。

三、框架思路

"一带一路"是促进共同发展、实现共同繁荣的合作共赢之路, 是增进理解信任、加强全方位交流的和平友谊之路。中国政府倡议, 秉持和平合作、开放包容、互学互鉴、互利共赢的理念, 全方位推进务实合作, 打造政治互信、经济融合、文化包容的利益共同体、命运共同体和责任共同体。

"一带一路"贯穿亚欧非大陆, 一头是活跃的东亚经济圈, 一头是发达的欧洲经济圈, 中间广大腹地国家经济发展潜力巨大。丝绸之路经济带重点畅通中国经中亚、俄罗斯至欧洲(波罗的海);中国经中亚、西亚至波斯湾、地中海;中国至东南亚、南亚、印度洋。21世纪海上丝绸之路重点方向是从中国沿海港口过南海到印度洋, 延伸至欧洲;从中国沿海港口过南海到南太平洋。

根据"一带一路"走向, 陆上依托国际大通道, 以沿线中心城市为支撑, 以重点经贸产业园区为合作平台, 共同打造新亚欧大陆桥、中蒙俄、中国—中亚—西亚、中国—中南半岛等国际经济合作走廊;海上以重点港口为节点, 共同建设通畅安全高效的运输大通道。中巴、孟中印缅两个经济走廊与推进"一带一路"建设关联紧密, 要进一步推动合作, 取得更大进展。

"一带一路"建设是沿线各国开放合作的宏大经济愿景, 需各国携手努力, 朝着互利互惠、共同安全的目标相向而行。努力实现区域基础设施更加完善, 安全高效的陆海空通道网络基本形成，互联互通达到新水平；投资贸易便利化水平进一步提升，高标准自由贸易区网络基本形成，经济联系更加紧密，政治互信更加深入；人文交流更加广泛深入，不同文明互鉴共荣，各国人民相知相交、和平友好。

四、合作重点

沿线各国资源禀赋各异，经济互补性较强，彼此合作潜力和空间很大。以政策沟通、设施联通、贸易畅通、资金融通、民心相通为主要内容，重点在以下方面加强合作。

政策沟通。加强政策沟通是"一带一路"建设的重要保障。加强政府间合作，积极构建多层次政府间宏观政策沟通交流机制，深化利益融合，促进政治互信，达成合作新共识。沿线各国可以就经济发展战略和对策进行充分交流对接，共同制定推进区域合作的规划和措施，协商解决合作中的问题，共同为务实合作及大型项目实施提供政策支持。

设施联通。基础设施互联互通是"一带一路"建设的优先领域。在尊重相关国家主权和安全关切的基础上，沿线国家宜加强基础设施建设规划、技术标准体系的对接，共同推进国际骨干通道建设，逐步形成连接亚洲各次区域以及亚欧非之间的基础设施网络。强化基础设施绿色低碳化建设和运营管理，在建设中充分考虑气候变化影响。

抓住交通基础设施的关键通道、关键节点和重点工程，优先打通缺失路段，畅通瓶颈路段，配套完善道路安全防护设施和交通管理设施设备，提升道路通达水平。推进建立统一的全程运输协调机制，促进国际通关、换装、多式联运有机衔接，逐步形成兼容规范的运输规则，实现国际运输便利化。推动口岸基础设施建设，畅通陆水联运通道，推进港口合作建设，增加海上航线和班次，加强海上物流信息化合作。拓展建立民航全面合作的平台和机制，加快提升航空基础设施水平。

加强能源基础设施互联互通合作，共同维护输油、输气管道等运输通道安全，推进跨境电力与输电通道建设，积极开展区域电网升级改造合作。

共同推进跨境光缆等通信干线网络建设，提高国际通信互联互通水平，畅通信息丝绸之路。加快推进双边跨境光缆等建设，规划建设洲际海底光缆项目，完善空中（卫星）信息通道，扩大信息交流与合作。

贸易畅通。投资贸易合作是"一带一路"建设的重点内容。宜着力研究解决投资贸易便利化问题, 消除投资和贸易壁垒, 构建区域内和各国良好的营商环境, 积极同沿线国家和地区共同商建自由贸易区, 激发释放合作潜力, 做大做好合作 "蛋糕"。

沿线国家宜加强信息互换、监管互认、执法互助的海关合作, 以及检验检疫、认证认可、标准计量、统计信息等方面的双多边合作, 推动世界贸易组织《贸易便利化协定》生效和实施。改善边境口岸通关设施条件, 加快边境口岸"单一窗口"建设, 降低通关成本, 提升通关能力。加强供应链安全与便利化合作, 推进跨境监管程序协调, 推动检验检疫证书国际互联网核查, 开展"经认证的经营者"（AEO）互认。降低非关税壁垒, 共同提高技术性贸易措施透明度, 提高贸易自由化便利化水平。

拓宽贸易领域, 优化贸易结构, 挖掘贸易新增长点, 促进贸易平衡。创新贸易方式, 发展跨境电子商务等新的商业业态。建立健全服务贸易促进体系, 巩固和扩大传统贸易, 大力发展现代服务贸易。把投资和贸易有机结合起来, 以投资带动贸易发展。

加快投资便利化进程, 消除投资壁垒。加强双边投资保护协定、避免双重征税协定磋商, 保护投资者的合法权益。

拓展相互投资领域, 开展农林牧渔业、农机及农产品生产加工等领域深度合作, 积极推进海水养殖、远洋渔业、水产品加工、海水淡化、海洋生物制药、海洋工程技术、环保产业和海上旅游等领域合作。加大煤炭、油气、金属矿产等传统能源资源勘探开发合作, 积极推动水电、核电、风电、太阳能等清洁、可再生能源合作, 推进能源资源就地就近加工转化合作, 形成能源资源合作上下游一体化产业链。加强能源资源深加工技术、装备与工程服务合作。

推动新兴产业合作, 按照优势互补、互利共赢的原则, 促进沿线国家加强在新一代信息技术、生物、新能源、新材料等新兴产业领域的深入合作, 推动建立创业投资合作机制。

优化产业链分工布局, 推动上下游产业链和关联产业协同发展, 鼓励建立研发、生产和营销体系, 提升区域产业配套能力和综合竞争力。扩大服务业相互开放, 推动区域服务业加快发展。探索投资合作新模式, 鼓励合作建设境外经贸合作区、跨境经济合作区等各类产业园区, 促进产业集群发展。在投资贸易中突出生态文明理念, 加强生态环境、生物多样性和应对气候变化合作, 共建绿色丝绸之路。

中国欢迎各国企业来华投资。鼓励本国企业参与沿线国家基础设施建设和产业投资。促进企业按属地化原则经营管理，积极帮助当地发展经济、增加就业、改善民生，主动承担社会责任，严格保护生物多样性和生态环境。

资金融通。资金融通是"一带一路"建设的重要支撑。深化金融合作，推进亚洲货币稳定体系、投融资体系和信用体系建设。扩大沿线国家双边本币互换、结算的范围和规模。推动亚洲债券市场的开放和发展。共同推进亚洲基础设施投资银行、金砖国家开发银行筹建，有关各方就建立上海合作组织融资机构开展磋商。加快丝路基金组建运营。深化中国—东盟银行联合体、上合组织银行联合体务实合作，以银团贷款、银行授信等方式开展多边金融合作。支持沿线国家政府和信用等级较高的企业以及金融机构在中国境内发行人民币债券。符合条件的中国境内金融机构和企业可以在境外发行人民币债券和外币债券，鼓励在沿线国家使用所筹资金。

加强金融监管合作，推动签署双边监管合作谅解备忘录，逐步在区域内建立高效监管协调机制。完善风险应对和危机处置制度安排，构建区域性金融风险预警系统，形成应对跨境风险和危机处置的交流合作机制。加强征信管理部门、征信机构和评级机构之间的跨境交流与合作。充分发挥丝路基金以及各国主权基金作用，引导商业性股权投资基金和社会资金共同参与"一带一路"重点项目建设。

民心相通。民心相通是"一带一路"建设的社会根基。传承和弘扬丝绸之路友好合作精神，广泛开展文化交流、学术往来、人才交流合作、媒体合作、青年和妇女交往、志愿者服务等，为深化双多边合作奠定坚实的民意基础。

扩大相互间留学生规模，开展合作办学，中国每年向沿线国家提供1万个政府奖学金名额。沿线国家间互办文化年、艺术节、电影节、电视周和图书展等活动，合作开展广播影视剧精品创作及翻译，联合申请世界文化遗产，共同开展世界遗产的联合保护工作。深化沿线国家间人才交流合作。

加强旅游合作，扩大旅游规模，互办旅游推广周、宣传月等活动，联合打造具有丝绸之路特色的国际精品旅游线路和旅游产品，提高沿线各国游客签证便利化水平。推动21世纪海上丝绸之路邮轮旅游合作。积极开展体育交流活动，支持沿线国家申办重大国际体育赛事。

强化与周边国家在传染病疫情信息沟通、防治技术交流、专业人才培养等方面的合作，提高合作处理突发公共卫生事件的能力。为有关国家提供医疗援助和应急医疗救助，在妇幼健康、残疾人康复以及艾滋病、结核、疟疾等主要传染病领域开展务实合作，扩大在传统医药领域的合作。

加强科技合作，共建联合实验室（研究中心）、国际技术转移中心、海上合作中心，促进科技人员交流，合作开展重大科技攻关，共同提升科技创新能力。

整合现有资源，积极开拓和推进与沿线国家在青年就业、创业培训、职业技能开发、社会保障管理服务、公共行政管理等共同关心领域的务实合作。

充分发挥政党、议会交往的桥梁作用，加强沿线国家之间立法机构、主要党派和政治组织的友好往来。开展城市交流合作，欢迎沿线国家重要城市之间互结友好城市，以人文交流为重点，突出务实合作，形成更多鲜活的合作范例。欢迎沿线国家智库之间开展联合研究、合作举办论坛等。

加强沿线国家民间组织的交流合作，重点面向基层民众，广泛开展教育医疗、减贫开发、生物多样性和生态环保等各类公益慈善活动，促进沿线贫困地区生产生活条件改善。加强文化传媒的国际交流合作，积极利用网络平台，运用新媒体工具，塑造和谐友好的文化生态和舆论环境。

五、合作机制

当前，世界经济融合加速发展，区域合作方兴未艾。积极利用现有双多边合作机制，推动"一带一路"建设，促进区域合作蓬勃发展。

加强双边合作，开展多层次、多渠道沟通磋商，推动双边关系全面发展。推动签署合作备忘录或合作规划，建设一批双边合作示范。建立完善双边联合工作机制，研究推进"一带一路"建设的实施方案、行动路线图。充分发挥现有联委会、混委会、协委会、指导委员会、管理委员会等双边机制作用，协调推动合作项目实施。

强化多边合作机制作用，发挥上海合作组织（SCO）、中国—东盟"10+1"、亚太经合组织（APEC）、亚欧会议（ASEM）、亚洲合作对话（ACD）、亚信会议（CICA）、中阿合作论坛、中国—海合会战略对话、大湄公河次区域（GMS）经济合作、中亚区域经济合作（CAREC）等现有多边合作机制作用，相关国家加强沟通，让更多国家和地区参与"一带一路"建设。

继续发挥沿线各国区域、次区域相关国际论坛、展会以及博鳌亚洲论坛、中国—东盟博览会、中国—亚欧博览会、欧亚经济论坛、中国国际投资贸易洽谈会，以及中国—南亚博览会、中国—阿拉伯博览会、中国西部国际博览会、中国—俄罗斯博览会、前海合作论坛等平台的建设性作用。支持沿线国家地方、民间挖掘"一带一路"历史文化遗产，联合举办专项投资、贸易、文化交流活动，办好丝绸之路（敦煌）国际文化博览会、丝绸之路国际电影节和图书展。倡议建立"一带一路"国际高峰论坛。

六、中国各地方开放态势

推进"一带一路"建设,中国将充分发挥国内各地区比较优势,实行更加积极主动的开放战略,加强东中西互动合作,全面提升开放型经济水平。

西北、东北地区。发挥新疆独特的区位优势和向西开放重要窗口作用,深化与中亚、南亚、西亚等国家交流合作,形成丝绸之路经济带上重要的交通枢纽、商贸物流和文化科教中心,打造丝绸之路经济带核心区。发挥陕西、甘肃综合经济文化和宁夏、青海民族人文优势,打造西安内陆型改革开放新高地,加快兰州、西宁开发开放,推进宁夏内陆开放型经济试验区建设,形成面向中亚、南亚、西亚国家的通道、商贸物流枢纽、重要产业和人文交流基地。发挥内蒙古联通俄蒙的区位优势,完善黑龙江对俄铁路通道和区域铁路网,以及黑龙江、吉林、辽宁与俄远东地区陆海联运合作,推进构建北京-莫斯科欧亚高速运输走廊,建设向北开放的重要窗口。

西南地区。发挥广西与东盟国家陆海相邻的独特优势,加快北部湾经济区和珠江-西江经济带开放发展,构建面向东盟区域的国际通 道,打造西南、中南地区开放发展新的战略支点,形成21世纪海上丝绸之路与丝绸之路经济带有机衔接的重要门户。发挥云南区位优势,推进与周边国家的国际运输通道建设,打造大湄公河次区域经济合作新高地,建设成为面向南亚、东南亚的辐射中心。推进西藏与尼泊尔等国家边境贸易和旅游文化合作。

沿海和港澳台地区。利用长三角、珠三角、海峡西岸、环渤海等 经济区开放程度高、经济实力强、辐射带动作用大的优势,加快推进 中国(上海)自由贸易试验区建设,支持福建建设 21 世纪海上丝绸之路核心区。充分发挥深圳前海、广州南沙、珠海横琴、福建平潭等 开放合作区作用,深化与港澳台合作,打造粤港澳大湾区。推进浙江海洋经济发展示范区、福建海峡蓝色经济试验区和舟山群岛新区建设,加大海南国际旅游岛开发开放力度。加强上海、天津、宁波-舟山、广州、深圳、湛江、汕头、青岛、烟台、大连、福州、厦门、泉州、海口、三亚等沿海城市港口建设,强化上海、广州等国际枢纽机场功能。以扩大开放倒逼深层次改革,创新开放型经济体制机制,加大科 技创新力度,形成参与和引领国际合作竞争新优势,成为"一带一路" 特别是 21 世纪海上丝绸之路建设的排头兵和主力军。发挥海外侨胞以及香港、澳门特别行政区独特优势作用,积极参与和助力"一带一路"建设。为台湾地区参与"一带一路"建设作出妥善安排。

内陆地区。利用内陆纵深广阔、人力资源丰富、产业基础较好优势，依托长江中游城市群、成渝城市群、中原城市群、呼包鄂榆城市群、哈长城市群等重点区域，推动区域互动合作和产业集聚发展，打造重庆西部开发开放重要支撑和成都、郑州、武汉、长沙、南昌、合肥等内陆开放型经济高地。加快推动长江中上游地区和俄罗斯伏尔加河沿岸联邦区的合作。建立中欧通道铁路运输、口岸通关协调机制，打造"中欧班列"品牌，建设沟通境内外、连接东中西的运输通道。支持郑州、西安等内陆城市建设航空港、国际陆港，加强内陆口岸与沿海、沿边口岸通关合作，开展跨境贸易电子商务服务试点。优化海关特殊监管区域布局，创新加工贸易模式，深化与沿线国家的产业合作。

七、中国积极行动

一年多来，中国政府积极推动"一带一路"建设，加强与沿线国家的沟通磋商，推动与沿线国家的务实合作，实施了一系列政策措施，努力收获早期成果。

高层引领推动。习近平主席、李克强总理等国家领导人先后出访20多个国家，出席加强互联互通伙伴关系对话会、中阿合作论坛第六届部长级会议，就双边关系和地区发展问题，多次与有关国家元首和政府首脑进行会晤，深入阐释"一带一路"的深刻内涵和积极意义，就共建"一带一路"达成广泛共识。

签署合作框架。与部分国家签署了共建"一带一路"合作备忘录，与一些毗邻国家签署了地区合作和边境合作的备忘录以及经贸合作中长期发展规划。研究编制与一些毗邻国家的地区合作规划纲要。

推动项目建设。加强与沿线有关国家的沟通磋商，在基础设施互联互通、产业投资、资源开发、经贸合作、金融合作、人文交流、生态保护、海上合作等领域，推进了一批条件成熟的重点合作项目。

完善政策措施。中国政府统筹国内各种资源，强化政策支持。推动亚洲基础设施投资银行筹建，发起设立丝路基金，强化中国－欧亚经济合作基金投资功能。推动银行卡清算机构开展跨境清算业务和支付机构开展跨境支付业务。积极推进投资贸易便利化，推进区域通关一体化改革。

发挥平台作用。各地成功举办了一系列以"一带一路"为主题的国际峰会、论坛、研讨会、博览会，对增进理解、凝聚共识、深化合作发挥了重要作用。

八、共创美好未来

共建"一带一路"是中国的倡议，也是中国与沿线国家的共同愿望。站在新的起点上，中国愿与沿线国家一道，以共建"一带一路"为契机，平等协商，兼顾各方利益，反映各方诉求，携手推动更大范围、更高水平、更深层次的大开放、大交流、大融合。"一带一路"建设是开放的、包容的，欢迎世界各国和国际、地区组织积极参与。

共建"一带一路"的途径是以目标协调、政策沟通为主，不刻意追求一致性，可高度灵活，富有弹性，是多元开放的合作进程。中国愿与沿线国家一道，不断充实完善"一带一路"的合作内容和方式，共同制定时间表、路线图，积极对接沿线国家发展和区域合作规划。

中国愿与沿线国家一道，在既有双多边和区域次区域合作机制框架下，通过合作研究、论坛展会、人员培训、交流访问等多种形式，促进沿线国家对共建"一带一路"内涵、目标、任务等方面的进一步理解和认同。

中国愿与沿线国家一道，稳步推进示范项目建设，共同确定一批能够照顾双多边利益的项目，对各方认可、条件成熟的项目抓紧启动实施，争取早日开花结果。

"一带一路"是一条互尊互信之路，一条合作共赢之路，一条文明互鉴之路。只要沿线各国和衷共济、相向而行，就一定能够谱写建设丝绸之路经济带和21世纪海上丝绸之路的新篇章，让沿线各国人民共享"一带一路"共建成果。

실크로드 경제벨트와
21세기 해상 실크로드 공동건설
추진을 위한 비전과 행동

2015년 3월 28일

국가발전개혁위원회·외교부·상무부

목 차

서문

2,000여 년 전 아시아 유럽 대륙에서 근면하고 용감한 사람들은 아시아·유럽·아프리카의 다양한 문명을 연결하는 무역과 인문교류 통로를 모색하여 찾았다. 후세 사람들은 이를 "실크로드"라 부른다.

수천 수백 년이래 "평화협력·개방포용·호학호감(互学互鑒)·상생번영의"의 실크로드 정신이 대대로 전해 내려온다. 실크로드는 인류문명의 진보를 추진했고, 연선각국의 번영과 발전을 촉진하는 중요한 연결고리이며 동양과 서양 간 교류협력의 상징이자, 세계 각국이 공유하는 역사 문화유산이다.

21세기에 접어들어 평화, 발전, 협력, 상생을 주제로 한 새로운 시대에, 글로벌경제 회복의 둔화와 복잡다단한 국제 및 지역정세에 직면하여 실크로드 정신을 계승하고 더욱 발전·확대 시키는 것이 소중하고 중요하다.

2013년 9월과 10월, 시진핑(习近平) 주석은 중앙아시아와 동남아시아를 순방하면서 "실크로드 경제벨트와 21세기 해상 실크로드"(이하 '일대일로')를 함께 건설하자는 중대한 제안을 하여 국제사회의 높은 관심을 받았다.

리커창(李克强) 총리는 "2013년 중국·아세안 박람회"에 참석하여, 일대일로는 아세안을 향한 해상 실크로드를 깔고, 내지(内地) 발전을 이끌 전략적 거점을 만드는 것이라고 강조했다.

일대일로 건설을 빠르게 추진하면, 각국의 경제번영과 경제공동체를 촉진하는데 도움이 된다. 서로 다른 문명 간 교류를 강화하여 세계 평화발전을 촉진함으로써 세계 각국의 국민을 행복하게 하는 위대한 사업이다.

일대일로 건설은 시스템공학이다. 함께협의(共商), 함께건설(共建), 함께나눔(共享)의 원칙을 견지하며, 적극적으로 연선국가 발전전략과 상호결합을 추진한다. 일대일로를 추진하기 위해서는 고대 실크로드에 새로운 활력을 불어넣고 새로운 형태로 아시아·유럽·아프리카 각국과 더욱 긴밀하게 연계하여, 상생협력의 새로운 역사를 만들어 나가야 한다. 이를 위해 중국 정부는 "실크로드 경제벨트와 21세기 해상 실크로드 공동건설 추진을 위한 "비전과 행동"을 특별히 제정하여 공포한다.

I. 시대배경

오늘날 세계는 복잡하고 강렬한 변화가 일어나고 있으며 국제 금융위기의 심층적인 영향이 계속 나타나고 있다. 세계경제는 천천히 회복되고 있으며 발전은 분화하고 있다. 국제투자무역 구도와 다자 투자·무역 규칙의 심도 있는 조정이 진행되고 있으며 각국이 직면한 발전 문제는 여전히 심각하다.

일대일로는 세계 다극화, 경제 글로벌화, 문화 다양화, 정보화 사회의 흐름에 발맞추어 개방적인 지역협력 정신을 가지고 글로벌 자유무역 체제와 개방형 세계경제의 수호에 힘쓴다.

경제요소의 자유로운 이동과 자원의 효율적 배치, 시장의 깊은 융합을 촉진하고 연선각국의 경제정책과 맞물려 보다 큰 범위, 보다 높은 수준, 보다 깊은 지역협력을 추진하여, 공동으로 개방, 포용, 균형, 보혜(普惠)의 경제공동체를 건설한다.

일대일로를 함께 건설하는 것은 국제사회의 근본적인 이익에 부합하며, 인류사회의 공통된 이상과 아름다운 미래를 추구하는 것이다. 국제협력과 글로벌 거버넌스의 새로운 모델을 적극적으로 모색하여, 세계 평화발전을 위해 새로운 힘을 보탤 것이다.

일대일로는 아시아·유럽·아프리카 대륙 및 인근 해양과 호련호통(互聯互通)에 전력을 다한다. 연선각국과 호련호통(互聯互通) 동반자 관계를 강화하며, 전방위적, 다층적, 복합적인 호련호통(互聯互通) 네트워크를 구축하여, 연선각국의 다원(多元)·자주·균형적인 지속 가능한 발전을 실현한다. 일대일로의 호련호통(互聯互通) 프로젝트는 연선각국의 발전전략에 맞추고 결합한다. 역내시장의 잠재력을 발굴하여 투자와 소비를 촉진하고, 수요와 고용을 창출한다. 연선각국 국민의 인문교류와 문명호감(文明互鑒)을 증진하여, 각국 국민들이 서로 만나 이해하며, 서로 믿고 존경하고, 조화롭게 어울리며, 평화롭고 부유한 생활을 영위하도록 한다.

현재 중국경제는 세계경제와 고도로 연관되어 있다. 중국은 대외개방의 기본국책을 일관되게 견지하며, 전방위적으로 개방의 신구도를 구축하여, 세계경제 체제에 깊숙이 융합시킨다. 일대일로 건설을 추진하는 것은 중국의 대외개방을 확대·심화하기 위한 필요이자 아시아·유럽·아프리카 및 세계 각국과 상생협력을 강화하기 위한 필요이기도 하다. 중국은 능력의 범위 내에서 더 많은 책임과 의무를 지고 인류평화발전을 위해 더욱 이바지할 계획이다.

II. 함께건설(共建) 원칙

■ 유엔 헌장의 취지와 원칙 준수

각국의 주권과 영토를 존중하고, 상호불가침·내정 불간섭·평화공존·호혜평등의 평화공존 5원칙을 준수한다.

■ 개방협력

일대일로와 관련된 국가는 고대 실크로드의 범위에 한정되지 않으며, 각 국가와 국제·지역 조직 모두가 참여하여 함께 할 수 있다. 함께건설한 성과는 더욱 광범위한 지역에 혜택이 미치도록 한다.

■ 화합·포용

문명포용을 선도하고, 각 국가의 발전하는 경로와 모델의 선택을 존중한다. 서로 다른 문명 간에 대화, 구동존이(求同存異), 겸용병축(兼容幷蓄)[1], 평화공존,

---

1   모든 것을 포용하고 받아들인다.

공생공영(共生共榮)을 강화한다.

■ 시장원리

시장의 규율과 국제통행규칙을 준수하고, 자원배치의 결정적인 역할과 다양한 기업의 주체적 역할을 충분히 발휘하도록 하며, 동시에 정부의 작용도 잘 발휘하도록 한다.

■ 상생번영

각 방면의 이익과 관심을 모두 고려하여, 이익의 접점과 협력을 구하는 최대 공약수를 찾는다. 각 분야의 지혜와 창의성을 구현한다. 제각기 장점을 취하고, 각자의 능력을 다하며, 각 방면의 우위와 잠재력을 충분히 발휘한다.

Ⅲ. 기본구상

일대일로는 공동발전을 촉진하고 공동번영을 실현하는 상생번영의 길이며, 이해와 신뢰를 증진하고 전방위적 교류를 강화하는 평화로운 우정의 길이다.

중국 정부는 평화협력, 개방포용, 호학호감(互學互鑒), 상생번영의 이념을 갖고, 전방위적으로 실질적 협력을 추진하여, 정치적 상호신뢰, 경제통합, 문화포용의 이익공동체, 운명공동체와 책임공동체를 만들자고 제안하였다.

일대일로는 아시아·유럽·아프리카 대륙을 관통하여, 하나는 활발한 동아시아 경제권, 하나는 발달한 유럽경제권으로, 그 사이에 광범위한 내륙지대에 위치한 국가의 경제발전 잠재력이 매우 크다. 실크로드 경제벨트는 중국→중앙아시아→러시아→유럽(발트해), 중국→중앙아시아→서아시아→페르시아만→지중해, 중국→동남아→남아시아→인도양 등 3개 노선이다.

21세기 해상 실크로드는 중국 연안항구→남중국해→인도양→유럽, 중국 연안항구에서 남태평양으로 가는 2개 노선에 중점을 두고 있다.

일대일로의 방향에 따라 육상은 국제적인 큰 통로에 의지하여 연선국가의 중심도시를 거점으로 중점 경제무역산업단지를 협력의 장으로 삼는다.

신아시아·유럽대륙교, 중·몽·러, 중국~중앙아시아·서아시아, 중국~인도차이나반도 등은 국제경제협력회랑으로 조성한다. 해상은 중점 항구를 연결점으로 하여 안전하고 효율적인 운송로를 원활하게 건설한다.

중국·파키스탄, 방글라데시·중국·인도·미얀마 등 2개의 경제회랑은 일대일로 건설 추진과 긴밀히 연계돼 있어, 협력을 더욱 촉진해 더 큰 진전을 이뤄야 한다. 일대일로 건설은 연선각국 개방협력의 거대한 경제비전이므로, 각국은 상생협력과 공동안전의 목표를 향해 나가는 데 있어서 적극적인 협력과 노력이 필요하다.

지역 인프라를 더욱 완벽하게 실현하기 위해 노력하고, 안전하고 효율적인 육·해·공 통로 네트워크를 기본적으로 형성하여, 호련호통(互聯互通)을 새로운 수준에 도달하도록 한다. 호련호통(互聯互通)이 개선되면 투자·무역 편리화 수준이 한층 더 발전하여 고표준 자유무역지역 네트워크를 기본적으로 형성하며, 경제적 연계가 더욱 긴밀해지고, 정치적 상호신뢰가 더욱 깊어진다. 인문교류는 더욱 광범위하고 심화되며, 서로 다른 문명이 서로 본받고 배움으로써 함께 번영하고, 각국의 국민들이 서로 잘 알고 교류하며 평화롭고 우의 있게 지낸다.

Ⅳ. 중점협력

일대일로 연선각국 간의 부존자원이 다르고 경제적 상호보완성이 비교적 강하여 서로 협력할 수 있는 잠재력과 공간이 크므로, 정책소통(政策溝通), 시설연통(施設聯通), 무역창통(貿易暢通), 자금융통(资金融通), 민심상통(民心相通)등을 주요내용으로 하여, 아래와 같은 방면에 중점을 두고 협력을 강화한다.

■ 정책소통

정책소통 강화는 일대일로 건설의 중요한 보장이다. 정부 간 협력을 강화하고 다층적 정부 간 거시정책 소통 메커니즘을 구축하여, 이익의 융합을 심화시키고 정치적 상호신뢰를 촉진하여 협력에 대한 새로운 공감대를 형성한다.

연선각국은 경제발전 전략과 대책에 대해 충분히 교류하고, 공동으로 지역협력 계획과 조치를 수립한다. 협력과정에서 발생하는 문제는 협의하여 해결한다. 공동으로 실질적 협력 및 대형 프로젝트 실시를 위한 정책 제공을 지원한다.

■ 시설연통

인프라 호련호통(互聯互通)은 일대일로 건설의 우선 분야이다. 관련 국가의 주권과 안전을 존중하는 기초 위에서, 연선국가 인프라 건설계획과 기술표준체계의 맞물림을 강화하고, 국제 핵심통로 건설을 공동으로 추진하며, 아시아·유럽 각 지역 및 아시아·유럽·아프리카를 연결하는 인프라 네트워크를 점진적으로 형성한다.

인프라 그린 저탄소 건설과 운영관리를 강화하고 건설 중 기후변화의 영향을 충분히 고려한다.

교통 인프라의 관건이 되는 통로·연결점과 중점프로젝트를 확고하게 추진하고 우선적으로 끊어진 구간을 관통시키며 병목구간을 원활하게 소통한다. 도로 안전방호 시설과 교통관리 시설설비를 완비하여 도로소통 수준을 제고한다.

통일된 전 코스 운송 조정 메커니즘의 구축을 추진하며 국제 통관·환적 등 다양한 방식으로 유기적 운송연계를 촉진하여 점진적으로 운송규칙의 규범화를 이루어 국제 운송의 편리화를 실현한다.

국제육상 통상구(口岸)의 인프라 건설을 추진하여, 육·해운 복합운송로를 원활히 하고 항구 합작 건설을 추진한다. 해운항로와 편수를 늘리고, 해상물류 정보화 협력을 강화한다.

민간 항공의 전면적인 협력을 위한 플랫폼과 메커니즘을 확장하여, 항공 인프라 수준 향상을 가속화 한다.

에너지 인프라 호련호통(互聯互通) 협력을 강화한다. 공동으로 송유·가스관 등 수송로를 안전하게 유지 보호한다.

초국경 전력과 송전통로 건설을 추진하고, 적극적으로 지역 전력망 개보수 확충에 협력한다. 초국경 광케이블 등 통신 간선 네트워크 건설을 공동으로 추진하고, 국제통신 호련호통(互聯互通) 수준을 높여, 정보 실크로드를 원활하게 한다.

양자 간 초국경 광케이블 등의 건설 추진을 가속화 한다. 대륙 간 해저 광케이블 사업을 기획한다. 인공위성정보 인프라 구축을 완비하여 정보교류와 협력을 확대한다.

■ 무역창통

투자·무역 협력은 일대일로 건설의 중점 내용이다. 투자·무역 편리화 문제를 해결하는 데 힘쓴다. 투자와 무역 장벽을 없애고, 역내와 각국의 양호한 비즈니스 환경을 조성하며, 연선각국과 지역은 공동으로 자유무역지대를 건설한다. 협력의 잠재력을 이끌어 내 "협력의 케익"을 잘 만들어 내도록 노력한다.

연선국가는 정보교환, 관리감독 상호인정, 세관 간 법집행 공조, 검사검역, 인증인가, 계량표준화, 통계정보 등의 방면에서 양·다자 간 협력을 강화하여, 세계무역기구 "무역편리화협정"의 발효와 실행을 추진한다.

국경 통상구(口岸)의 통관시설 요건을 개선하고 국경 통상구(口岸)의 "단일창구" 건설을 빠르게 하여, 통관원가를 낮추고 통관 능력을 향상시킨다.

공급사슬의 안전과 편리화 협력을 강화하고 초국경 관리감독 프로세스의 협력을 추진하며 검사검역증서 인터넷 대조검사추진, 성실무역업체(AEO) 상호인정을 실시한다.

비관세 장벽을 낮추고 공동으로 기술무역 조치의 투명성을 높여, 무역 자유화와 편리화 수준을 향상시킨다. 무역영역을 넓히고 무역구조를 최적화하여 무역의 새로운 성장점을 발굴하고, 무역균형을 촉진한다. 무역방식을 혁신하여 초국경 전자상거래와 같은 새로운 상업을 발전시킨다. 건전한 서비스무역 촉진체계를 수립하고 전통무역을 공고히 확대하며 대대적으로 현대 서비스무역을 발전시킨다.

투자와 무역을 유기적으로 결합하여 투자로 무역 발전을 이끈다. 투자 편리화 프로세스를 가속화하고 투자 장벽을 제거한다. 양자투자보호협정 및 이중과세방지협정 협력을 강화하고, 투자자의 합법적 권익을 보호한다.

상호 투자 영역을 넓히고, 농업·임업·축산업·어업, 농기계 및 농산물 생산가공 등의 영역에서 깊이 있게 협력한다. 해수양식, 원양어업, 수산물가공, 해수담수화, 해양바이오·제약, 해양공정기술, 환경보호산업과 해상관광 등의 분야에 대한 협력을 적극 추진한다.

석탄·천연가스·금속광산 등 전통적인 에너지 자원 탐사개발 협력을 확대하며, 수력발전, 원자력발전, 풍력발전, 태양에너지 등의 청정 재생에너지 협력을 적극적으로 추진한다. 에너지 자원은 현지에서 가공 협력하는 것으로 전환하여 에너지 자원 협력의 전후방산업 가치사슬을 형성한다. 에너지 자원 심가공 기술, 장비 및 엔지니어링 서비스 협력을 강화한다.

신흥산업의 협력을 추진한다. 상호 보완적 장점과 상생번영의 원칙에 따라, 연선국가는 차세대 정보기술, 바이오, 신에너지, 신소재 등 신흥산업 분야에서 심도 있는 협력을 강화하고, 창업·투자 협력 체제를 구축한다.

산업사슬의 분업배치를 최적화하여 전후방 산업사슬과 관련산업이 시너지를 내고, 연구개발·생산과 마케팅 체계를 장려하여, 지역산업에 대한 패키지 능력과 종합 경쟁력을 향상시킨다. 서비스업의 상호 개방을 확대하여 지역서비스업의 발전을 촉진한다.

투자협력의 새로운 모델을 모색하고, 해외경제무역협력단지·초국경경제합작구 등 각종 산업단지 건설을 장려하여 산업 클러스터의 발전을 촉진한다.

투자무역에서 생태문명 이념을 부각시켜, 생태환경·생물다양성과 기후변화 협력 대응능력을 강화하여 녹색 실크로드를 함께 건설한다.

중국은 각국 기업의 중국 투자를 환영한다. 중국기업의 연선국가 인프라 건설 및 산업투자를 장려한다. 기업의 현지화 원칙에 따른 경영관리를 촉진하고, 현지의 경제발전·취업증진을 적극적으로 돕는다. 자발적으로 사회적 책임을 감당하며, 생물 다양성 및 생태환경 보호를 엄격히 한다.

■ 자금융통

자금융통은 일대일로 건설의 중요한 버팀목이다. 금융협력을 심화하여, 아시아 통화안정·투융자 및 신용체계 건설을 추진한다. 연선국가 쌍방의 본위화폐 교환·결제의 범위와 규모를 확대한다. 아시아 채권시장의 개방과 발전을 추진한다.

아시아인프라투자은행과 브릭스개발은행 설립을 공동으로 추진하며, 관련 각 측은 협력하여 상하이협력조직 융자기구 설립을 추진한다.

실크로드기금의 조성 운영을 가속화한다. 중국·아세안 은행연합체와 상하이 협력조직 은행연합체 간 실질적 협력을 심화시킨다. 은행연합체 대출과 은행 수신 등의 방식으로 다자 간 금융협력을 전개한다. 연선국가 정부의 신용등급이 비교적 높은 기업 및 금융기관의 중국 내 위안화 채권을 발행을 지지한다. 조건에 부합한 중국 내 금융기관과 기업은 국외에서 위안화 채권과 외화채권을 발행할 수 있으며, 조달한 자금은 연선국가에서 사용을 장려한다.

금융감독 협력을 강화하여, 양자 감독협력 양해각서 체결을 추진하며, 점차적으로 역내의 효율적 감독 조정 메커니즘을 건립한다.

리스크 대응과 위기처치 제도의 배치를 완벽히 한다. 지역적 금융 리스크 조기경보 시스템 구축, 초국경 리스크와 위기처치에 대비한 교류협력 메커니즘을 체계적으로 형성한다. 신용정보 관리부문, 신용정보 기구와 평정기구 간의 국가 간 교류와 협력을 강화한다.

실크로드기금 및 각국의 국부펀드 역할을 충분히 발휘하여, 사모펀드와 사회 자금이 일대일로 건설 프로젝트에 참여할 수 있도록 유도한다.

■ 민심상통

민심상통은 일대일로 건설의 사회적 근간이다. 실크로드 우호협력 정신을 계승하고 발전시킨다. 문화교류, 학술왕래, 인재교류협력, 미디어 제휴, 청년과 부녀자 교류, 자원봉사 등의 방면에서 교류를 광범위하게 전개하여, 양·다자 간 협력심화를 위한 탄탄한 민의기반을 마련한다.

상호 간 유학생 규모를 확대하며, 협력하여 학교를 설립한다. 중국은 매년 연선국가 학생 1만 명에게 정부 장학금을 준다.

연선국가 간 문화의 해, 예술제, 영화제, 텔레비전 주간과 도서전을 상호 개최하며, 방송드라마의 명품창작 및 번역 사업을 협력하여 추진한다. 공동으로 세계문화유산 공동신청, 세계유산 공동보호 사업 등을 전개한다. 연선국가 간 인재교류협력을 더욱 발전시킨다.

관광협력을 강화한다. 관광규모를 확대하고, 상호 관광홍보 활동주간과 홍보의 달을 개최한다. 실크로드 특화 국제명품 관광코스와 관광상품을 공동으로 개발한다. 연선각국은 관광객 비자 편리화 수준을 향상시킨다. 21세기 해상 실크로드 크루즈 관광협력을 추진한다. 스포츠 교류 활동을 적극적으로 전개하여, 연선국가의 대형 국제스포츠 대회 유치를 적극 지지한다.

주변국가와 전염병에 대한 정보소통, 예방치료 기술교류, 전문인력 양성 등에 대한 협력을 강화한다. 돌발 공중위생 사건에 대한 대처능력을 제고하고, 해당 국가에 의료지원과 응급의료구조를 제공한다. 부녀·아동 건강, 장애인 재활 및 에이즈, 결핵, 말라리아 등 주요 전염병 분야에서 실질적 협력을 전개하며, 전통 의료·의약 분야의 협력을 확대한다.

과학기술 협력을 강화한다. 공동으로 실험실(연구센터), 국제기술이전센터, 해상협력센터를 건립한다. 그리고 과학기술 인원교류를 촉진한다. 중요한 과학기술 협력을 추진하여 난관을 돌파하고, 공동으로 과학기술 혁신능력을 향상시킨다.

기존 자원을 통합 조정한다. 연선국가의 청년취업, 창업훈련, 직업기능개발, 사회보장관리서비스, 공공행정관리 등 공동관심 분야의 실질적 협력을 적극적으로 추진한다.

정당·의회 교류의 가교역할을 충분히 발휘하여, 연선국가 간 입법기구, 주요 당파와 정치조직의 우호 왕래를 강화한다.

도시 간 교류협력을 전개하며, 연선국가의 중요 도시 간에 서로 우호교류 맺는 것을 환영한다. 인문교류에 중점을 두며, 실질적 협력을 두드러지게 하여, 살아있는 협력의 모델을 많이 만들어 나간다.

연선국가 싱크탱크 간 공동연구, 포럼 공동주최 등을 환영한다. 연선국가 민간조직의 교류협력을 강화한다. 일반 국민을 중점으로 하여, 교육·의료, 빈곤감소 개발, 생물 다양성과 생태환경보호 등 각종 공익자선 활동을 광범위하게 전개하여, 연선 빈곤지역의 생산 생활조건 개선을 촉진한다.

문화미디어의 국제교류협력을 강화한다. 네트워크 플랫폼을 적극적으로 활용하며, 새로운 미디어 도구를 운영하여, 조화롭고 우호적인 문화생태와 여론 환경을 조성한다.

V. 협력 메커니즘

오늘날 세계경제의 통합이 빠르게 발전하고 있으며, 지역협력은 그 기세가 크게 흥하여 누그러질 줄 모른다.

기존의 양자·다자 협력 메커니즘을 적극적으로 활용하여, 일대일로 건설을 추진하며, 지역협력의 왕성한 발전을 촉진한다.

양자 간 협력을 강화하고, 다층적·다양한 채널로 소통하고 토론하며, 양자 간 관계의 전면적 발전을 추진한다. 협력 양해각서 혹은 협력계획 체결을 추진하여, 양자 간 협력의 실제적 사례를 만들어 나간다.

양자 협력사업 체제 건립을 완비하여 일대일로 건설 추진을 위한 실시방안과 행동 로드맵 연구를 추진한다.

기존의 위원회, 경제무역협력위원회, 협력위원회, 지도위원회, 관리위원회 등은 양자 메커니즘 역할을 충분히 발휘하여, 협력 프로젝트의 실시를 조화롭게 추진한다.

다자 협력 메커니즘의 역할을 강화하고, 상하이협력기구(SCO), 중국·아세안 10+1, 아시아·태평양경제협력체(APEC), 아시아·유럽정상회의(ASEM), 아시아협력대화(ACD), 아시아교류·신뢰구축회의(CICA), 중국·아랍협력포럼, 중국·해합회(海合会)전략적 대화, 메콩강지역경제협력체(GMC), 중앙아시아지역경제협력(CAREC)과 같은 기존의 다자 간 협력 메커니즘의 역할을 발휘하여 해당 국가와 소통을 강화함으로써, 보다 많은 국가와 지역이 "일대일로"에 참여하도록 한다.

연선국가 간 또는 지역 간 국제포럼, 전시회 및 보아오 아시아포럼, 중국·아세안 박람회, 중국·유라시아 박람회, 유라시아경제포럼, 중국국제투자무역상담회, 그리고 중국·남아시아 박람회, 중국·아랍 박람회, 중국서부국제박람회, 중국·러시아 박람회, 쳰하이(前海선전·홍콩)협력포럼 등 플랫폼의 긍정적 역할을 지속적으로 발휘하도록 한다.

연선국가의 지방·민간에서 일대일로 역사 문화유산 발굴하는 것을 적극 지지한다. 공동으로 전문적인 투자·무역·문화 교류 활동을 개최하며, 실크로드(돈황) 국제문화엑스포, 실크로드 국제영화제, 도서전을 육성 발전시킨다. 「일대일로 국제협력 정상포럼」 창설을 제안했다.

VI. 지역별 추진계획

일대일로는 중국 국내 각 지역의 비교우위를 충분히 발휘하여 더욱 적극적이고 능동적인 개방전략을 실시한다. 동부·중부·서부 간 상호협력을 강화하여 전면적으로 개방형 경제수준을 향상시킨다.

■ 서북(西北)·동북(東北)

신장(新疆)의 독특한 지역적 우세와 서쪽으로 향하는 개방의 중요창구 역할을 발휘하여, 중앙아시아·남아시아·서아시아 등 국가와 교류협력을 더욱 깊은 단계로 발전시킨다. 실크로드 경제벨트의 중요한 교통허브, 비즈니스물류센터, 문화과학교육센터로 육성하여, 실크로드 경제벨트 핵심지구로 건설한다.

산시(陝西)·간쑤(甘肅) 종합경제문화와 닝샤(寧夏)·칭하이(青海) 민족인문 이점 활용, 시안(西安) 내륙형 개혁개방 핵심지역(新高地)육성, 란저우(蘭州)·시닝(西寧) 개발개방 가속화, 닝샤(寧夏) 내륙개방형경제시험구 건설 추진 등을 통하여 중앙아시아·남아시아·서아시아 국가를 향한 통로, 상업·무역·물류 허브·중요산업과 인문교류기지로 육성한다.

네이멍구(內蒙古)는 러시아와 몽골을 잇는 지리적 이점을 발휘하고, 헤이룽장(黑龍江)은 대 러시아 철도통로와 지역철도 네트워크를 개선한다. 그리고 헤이룽장(黑龍江)·지린(吉林)·랴오닝(遼寧)은 극동 러시아와 육해상복합운송 협력 추진을 통하여 베이징~모스크바 유라시아 고속운송회랑 구축을 추진하는 등 북방개방의 중요창구로 건설한다.

■ 서남(西南)

광시(廣西)는 아세안 국가와 육·해상이 인접한 독특한 이점을 충분히 발휘하여, 북부만경제구와 주장(珠江)~시장(西江)경제벨트의 개방발전을 가속화하며, 아세안 지역으로 향하는 국제통로를 구축하여, 시난(西南)·중난(中南)지구 개방발전을 위한 새로운 전략적 거점을 만들어, 21세기 해상 실크로드와 실크로드 경제벨트가 유기적으로 맞물리는 중요한 관문을 형성한다.

윈난(云南)지역의 지리적 이점을 활용하여 주변국가와 국제운송로 건설을 추진한다. 메콩강지역경제협력체 핵심지역(新高地)으로 조성하여 남아시아·동남아시아로 향하는 복사(輻射)중심으로 건설한다. 티베트는 네팔 등 국가와 국경무역과 관광문화협력을 추진한다.

■ 연해(沿海)와 홍콩·마카오·타이완 지구

장삼각(长三角), 주삼각(珠三角), 해협(海峡)서안, 환발해(环渤海) 등의 경제구는 개방정도가 높고 경제력이 강하므로, 복사(輻射) 선도 작용이 큰 우세를 활용하여, 상하이 자유무역시험구 건설 추진을 가속화하며, 푸젠의 21세기 해상 실크로드 핵심구 건설을 지원한다.

선전(深圳) 첸하이(前海:앞바다), 광저우 난사(广州南沙), 주하이 헝친(珠海横琴), 푸젠 핑탄(福建平潭)등은 개방협력 역할을 충분히 발휘하고, 홍콩·마카오·타이완과 협력을 심화하여, 광둥·홍콩·마카오 대(大) 항만구를 건설한다.

저장(浙江) 해양경제발전시범구, 푸젠(福建) 해협남색(海峡蓝色) 경제시험구, 저우산(舟山) 군도신구 건설, 하이난(海南) 국제관광섬 개발개방을 강도 있게 추진한다.

상하이(上海), 톈진(天津), 닝보(宁波)~저우산(舟山), 광저우(广州), 선전(深圳), 잔장(湛江), 산터우(汕头), 칭다오(青岛), 옌타이(烟台), 다롄(大连), 푸저우(福州), 샤먼(厦门), 취안저우(泉州), 하이커우(海口), 산야(三亚) 등 연해도시는 항구건설을 강화하며, 상하이·광저우 등은 국제허브 공항기능을 공고히 한다.

개방의 확대로 오히려 심층적 개혁을 하며, 개방형 경제체제 메커니즘을 혁신하고, 과학기술 혁신역량을 확대한다.

국제협력 경쟁참여 및 선도라는 새로운 우위를 형성하여, 일대일로 특히 21세기 해상 실크로드 건설의 첨병과 주력군이 된다.

해외교포 및 홍콩·마카오 특별행정구역은 독특한 지역적 우위를 발휘하여, 일대일로 건설에 적극 참여와 조력을 한다. 타이완 지구 참여를 위해, 일대일로 건설에 적절한 안배를 한다.

■ 내륙(內陸)

내륙지역은 종심이(縱深) 넓고, 인적자원이 풍부하며, 산업기반이 비교적 좋은 이점을 활용할 수 있다. 창장(长江)중류 도시군, 청·위(成渝) 도시군, 중위안(中原) 도시군, 후·바오·어·위(內蒙古呼和浩特·包头·鄂尔多市·陕西榆林) 도시군, 하얼빈(哈尔滨)·창춘(长春) 도시군 등을 중점으로 하여, 지역 상호협력과 산업클러스터 발전을 촉진한다. 충칭(重慶)은 서부개발개방 거점으로 청두(成都), 정저우(郑州), 우한(武汉), 창사(长沙), 난창(南昌), 허베이(合肥)는 내륙 개방형 경제고지(高地)로 조성한다. 창장(长江)의 중·상류 지역과 러시아 볼가연방관구 간 협력 추진을 가속화한다.

중국·유럽 철도운송과 국경 통상구(口岸) 통관협조 메커니즘을 건립하고, '중국·유럽 화물열차'를 브랜드화 한다. 이 화물열차는 국내외를 연결하여 중국 동부·중부·서부를 연결하는 운송통로로 건설한다.

정저우(郑州), 시안(西安) 등은 관광객·화물집산지 공항과 국제 내륙 컨테이너 기지로 건설한다. 내륙 통상구(口岸)와 연해(沿海), 국경 통상구(口岸) 간 통관협력을 강화하고, 초국경 무역 전자상거래 서비스 시범지역으로 조성한다.

세관특수 감시 구역 배치를 최적화하고, 가공무역 모델을 혁신하여, 연선국가와 산업협력을 더욱 더 깊은 단계로 발전시킨다.

Ⅶ. 중국의 적극적 행동

1년여 동안, 중국 정부는 일대일로 건설을 적극적으로 추진하여, 연선국가와 의사소통을 강화하였다. 연선국가와 실질적 협력을 추진하는 등 일련의 정책적 조치를 통해, 초기 성과를 얻었다.

■ 고위층이 추진 선도

시진핑 주석, 리커창 총리 등 국가 지도자들은 20여 개국을 잇달아 방문하였다. 연계성 파트너십 대화회, 중국·아랍국가 협력포럼 제6회 장관회의에 참석, 양자 관계와 지역발전 문제에 대하여, 여러 차례로 관련 국가 원수 및 정부 수반과 회견을 통해, 일대일로의 깊은 의미와 긍정적인 의의를 자세히 설명하여 일대일로에 대한 폭넓은 공감대를 형성했다.

■ 일대일로 협력에 서명

일부 국가와는 일대일로 협력 양해각서를, 몇몇 이웃 국가와는 지역협력과 국경협력의 양해각서 및 경제무역협력 중기발전계획에 서명했다. 몇몇 이웃 국가와 지역협력계획요강을 연구한다.

■ 프로젝트 건설 추진

연선 관련 국가와 의사소통을 강화하고, 인프라 호련호통(互聯互通), 산업투자, 자원개발, 경제무역협력, 금융협력, 인문교류, 생태보호, 해상협력 등 분야에서, 일부 조건이 성숙한 중점 협력 프로젝트를 추진했다.

■ 정책조치 완비

중국 정부는 국내 각종 자원의 통일된 계획을 수립하는 등 정책지원을 강화하고 있다. AIIB 기획·건립 추진, 실크로드기금 설립 발기, 중국·유라시아경제협력기금 투자기능을 강화했다. 은행카드 청산(결제)기구는 국제청산업무와 결제기구를 확대하여 국제 결제업무를 추진하였으며, 투자·무역의 편리화와 지역통관 일체화 개혁을 적극적으로 추진했다.

■ 플랫폼 역할을 발휘

각 지역은 일대일로를 주제로 한 국제 정상회의, 포럼, 세미나, 박람회를 성공적으로 개최하여, 일대일로에 대한 이해증진, 공감대 형성과 협력을 심화 발전시키는 데 중요한 역할을 발휘했다.

Ⅷ. 아름다운 미래를 함께 창조

일대일로는 중국의 제안이자, 중국과 연선국가의 공동비전이다.

새로운 출발점에 서서, 중국은 연선국가와 함께 일대일로를 건설하는 것을 계기로 평등하게 협의하고, 각 측의 이익을 동시에 돌보며, 각 측의 의견을 반영하여, 더 큰 범위·더 높은 수준·더 심층적 대개방·대교류·대융합을 제휴하여 추진하기를 희망한다.

일대일로는 개방적이고 포용적이다. 세계 각국과 국제·지역 조직의 적극적인 참여를 환영한다.

일대일로를 함께 건설하는 경로는 목표의 조화, 정책소통을 위주로 하며 일체성을 추구하지 아니한다. 고도로 유연하고, 탄력적이며 다원적 개방협력 프로세스이다.

중국은 연선국가와 함께 끊임없이 일대일로의 협력 내용과 방식을 충실하게 보완하고 있다. 공동으로 추진일정과 로드맵을 제정하여, 연선국가 발전과 지역협력 계획의 맞물림을 적극적으로 추진한다.

중국은 연선국가와 함께, 기존의 양자·다자 간 협력과 상위지역협력 및 하위지역협력의 틀 아래서, 연구협력·포럼 및 전시회·교육훈련·교류방문 등 다양한 형식을 통하여, 연선국가가 일대일로 건설의 의미·목표·임무 등 방면에 대한 진일보한 이해와 인식을 할 수 있도록 추진한다.

중국은 연선국가와 함께 시범 프로젝트 건설을 안정적으로 추진하여 공동으로 양자·다자 간 이익을 돌볼 수 있도록 하며, 각 측에서는 조건이 성숙된 프로젝트부터 확실히 실시하여 조기에 꽃을 피울 수 있도록 힘쓴다.

일대일로는 서로 존경하고 신뢰하는 길, 상생번영의 길, 문명호감(文明互鑒)의 길이다.

　　연선각국은 마음을 합쳐 서로 돕고, 서로 같은 방향으로 가기만 하면, 반드시 실크로드 경제벨트와 21세기 해상 실크로드의 새로운 장을 열어나가, 연선각국 국민이 일대일로 건설의 성과를 향유 하도록 할 수 있다.

共建"一带一路"倡议
进展、贡献与展望

2019年4月22日

推进"一带一路"建设工作领导小组办公室

目 录

前言

　　2013年9月和10月, 中国国家主席习近平在出访哈萨克斯坦和印度尼西亚时先后提出共建"丝绸之路经济带"和"21世纪海上丝绸之路"的重大倡议。中国政府成立了推进"一带一路"建设工作领导小组, 并在中国国家发展改革委设立领导小组办公室。2015年3月, 中国发布《推动共建丝绸之路经济带和21世纪海上丝绸之路的愿景与行动》；2017年5月, 首届"一带一路"国际合作高峰论坛在北京成功召开。中国还先后举办了博鳌亚洲论坛年会、上海合作组织青岛峰会、中非合作论坛北京峰会、中国国际进口博览会等。5年多来, 共建"一带一路"倡议得到了越来越多国家和国际组织的积极响应, 受到国际社会广泛关注, 影响力日益扩大。

　　共建"一带一路"倡议源自中国, 更属于世界；根植于历史, 更面向未来；重点面向亚欧非大陆, 更向所有伙伴开放。共建"一带一路"跨越不同国家地域、不同发展阶段、不同历史传统、不同文化宗教、不同风俗习惯, 是和平发展、经济合作倡议, 不是搞地缘政治联盟或军事同盟；是开放包容、共同发展进程, 不是要关起门来搞小圈子或者"中国俱乐部"；不以意识形态划界, 不搞零和游戏, 只要各国有意愿, 都欢迎参与。共建"一带一路"倡议以共商共建共享为原则, 以和平合作、开放包容、互学互鉴、互利共赢的丝绸之路精神为指引, 以政策沟通、设施联通、贸易畅通、资金融通、民心相通为重点, 已经从理念转化为行动, 从愿景转化为现实, 从倡议转化为全球广受欢迎的公共产品。

　　2018年8月, 习近平主席在北京主持召开推进"一带一路"建设工作5周年座谈会, 提出"一带一路"建设要从谋篇布局的"大写意"转入精耕细作的"工笔画", 向高质量发展转变, 造福沿线国家人民, 推动构建人类命运共同体。

一、进展

　　2013年以来, 共建"一带一路"倡议以政策沟通、设施联通、贸易畅通、资金融通和民心相通为主要内容扎实推进, 取得明显成效, 一批具有标志性的早期成果开始显现, 参与各国得到了实实在在的好处, 对共建"一带一路"的认同感和参与度不断增强。

(一) 政策沟通

　　政策沟通是共建"一带一路"的重要保障, 是形成携手共建行动的重要先导。5年多来, 中国与有关国家和国际组织充分沟通协调, 形成了共建"一带一路"的广泛国际合作共识。

1. 共建"一带一路"倡议载入国际组织重要文件。共建"一带一路"倡议及其核心理念已写入联合国、二十国集团、亚太经合组织以及其他区域组织等有关文件中。2015年7月，上海合作组织发表了《上海合作组织成员国元首乌法宣言》，支持关于建设"丝绸之路经济带"的倡议。2016年9月，《二十国集团领导人杭州峰会公报》通过关于建立"全球基础设施互联互通联盟"倡议。2016年11月，联合国193个会员国协商一致通过决议，欢迎共建"一带一路"等经济合作倡议，呼吁国际社会为"一带一路"建设提供安全保障环境。2017年3月，联合国安理会一致通过了第2344号决议，呼吁国际社会通过"一带一路"建设加强区域经济合作，并首次载入"人类命运共同体"理念。2018年，中拉论坛第二届部长级会议、中国—阿拉伯国家合作论坛第八届部长级会议、中非合作论坛峰会先后召开，分别形成了中拉《关于"一带一路"倡议的特别声明》、《中国和阿拉伯国家合作共建"一带一路"行动宣言》和《关于构建更加紧密的中非命运共同体的北京宣言》等重要成果文件。

2. 签署共建"一带一路"政府间合作文件的国家和国际组织数量逐年增加。在共建"一带一路"框架下，各参与国和国际组织本着求同存异原则，就经济发展规划和政策进行充分交流，协商制定经济合作规划和措施。截至2019年3月底，中国政府已与125个国家和29个国际组织签署173份合作文件。共建"一带一路"国家已由亚欧延伸至非洲、拉美、南太等区域。

3. 共建"一带一路"专业领域对接合作有序推进。数字丝绸之路建设已成为共建"一带一路"的重要组成部分，中国与埃及、老挝、沙特阿拉伯、塞尔维亚、泰国、土耳其、阿联酋等国家共同发起《"一带一路"数字经济国际合作倡议》，与 16个国家签署加强数字丝绸之路建设合作文件。中国发布《标准联通共建"一带一路"行动计划 (2018—2020 年)》，与49个国家和地区签署 85份标准化合作协议。"一带一路"税收合作长效机制日趋成熟，中国组织召开"一带一路"税收合作会议，发布《阿斯塔纳"一带一路"税收合作倡议》，税收协定合作网络延伸至111个国家和地区。中国与49个沿线国家联合发布《关于进一步推进"一带一路"国家知识产权务实合作的联合声明》。中国组织召开"一带一路"法治合作国际论坛，发布《"一带一路"法治合作国际论坛共同主席声明》。中国组织召开"一带一路"能源部长会议，18个国家联合宣布建立"一带一路"能源合作伙伴关系。中国发布《共同推进"一带一路"建设农业合作的愿景与行动》、《"一带一路"建设海上合作设想》等。中国推动建立了国际商事法庭和"一站式"国际商事纠纷多元化解决机制。

(二) 设施联通

设施联通是共建"一带一路"的优先方向。在尊重相关国家主权和安全关切的基础上，由各国共同努力，以铁路、公路、航运、航空、管道、空间综合信息网络等为核心的全方位、多层次、复合型基础设施网络正在加快形成，区域间商品、资金、信息、技术等交易成本大大降低，有效促进了跨区域资源要素的有序流动和优化配置，实现了互利合作、共赢发展。

1. 国际经济合作走廊和通道建设取得明显进展。新亚欧大陆桥、中蒙俄、中国—中亚—西亚、中国—中南半岛、中巴和孟中印缅等六大国际经济合作走廊将亚洲经济圈与欧洲经济圈联系在一起，为建立和加强各国互联互通伙伴关系，构建高效畅通的亚欧大市场发挥了重要作用。

— 新亚欧大陆桥经济走廊。5年多来，新亚欧大陆桥经济走廊区域合作日益深入，将开放包容、互利共赢的伙伴关系提升到新的水平，有力推动了亚欧两大洲经济贸易交流。《中国—中东欧国家合作布达佩斯纲要》和《中国—中东欧国家合作索菲亚纲要》对外发布，中欧互联互通平台和欧洲投资计划框架下的务实合作有序推进。匈塞铁路塞尔维亚境内贝旧段开工。中国西部—西欧国际公路（中国西部—哈萨克斯坦—俄罗斯—西欧）基本建成。

— 中蒙俄经济走廊。中蒙俄三国积极推动形成以铁路、公路和边境口岸为主体的跨境基础设施联通网络。2018年，三国签署《关于建立中蒙俄经济走廊联合推进机制的谅解备忘录》，进一步完善了三方合作工作机制。中俄同江—下列宁斯阔耶界河铁路桥中方侧工程已于2018年10月完工。黑河—布拉戈维申斯克界河公路桥建设进展顺利。中俄企业联合体基本完成莫喀高铁项目初步设计。三国签署并核准的《关于沿亚洲公路网国际道路运输政府间协定》正式生效。中蒙俄（二连浩特）跨境陆缆系统已建成。

— 中国—中亚—西亚经济走廊。5年多来，该走廊在能源合作、设施互联互通、经贸与产能合作等领域合作不断加深。中国与哈萨克斯坦、乌兹别克斯坦、土耳其等国的双边国际道路运输协定，以及中巴哈吉、中哈俄、中吉乌等多边国际道路运输协议或协定相继签署，中亚、西亚地区基础设施建设不断完善。中国—沙特投资合作论坛围绕共建"一带一路"倡议与沙特"2030愿景"进行产业对接，签署合作协议总价值超过280亿美元。中国与伊朗发挥在各领域的独特优势，加强涵盖道路、基础设施、能源等领域的对接合作。

— 中国—中南半岛经济走廊。5年多来, 该走廊在基础设施互联互通、跨境经济合作区建设等方面取得积极进展。昆(明)曼(谷)公路全线贯通, 中老铁路、中泰铁路等项目稳步推进。中老经济走廊合作建设开始启动, 泰国"东部经济走廊"与"一带一路"倡议加快对接, 中国与柬老缅越泰 (CLMVT) 经济合作稳步推进。中国—东盟(10+1)合作机制、澜湄合作机制、大湄公河次区域经济合作(GMS) 发挥的积极作用越来越明显。

— 中巴经济走廊。以能源、交通基础设施、产业园区合作、瓜达尔港为重点的合作布局确定实施。中国与巴基斯坦组建了中巴经济走廊联合合作委员会, 建立了定期会晤机制。一批项目顺利推进, 瓜达尔港疏港公路、白沙瓦至卡拉奇高速公路(苏库尔至木尔坦段)、喀喇昆仑公路升级改造二期(哈维连—塔科特段)、拉合尔轨道交通橙线、卡西姆港1320兆瓦电站等重点项目开工建设, 部分项目已发挥效益。中巴经济走廊正在开启第三方合作, 更多国家已经或有意愿参与其中。

— 孟中印缅经济走廊。5年多来, 孟中印缅四方在联合工作组框架下共同推进走廊建设, 在机制和制度建设、基础设施互联互通、贸易和产业园区合作、国际金融开放合作、人文交流与民生合作等方面研拟并规划了一批重点项目。中缅两国共同成立了中缅经济走廊联合委员会, 签署了关于共建中缅经济走廊的谅解备忘录、木姐—曼德勒铁路项目可行性研究文件和皎漂经济特区深水港项目建设框架协议。

2.基础设施互联互通水平大幅提升。"道路通, 百业兴"。基础设施投入不足是发展中国家经济发展的瓶颈, 加快设施联通建设是共建"一带一路"的关键领域和核心内容。

— 铁路合作方面。以中老铁路、中泰铁路、匈塞铁路、雅万高铁等合作项目为重点的区际、洲际铁路网络建设取得重大进展。泛亚铁路东线、巴基斯坦1号铁路干线升级改造、中吉乌铁路等项目正积极推进前期研究, 中国—尼泊尔跨境铁路已完成预可行性研究。中欧班列初步探索形成了多国协作的国际班列运行机制。中国、白俄罗斯、德国、哈萨克斯坦、蒙古、波兰和俄罗斯等7国铁路公司签署了《关于深化中欧班列合作协议》。截至2018年底, 中欧班列已经联通亚欧大陆16个国家的108个城市, 累计开行1.3万列, 运送货物超过110万标箱, 中国开出的班列重箱率达94%, 抵达中国的班列重箱率达71%。与沿线国家开展口岸通关协调合作、提升通关便利, 平均查验率和通关时间下降了 50%。

— 公路合作方面。中蒙俄、中吉乌、中俄(大连—新西伯利亚)、中越国际道路直达运输试运行活动先后成功举办。2018年2月，中吉乌国际道路运输实现常态化运行。中越北仑河公路二桥建成通车。中国正式加入《国际公路运输公约》（TIR公约）。中国与15个沿线国家签署了包括《上海合作组织成员国政府间国际道路运输便利化协定》在内的18个双多边国际运输便利化协定。《大湄公河次区域便利货物及人员跨境运输协定》实施取得积极进展。

— 港口合作方面。巴基斯坦瓜达尔港开通集装箱定期班轮航线，起步区配套设施已完工，吸引30多家企业入园。斯里兰卡汉班托塔港经济特区已完成园区产业定位、概念规划等前期工作。希腊比雷埃夫斯港建成重要中转枢纽，三期港口建设即将完工。阿联酋哈利法港二期集装箱码头已于2018年12月正式开港。中国与47个沿线国家签署了38个双边和区域海运协定。中国宁波航交所不断完善"海上丝绸之路航运指数"，发布了16+1贸易指数和宁波港口指数。

— 航空运输方面。中国与126个国家和地区签署了双边政府间航空运输协定。与卢森堡、俄罗斯、亚美尼亚、印度尼西亚、柬埔寨、孟加拉国、以色列、蒙古、马来西亚、埃及等国家扩大了航权安排。5年多来，中国与沿线国家新增国际航线1239条，占新开通国际航线总量的69.1%。

— 能源设施建设方面。中国与沿线国家签署了一系列合作框架协议和谅解备忘录，在电力、油气、核电、新能源、煤炭等领域开展了广泛合作，与相关国家共同维护油气管网安全运营，促进国家和地区之间的能源资源优化配置。中俄原油管道、中国—中亚天然气管道保持稳定运营，中俄天然气管道东线将于2019 年12月部分实现通气，2024年全线通气。中缅油气管道全线贯通。

— 通讯设施建设方面。中缅、中巴、中吉、中俄跨境光缆信息通道建设取得明显进展。中国与国际电信联盟签署《关于加强"一带一路"框架下电信和信息网络领域合作的意向书》。与吉尔吉斯斯坦、塔吉克斯坦、阿富汗签署丝路光缆合作协议，实质性启动了丝路光缆项目。

（三）贸易畅通

贸易畅通是共建"一带一路"的重要内容。共建"一带一路"促进了沿线国家和地区贸易投资自由化便利化，降低了交易成本和营商成本，释放了发展潜力，进一步提升了各国参与经济全球化的广度和深度。

1. 贸易与投资自由化便利化水平不断提升。中国发起《推进"一带一路"贸易畅通合作倡议》，83个国家和国际组织积极参与。海关检验检疫合作不断深化，2017年5月首届"一带一路"国际合作高峰论坛以来，中国与沿线国家签署100多项合作文件, 实现了50多种农产品食品检疫准入。中国和哈萨克斯坦、吉尔吉斯斯坦、塔吉克斯坦农产品快速通关"绿色通道"建设积极推进, 农产品通关时间缩短了90%。中国进一步放宽外资准入领域, 营造高标准的国际营商环境, 设立了面向全球开放的12个自由贸易试验区, 并探索建设自由贸易港, 吸引沿线国家来华投资。中国平均关税水平从加入世界贸易组织时的15.3% 降至目前的7.5%。中国与东盟、新加坡、巴基斯坦、格鲁吉亚等多个国家和地区签署或升级了自由贸易协定, 与欧亚经济联盟签署经贸合作协定, 与沿线国家的自由贸易区网络体系逐步形成。

2. 贸易规模持续扩大。2013—2018年, 中国与沿线国家货物贸易进出口总额超过6万亿美元, 年均增长率高于同期中国对外贸易增速, 占中国货物贸易总额的比重达到27.4%。其中, 2018年, 中国与沿线国家货物贸易进出口总额达到1.3万亿美元, 同比增长16.4%。中国与沿线国家服务贸易由小到大、稳步发展。2017年, 中国与沿线国家服务贸易进出口额达977.6亿美元, 同比增长18.4%, 占中国服务贸易总额的14.1%, 比2016年提高 1.6个百分点。世界银行研究组分析了共建"一带一路"倡议对71个潜在参与国的贸易影响, 发现共建"一带一路"倡议将使参与国之间的贸易往来增加4.1%。[1]

3. 贸易方式创新进程加快。跨境电子商务等新业态、新模式正成为推动贸易畅通的重要新生力量。2018年, 通过中国海关跨境电子商务管理平台零售进出口商品总额达 203亿美元, 同比增长50%, 其中出口84.8亿美元, 同比增长67.0%, 进口118.7亿美元, 同比增长39.8%。"丝路电商"合作蓬勃兴起, 中国与17个国家建立双边电子商务合作机制, 在金砖国家等多边机制下形成电子商务合作文件, 加快了企业对接和品牌培育的实质性步伐。

(四) 资金融通

资金融通是共建"一带一路"的重要支撑。国际多边金融机构以及各类商业银行不断探索创新投融资模式, 积极拓宽多样化融资渠道, 为共建"一带一路"提供稳定、透明、高质量的资金支持。

1. 探索新型国际投融资模式。"一带一路" 沿线基础设施建设和产能合作潜力巨大, 融资缺口亟待弥补。各国主权基金和投资基金发挥越来越重要的作用。近年来, 阿联酋阿布扎比投资局、中国投资有限责任公司等主权财富基金对沿线

---

1 Suprabha Baniya, Nadia Rocha, Michele Ruta. Trade Effects of the New Silk Road: A Gravity Analysis. WORLD BANK Policy Research Working Paper 8694, January 2019.

国家主要新兴经济体投资规模显著增加。丝路基金与欧洲投资基金共同投资的中欧共同投资基金于2018年7月开始实质性运作, 投资规模5亿欧元, 有力促进了共建"一带一路"倡议与欧洲投资计划相对接。

2. 多边金融合作支撑作用显现。中国财政部与阿根廷、俄罗斯、印度尼西亚、英国、新加坡等27国财政部核准了《"一带一路"融资指导原则》。根据这一指导原则, 各国支持金融资源服务于相关国家和地区的实体经济发展, 重点加大对基础设施互联互通、贸易投资、产能合作等领域的融资支持。中国人民银行与世界银行集团下属的国际金融公司、泛美开发银行、非洲开发银行和欧洲复兴开发银行等多边开发机构开展联合融资, 截至2018年底已累计投资100多个项目, 覆盖70多个国家和地区。2017年11月, 中国—中东欧银联体成立, 成员包括中国、匈牙利、捷克、斯洛伐克、克罗地亚等14个国家的金融机构。2018年7月、9月, 中国—阿拉伯国家银行联合体、中非金融合作银行联合体成立, 建立了中国与阿拉伯国家之间、非洲国家之间的首个多边金融合作机制。

3. 金融机构合作水平不断提升。在共建"一带一路"中, 政策性出口信用保险覆盖面广, 在支持基础设施、基础产业的建设上发挥了独特作用; 商业银行在多元化吸收存款、公司融资、金融产品、贸易代理、信托等方面具有优势。截至2018年底, 中国出口信用保险公司累计支持对沿线国家的出口和投资超过6000亿美元。中国银行、中国工商银行、中国农业银行、中国建设银行等中资银行与沿线国家建立了广泛的代理行关系。德国商业银行与中国工商银行签署合作谅解备忘录, 成为首家加入"一带一路"银行合作常态化机制的德国银行。

4. 金融市场体系建设日趋完善。沿线国家不断深化长期稳定、互利共赢的金融合作关系, 各类创新金融产品不断推出, 大大拓宽了共建"一带一路"的融资渠道。中国不断提高银行间债券市场对外开放程度, 截至2018年底, 熊猫债发行规模已达2000亿人民币左右。中国进出口银行面向全球投资者发行20亿人民币"债券通"绿色金融债券, 金砖国家新开发银行发行首单30亿人民币绿色金融债, 支持绿色丝绸之路建设。证券期货交易所之间的股权、业务和技术合作稳步推进。2015年, 上海证券交易所、德意志交易所集团、中国金融期货交易所共同出资成立中欧国际交易所。上海证券交易所与哈萨克斯坦阿斯塔纳国际金融中心管理局签署合作协议, 将共同投资建设阿斯塔纳国际交易所。

5. 金融互联互通不断深化。已有11家中资银行在28个沿线国家设立76家一级机构, 来自22个沿线国家的50家银行在中国设立7家法人银行、19家外国银行分行和34家代表处。2家中资证券公司在新加坡、老挝设立合资公司。中国先后与 20多个沿线国家建立了双边本币互换安排，与7个沿线国家建立了人民币清算安排，与35个沿线国家的金融监管当局签署了合作文件。人民币国际支付、投资、交易、储备功能稳步提高，人民币跨境支付系统（CIPS）业务范围已覆盖近40个沿线国家和地区。中国—国际货币基金组织联合能力建设中心、"一带一路"财经发展研究中心挂牌成立。

（五）民心相通

民心相通是共建"一带一路"的人文基础。享受和平、安宁、富足，过上更加美好生活，是各国人民的共同梦想。5年多来，各国开展了形式多样、领域广泛的公共外交和文化交流，增进了相互理解和认同，为共建"一带一路"奠定了坚实的民意基础。

1. 文化交流形式多样。中国与沿线国家互办艺术节、电影节、音乐节、文物展、图书展等活动，合作开展图书广播影视精品创作和互译互播。丝绸之路国际剧院、博物馆、艺术节、图书馆、美术馆联盟相继成立。中国与中东欧、东盟、俄罗斯、尼泊尔、希腊、埃及、南非等国家和地区共同举办文化年活动，形成了"丝路之旅"、"中非文化聚焦"等10余个文化交流品牌，打造了丝绸之路（敦煌）国际文化博览会、丝绸之路国际艺术节、海上丝绸之路国际艺术节等一批大型文化节会，在沿线国家设立了17个中国文化中心。中国与印度尼西亚、缅甸、塞尔维亚、新加坡、沙特阿拉伯等国签订了文化遗产合作文件。中国、哈萨克斯坦、吉尔吉斯斯坦"丝绸之路：长安—天山廊道的路网"联合申遗成功。"一带一路"新闻合作联盟建设积极推进。丝绸之路沿线民间组织合作网络成员已达310家，成为推动民间友好合作的重要平台。

2. 教育培训成果丰富。中国设立"丝绸之路"中国政府奖学金项目，与24个沿线国家签署高等教育学历学位互认协议。2017年沿线国家3.87万人接受中国政府奖学金来华留学，占奖学金生总数的66.0%。香港、澳门特别行政区分别设立共建"一带一路"相关奖学金。在54个沿线国家设有孔子学院153个、孔子课堂149个。中国科学院在沿线国家设立硕士、博士生奖学金和科技培训班，已培训5000人次。

3. 旅游合作逐步扩大。中国与多个国家共同举办旅游年，创办丝绸之路旅游市场推广联盟、海上丝绸之路旅游推广联盟、"万里茶道"国际旅游联盟等旅游合作机制。与57个沿线国家缔结了涵盖不同护照种类的互免签证协定，与15个国家达成19份简化签证手续的协定或安排。2018年中国出境旅游人数达1.5亿人次，到中国旅游的外国游客人数达3054万人次, 俄罗斯、缅甸、越南、蒙古、马来西亚、菲律宾、新加坡等国成为中国主要客源市场。

4. 卫生健康合作不断深化。自首届"一带一路"国际合作高峰论坛召开以来, 中国与蒙古、阿富汗等国, 世界卫生组织等国际组织, 比尔及梅琳达·盖茨基金会等非政府组织相继签署了56个推动卫生健康合作的协议。2017年8月, "一带一路"暨健康丝绸之路高级别研讨会在北京召开, 发布了《北京公报》。中国与澜沧江—湄公河国家开展艾滋病、疟疾、登革热、流感、结核病等防控合作, 与中亚国家开展包虫病、鼠疫等人畜共患病防控合作, 与西亚国家开展脊髓灰质炎等防控合作。中国先后派出多支眼科医疗队赴柬埔寨、缅甸、老挝、斯里兰卡等国开展"光明行"活动, 派遣短期医疗队赴斐济、汤加、密克罗尼西亚、瓦努阿图等太平洋岛国开展"送医上岛"活动。在35个沿线国家建立了中医药海外中心, 建设了43个中医药国际合作基地。

5. 救灾、援助与扶贫持续推进。首届"一带一路"国际合作高峰论坛以来, 中国向沿线发展中国家提供20亿人民币紧急粮食援助, 向南南合作援助基金增资10亿美元, 在沿线国家实施了100个"幸福家园"、100个"爱心助困"、100个"康复助医"等项目。开展援外文物合作保护和涉外联合考古, 与6国开展了8个援外文物合作项目, 与12国开展了15个联合考古项目。中国向老挝等国提供地震监测仪器设备, 提高防震减灾能力。中国在柬埔寨、尼泊尔开展社会组织合作项目24个, 助力改善当地民众生活。

(六) 产业合作

共建"一带一路"支持开展多元化投资, 鼓励进行第三方市场合作, 推动形成普惠发展、共享发展的产业链、供应链、服务链、价值链, 为沿线国家加快发展提供新的动能。

1. 中国对沿线国家的直接投资平稳增长。

2013—2018年, 中国企业对沿线国家直接投资超过900亿美元, 在沿线国家完成对外承包工程营业额超过4000亿美元。2018年, 中国企业对沿线国家实现非金融类直接投资156亿美元, 同比增长8.9%, 占同期总额的13.0%；沿线国家对外承包工程完成营业额893亿美元, 占同期总额的53.0%。世界银行研究表明, 预计沿线国家的外商直接投资总额将增加4.97%, 其中, 来自沿线国家内部的外商直接投资增加4.36%, 来自经济合作与发展组织国家的外商直接投资增加

4.63%，来自非沿线国家的外商直接投资增加5.75%。[2]

2. 国际产能合作和第三方市场合作稳步推进。沿线国家加快发展产生了国际产能合作的巨大市场需求，中国积极响应并与相关国家推进市场化、全方位的产能合作，促进沿线国家实现产业结构升级、产业发展层次提升。目前中国已同哈萨克斯坦、埃及、埃塞俄比亚、巴西等40多个国家签署了产能合作文件，同东盟、非盟、拉美和加勒比国家共同体等区域组织进行合作对接，开展机制化产能合作。中国与法国、意大利、西班牙、日本、葡萄牙等国签署了第三方市场合作文件。

3. 合作园区蓬勃发展。中国各类企业遵循市场化法治化原则自主赴沿线国家共建合作园区，推动这些国家借鉴中国改革开放以来通过各类开发区、工业园区实现经济增长的经验和做法，促进当地经济发展，为沿线国家创造了新的税收源和就业渠道。同时，中国还分别与哈萨克斯坦、老挝建立了中哈霍尔果斯国际边境合作中心、中老磨憨—磨丁经济合作区等跨境经济合作区，与其他国家合作共建跨境经济合作区的工作也在稳步推进。

二、贡献

共建"一带一路"倡议着眼于构建人类命运共同体，坚持共商共建共享原则，为推动全球治理体系变革和经济全球化作出了中国贡献。

（一）共商：从中国倡议到全球共识

共商就是"大家的事大家商量着办"，强调平等参与、充分协商，以平等自愿为基础，通过充分对话沟通找到认识的相通点、参与合作的交汇点、共同发展的着力点。

— 打造共商国际化平台与载体。

2017年5月，首届"一带一路"国际合作高峰论坛在北京成功召开，29个国家的元首和政府首脑出席论坛，140多个国家和80多个国际组织的1600多名代表参会，论坛形成了5大类、76大项、279项具体成果，这些成果已全部得到落实。2019年4月，第二届"一带一路"国际合作高峰论坛继续在北京举办。"一带一路"国际合作高峰论坛已经成为各参与国家和国际组织深化交往、增进互信、密切往来的重要平台。2018年11月，首届中国国际进口博览会成功举办，172个国家

---

2 Maggie Xiaoyang Chen, Chuanhao Lin. Foreign Investment across the Belt and Road Patterns, Determinants and Effects. WORLD BANK Policy Research Working Paper 8607, October 2018.

地区和国际组织参家, 3600余家境外企业参展, 4500多名政商学研各界嘉宾在虹桥国际经济论坛上对话交流, 发出了"虹桥声音"。中国还举办了丝绸之路博览会暨中国东西部合作与投资贸易洽谈会、中国—东盟博览会、中国—亚欧博览会、中国—阿拉伯国家博览会、中国—南亚博览会、中国—东北亚博览会、中国西部国际博览会等大型展会, 都成为中国与沿线各国共商合作的重要平台。

— 强化多边机制在共商中的作用。共建"一带一路"顺应和平与发展的时代潮流, 坚持平等协商、开放包容, 促进沿线国家在既有国际机制基础上开展互利合作。中国充分利用二十国集团、亚太经合组织、上海合作组织、亚欧会议、亚洲合作对话、亚信会议、中国—东盟（10+1）、澜湄合作机制、大湄公河次区域经济合作、大图们倡议、中亚区域经济合作、中非合作论坛、中阿合作论坛、中拉论坛、中国—中东欧16+1合作机制、中国—太平洋岛国经济发展合作论坛、世界经济论坛、博鳌亚洲论坛等现有多边合作机制, 在相互尊重、相互信任的基础上, 积极同各国开展共建"一带一路"实质性对接与合作。

— 建立"二轨"对话机制。中国与沿线国家通过政党、议会、智库、地方、民间、工商界、媒体、高校等"二轨"交往渠道, 围绕共建"一带一路"开展形式多样的沟通、对话、交流、合作。中国组织召开了中国共产党与世界政党高层对话会, 就共建"一带一路"相关议题深入交换意见。中国与相关国家先后组建了"一带一路"智库合作联盟、丝路国际智库网络、高校智库联盟等。英国、日本、韩国、新加坡、哈萨克斯坦等国都建立了"一带一路"研究机构, 举办了形式多样的论坛和研讨会。中外高校合作设立了"一带一路"研究中心、合作发展学院、联合培训中心等, 为共建"一带一路"培养国际化人才。中外媒体加强交流合作, 通过举办媒体论坛、合作拍片、联合采访等形式, 提高了共建"一带一路"的国际传播能力, 让国际社会及时了解共建"一带一路"相关信息。

(二) 共建 : 共同打造和谐家园

共建就是各方都是平等的参与者、建设者和贡献者, 也是责任和风险的共同担当者。

— 打造共建合作的融资平台。由中国发起的亚洲基础设施投资银行2016年开业以来, 在国际多边开发体系中发挥越来越重要的作用, 得到国际社会广泛信任和认可。截至2018年底, 亚洲基础设施投资银行已从最初57个创始成员, 发展到遍布各大洲的93个成员；累计批准贷款75亿美元, 撬动其他投资近400亿美元, 已批准的35个项目覆盖印度尼西亚、巴基斯坦、塔吉克斯坦、阿塞拜疆、阿曼、土耳其、埃及等13个国家。亚洲基础设施投资银行在履行自身宗旨使命的同时，也与其他多边开发银行一起，成为助力共建"一带一路"的重要多边平台之一。2014年11月，中国政府宣布出资400亿美元成立丝路基金，2017年5月，中国政府宣布向丝路基金增资1000亿人民币。截至2018年底，丝路基金协议投资金额约110亿美元，实际出资金额约77亿美元，并出资20亿美元设立中哈产能合作基金。2017年，中国建立"一带一路"PPP工作机制，与联合国欧洲经济委员会签署合作谅解备忘录，共同推动PPP模式更好运用于"一带一路"建设合作项目。

— 积极开展第三方市场合作。共建"一带一路"致力于推动开放包容、务实有效的第三方市场合作，促进中国企业和各国企业优势互补，实现"1+1+1〉3"的共赢。2018年，第一届中日第三方市场合作论坛和中法第三方市场合作指导委员会第二次会议成功举办。英国欣克利角核电等一批合作项目顺利落地，中国中车与德国西门子已经在一些重点项目上达成了三方合作共识。

(三) 共享：让所有参与方获得实实在在的好处

共享就是兼顾合作方利益和关切，寻求利益契合点和合作最大公约数，使合作成果福及双方、惠泽各方。共建"一带一路"不是"你输我赢"或"你赢我输"的零和博弈，而是双赢、多赢、共赢。

— 将发展成果惠及沿线国家。中国经济对世界经济增长的贡献率多年保持在30%左右。近年来，中国进口需求迅速扩大，在对国际贸易繁荣作出越来越大贡献的同时，拉动了对华出口的沿线国家经济增长。中国货物和服务贸易年进口值均占全球一成左右，2018年，中国货物贸易进口14.1万亿人民币，同比增长12.9%。2018年，中国对外直接投资1298.3亿美元，同比增长4.2%，对沿线国家的直接投资占比逐年增长。在共建"一带一路"合作框架下，中国支持亚洲、非洲、拉丁美洲等地区广大发展中国家加大基础设施建设力度，世界经济发展的红利不断输送到这些发展中国家。世界银行研究组的量化贸易模型结果显示，共建"一带一路"将使"发展中的东亚及太平洋国家"的国内生产总值平均增加2.6%至3.9%。[3]

— 改善沿线国家民生。中国把向沿线国家提供减贫脱困、农业、教育、卫生、环保等领域的民生援助纳入共建"一带一路"范畴。中国开展了中非减贫惠民合作计划、东亚减贫合作示范等活动。积极实施澜湄河应急补水，帮助沿河国家应

3　François de Soyres, The Growth and Welfare Effects of the Belt and Road Initiative on East Asia Pacific Countries. WORLD BANK GROUP, October 2018 Number 4.

对干旱灾害, 向泰国、缅甸等国提供防洪技术援助。中国与世界卫生组织签署关于"一带一路"卫生领域合作的谅解备忘录, 实施中非公共卫生合作计划、中国—东盟公共卫生人才培养百人计划等项目。中国累计与沿线国家合作培养数千名公共卫生管理和疾病防控人员, 累计为相关国家5200余名白内障患者实施免费复明手术。中国每年为周边国家近3万名患者提供优质医疗服务。中国中医药团队先后在柬埔寨、科摩罗、多哥、圣多美和普林西比、巴布亚新几内亚等国家实施快速清除疟疾方案。

— 促进科技创新成果向沿线国家转移。中国与沿线国家签署了46个科技合作协定, 先后启动了中国—东盟、中国—南亚等科技伙伴计划, 与东盟、南亚、阿拉伯国家、中亚、中东欧共建了5个区域技术转移平台, 发起成立了"一带一路"国际科学组织联盟。通过沿线国家青年科学家来华从事短期科研工作以及培训沿线国家科技和管理人员等方式, 形成了多层次、多元化的科技人文交流机制。2018年, 中国接收500名沿线国家青年科学家来华科研, 培训科技管理人员逾1200人次。中国积极开展航天国际合作, 推动中国北斗导航系统、卫星通讯系统和卫星气象遥感技术服务沿线国家建设。

— 推动绿色发展。中国坚持《巴黎协定》, 积极倡导并推动将绿色生态理念贯穿于共建"一带一路"倡议。中国与联合国环境规划署签署了关于建设绿色"一带一路"的谅解备忘录, 与30多个沿线国家签署了生态环境保护的合作协议。建设绿色丝绸之路已成为落实联合国 2030年可持续发展议程的重要路径, 100多个来自相关国家和地区的合作伙伴共同成立"一带一路"绿色发展国际联盟。中国在2016年担任二十国集团主席国期间, 首次把绿色金融议题引入二十国集团议程, 成立绿色金融研究小组, 发布《二十国集团绿色金融综合报告》。中国积极实施"绿色丝路使者计划", 已培训沿线国家2000人次。中国发布《关于推进绿色"一带一路"建设的指导意见》、《"一带一路"生态环境保护合作规划》等文件, 推动落实共建"一带一路"的绿色责任和绿色标准。

(四) 愿景 : 构建人类命运共同体

共建"一带一路"顺应了人类追求美好未来的共同愿望。国际社会越来越认同共建"一带一路"倡议所主张的构建人类命运共同体的理念, 构建人类命运共同体符合当代世界经济发展需要和人类文明进步的大方向。共建"一带一路"倡议正成为构建人类命运共同体的重要实践平台。

— 源自中国更属于世界。共建"一带一路"跨越不同地域、不同发展阶段、不同文明, 是一个开放包容的平台, 是各方共同打造的全球公共产品。共建"一带一路"目标指向人类共同的未来, 坚持最大程度的非竞争性与非排他性, 顺应了国际社会对全体治理体系公正性、平等性、开放性、包容性的追求, 是中国为当今世界提供的重要公共产品。联合国秘书长古特雷斯指出, 共建"一带一路"倡议与联合国新千年计划宏观目标相同, 都是向世界提供的公共产品。共建"一带一路"不仅促进贸易往来和人员交流, 而且增进各国之间的了解, 减少文化障碍, 最终实现和平、和谐与繁荣。

— 为全球治理体系变革提供了中国方案。当今世界面临增长动能不足、治理体系滞后和发展失衡等挑战。共建"一带一路"体现开放包容、共同发展的鲜明导向, 超越社会制度和文化差异, 尊重文明多样性, 坚持多元文化共存, 强调不同经济发展水平国家的优势互补和互利共赢, 着力改善发展条件、创造发展机会、增强发展动力、共享发展成果, 推动实现全球治理、全球安全、全球发展联动, 致力于解决长期以来单一治理成效不彰的困扰。

— 把沿线国家的前途和命运紧紧联系在一起。人类只有一个地球, 各国共处一个世界。为了应对人类共同面临的各种挑战, 追求世界和平繁荣发展的美好未来, 世界各国应风雨同舟, 荣辱与共, 构建持久和平、普遍安全、共同繁荣、开放包容、清洁美丽的世界。人类命运共同体理念融入了利益共生、情感共鸣、价值共识、责任共担、发展共赢等内涵。共建"一带一路"主张守望相助、讲平等、重感情, 坚持求同存异、包容互谅、沟通对话、平等交往, 把别人发展看成自己机遇, 推进中国同沿线各国乃至世界发展机遇相结合, 实现发展成果惠及合作双方、各方。中国在40年改革开放中积累了很多可资借鉴的经验, 中国无意输出意识形态和发展模式, 但中国愿意通过共建"一带一路"与其他国家分享自己的发展经验, 与沿线国家共建美好未来。

三、展望

当今世界正处于大发展大变革大调整时期, 和平、发展、合作仍是时代潮流。展望未来, 共建"一带一路"既面临诸多问题和挑战, 更充满前所未有的机遇和发展前景。这是一项事关多方的倡议, 需要同心协力;这是一项事关未来的倡议, 需要不懈努力;这是一项福泽人类的倡议, 需要精心呵护。我们相信, 随着时间的推移和各方共同努力, 共建"一带一路"一定会走深走实, 行稳致远, 成为和平之路、繁荣之路、开放之路、绿色之路、创新之路、文明之路、廉洁之路, 推动经济全球化朝着更加开放、包容、普惠、平衡、共赢的方向发展。

(一) 和平之路

古丝绸之路, 和时兴, 战时衰。共建"一带一路"离不开和平安宁的环境。共建"一带一路"倡议主张建设相互尊重、公平正义、合作共赢的新型国际关系, 打造对话不对抗、结伴不结盟的伙伴关系。各国应尊重彼此主权、尊严、领土完整, 尊重彼此发展道路和社会制度, 尊重彼此核心利益和重大关切。

和平安全是推进共建"一带一路"的基本前提和保证。各国需树立共同、综合、合作、可持续的安全观, 营造共建共享的安全格局。要着力化解冲突, 坚持政治解决;要着力斡旋调解, 坚持公道正义;要着力推进反恐, 标本兼治, 消除贫困落后和社会不公。各国需摒弃冷战思维、零和游戏和强权政治, 坚决反对恐怖主义、分裂主义、极端主义。在涉及国家主权、领土完整、安全稳定等重大核心利益问题上给予相互支持。坚持以对话解决争端、以协商化解分歧, 增进合作互信, 减少相互猜疑。各国需深化在网络安全、打击跨国犯罪、打击贩毒、打击"三股势力"、联合执法、安全保卫等方面的合作, 为区域经济发展和人民安居乐业营造良好环境。

中国始终是维护地区和世界和平、促进共同发展的坚定力量。中国坚持走和平发展道路, 坚定奉行独立自主的和平外交政策, 尊重各国人民自主选择的发展道路和奉行的内外政策, 决不干涉各国内政, 不把自己的意志强加给对方, 不把本国利益凌驾于他国利益之上。为保证共建"一带一路"顺利推进, 中国愿同沿线各国共同构建争端解决机制, 共建安全风险预警防控机制, 共同制定应急处置工作机制。一旦发生纠纷, 当事方能够坐下来就相互利益关切沟通交流, 对话而不是对抗, 不但为共建"一带一路"营造良好发展环境, 而且共同推动建设各国彼此尊重核心利益、和平解决分歧的和谐世界。

(二) 繁荣之路

发展是解决一切问题的总钥匙, 共建"一带一路"聚焦发展这个根本性问题, 释放各国发展潜力, 实现经济融合、发展联动、成果共享。共建"一带一路"顺应世界多极化、经济全球化、文化多样化、社会信息化的潮流, 致力于维护全球自由贸易体系和开放型世界经济。

沿线国家市场规模和资源禀赋各有优势, 互补性强, 潜力巨大, 合作前景广阔。各国需在充分照顾各方利益和关切基础上, 凝聚共识, 将共识转化为行动, 按照战略对接、规划对接、平台对接、项目对接的工作思路, 形成更多可视性成果, 实现优势互补, 促进共同繁荣发展。

共建"一带一路"将继续把互联互通作为重点，聚焦关键通道、关键节点、关键项目，着力推进公路、铁路、港口、航空、航天、油气管道、电力、网络通信等领域合作，与各国共同推动陆、海、天、网四位一体的互联互通。中国愿意与各国共建"一带一路"空间信息走廊。深化与沿线国家在经贸领域的互利共赢，扩大双多边投资贸易规模。深入开展产业合作，共同办好经贸、产业合作园区。抓住新工业革命的发展新机遇，培育新动能、新业态，保持经济增长活力。第二届"一带一路"国际合作高峰论坛期间，中国将与有关国家签署一批产能与投资合作重点项目清单。建立稳定、可持续、风险可控的金融服务体系，创新投资和融资模

式，推广政府和社会资本合作，建设多元化融资体系和多层次资本市场，发展普惠金融，完善金融服务网络。

（三）开放之路

开放带来进步，封闭导致落后。对一个国家而言，开放如同破茧成蝶，虽会经历一时阵痛，但将换来新生。共建"一带一路"以开放为导向，努力解决经济增长和平衡发展问题。

共建"一带一路"坚持普惠共赢，打造开放型合作平台，推动形成开放型世界经济。共建"一带一路"是和平发展、经济合作倡议，不是搞地缘政治联盟或军事同盟；是开放包容、共同发展进程，不是要关起门来搞小圈子或者"中国俱乐部"；不以意识形态划界，不搞零和游戏。不管处于何种政治体制、地域环境、发展阶段、文化背景，都可以加入"一带一路"朋友圈，共商共建共享，实现合作共赢。

中国支持、维护和加强基于规则的、开放、透明、包容、非歧视的多边贸易体制，促进贸易投资自由化便利化，与沿线国家共建高标准自由贸易区，推动经济全球化健康发展。同时，共建"一带一路"也着力解决发展失衡、治理困境、数字鸿沟、分配差距等问题，让世界各国的发展机会更加均等，让发展成果由各国人民共享。

在共建"一带一路"过程中，中国开放的大门只会越开越大，中国愿为世界各国带来共同发展新机遇，与各国积极发展符合自身国情的开放型经济，共同携手向着构建人类命运共同体的目标不断迈进。

（四）绿色之路

共建"一带一路"倡议践行绿色发展理念，倡导绿色、低碳、循环、可持续的

生产生活方式, 致力于加强生态环保合作, 防范生态环境风险, 增进沿线各国政府、企业和公众的绿色共识及相互理解与支持, 共同实现2030年可持续发展目标。

沿线各国需坚持环境友好, 努力将生态文明和绿色发展理念全面融入经贸合作, 形成生态环保与经贸合作相辅相成的良好绿色发展格局。各国需不断开拓生产发展、生活富裕、生态良好的文明发展道路。开展节能减排合作, 共同应对气候变化。制定落实生态环保合作支持政策, 加强生态系统保护和修复。探索发展绿色金融, 将环境保护、生态治理有机融入现代金融体系。

中国愿与沿线各国开展生态环境保护合作, 将努力与更多国家签署建设绿色丝绸之路的合作文件, 扩大"一带一路"绿色发展国际联盟, 建设"一带一路"可持续城市联盟。建设一批绿色产业合作示范基地、绿色技术交流与转移基地、技术示范推广基地、科技园区等国际绿色产业合作平台, 打造"一带一路"绿色供应链平台, 开展国家公园建设合作交流, 与沿线各国一道保护好我们共同拥有的家园。

(五) 创新之路

创新是推动发展的重要力量。共建"一带一路"需向创新要动力。5年多来, 中国与沿线国家优化创新环境, 集聚创新资源, 加强科技创新合作, 将继续促进科技同产业、科技同金融深度融合。

21世纪以来, 全球科技创新进入空前密集活跃时期, 新一轮科技革命和产业变革正在重构全球创新版图、重塑全球经济结构。共建"一带一路"为大部分处于工业化初中级阶段的国家平等合理融入全球产业链和价值链提供了新契机。随着各类要素资源在沿线国家之间的共享、流动和重新组合, 各国可以利用各自比较优势, 着眼于技术前沿应用研究、高技术产品研发和转化, 不断将创新驱动发展推向前进。共建"一带一路"将成为沿线国家创新发展的新平台, 成为沿线国家实现跨越式发展的驱动力, 成为世界经济发展的新动能。中国与沿线国家之间的联动发展、合作应对挑战, 已经并还将使不同国家、不同阶层、不同人群在开放型世界经济发展中共享经济全球化的成果。

数字经济是继农业经济、工业经济之后的主要经济形态。当今世界正在经历一场更大范围、更深层次的科技革命和产业变革, 现代信息技术不断取得突破, 数字经济蓬勃发展, 各国利益更加紧密相连。共建"一带一路"坚持创新驱动发展, 与各方加强在人工智能、纳米技术、量子计算机等前沿领域合作, 推动大数据、云计算、智慧城市建设, 连接成21世纪的数字丝绸之路。通过沿线国家青年科学家来华从事短期科研工作以及培训沿线国家科技和管理人员等方式, 形成多层次、多元化的科技人文交流机制。通过共建国家级联合科研平台, 深化长期稳定的科技创新合作机制, 提升沿线国家的科技创新能力。构建"一带一路"技术转移协作网络, 促进区域创新一体化发展。知识产权是创新驱动发展的基本保障, 沿线国家应尊重知识产权, 推动更加有效地保护和使用知识产权, 构建高水平知识产权保护体系。

(六) 文明之路

共建"一带一路"推动文明交流超越文明隔阂、文明互鉴超越文明冲突、文明共存超越文明优越, 使各国相互理解、相互尊重、相互信任。

古丝绸之路打开了各国各民族交往的窗口, 书写了人类文明进步的历史篇章。共建"一带一路"深厚的文明底蕴、包容的文化理念, 为沿线国家相向而行、互学互鉴提供了平台, 促进了不同国家、不同文化、不同历史背景人群的深入交流, 使人类超越民族、文化、制度、宗教, 在新的高度上感应、融合、相通, 共同推进构建人类命运共同体。共建"一带一路"推动沿线国家在教育、科技、文化、卫生、体育、媒体、旅游等领域开展广泛合作, 促进政党、青年、社会组织、智库、妇女、地方交流协同并进, 初步形成了和而不同、多元一体的文明共荣发展态势。

中国愿与沿线国家和有关国际组织共同推动建立多层次人文合作机制, 搭建更多合作平台, 开辟更多合作渠道。推动教育合作, 扩大互派留学生规模, 提升合作办学水平。建设好"一带一路"国际智库合作委员会和"一带一路"新闻合作联盟。继续开展历史文化遗产保护、文物援外合作、联合考古合作, 推进博物馆交流合作, 联合打造具有丝绸之路特色的旅游产品。加强政党、民间组织往来, 密切妇女、青年等群体交流, 促进包容发展。第二届"一带一路"国际合作高峰论坛期间, 中国有关部门将与联合国儿童基金会共同发起"关爱儿童、共享发展, 促进可持续发展目标实现"合作倡议。中国社会组织将启动"丝路一家亲"行动, 推动沿线各国社会组织共同开展民生领域合作。中国也将继续向沿线发展中国家提供力所能及的支持和帮助。

(七) 廉洁之路

廉洁是共建"一带一路"的道德"底线"和法律"红线"。沿线国家需协力打造廉洁高效的现代营商环境, 加强对"一带一路"建设项目的监督管理和风险防控, 建立规范透明的公共资源交易流程。在项目招投标、施工建设、运营管理等过程中严格遵守相关法律法规，消除权力寻租空间，构建良性市场秩序。各国应加强反腐败国际交流合作，以《联合国反腐败公约》等国际公约和相关双边条约为基础开展司法执法合作，推进双边引渡条约、司法协助协定的签订与履行，构筑更加紧密便捷的司法执法合作网络。各国需推动企业加强自律意识，构建合规管理体系，培育廉洁文化，防控廉洁风险，坚决抵制商业贿赂行为。政府、企业、国际社会三方需共同努力，采取有效措施，建立拒绝腐败分子入境、腐败资产返还等合作机制，通力协作斩断腐败链条、构筑反腐败防线。

中国愿与各国一道完善反腐败法治体系和机制建设，不断改善营商环境，持续打击商业贿赂行为。深化与沿线国家反腐败法律法规对接，深化反腐败务实合作。加强对"走出去"企业廉洁教育培训，强化企业合规经营管理。中国愿与沿线国家共同努力，把"一带一路"建设成为廉洁之路。

世界潮流浩浩荡荡。共建"一带一路"倡议顺应历史大潮，所体现的价值观和发展观符合全球构建人类命运共同体的内在要求，也符合沿线国家人民渴望共享发展机遇、创造美好生活的强烈愿望和热切期待。毋庸置疑，随着时间的推移，共建"一带一路"将进一步彰显出强大的生命力和创造力。通过布局开篇的"大写意"和精耕细作的"工笔画"，共建"一带一路"将久久为功，向高质量高标准高水平发展，为建设一个持久和平的世界，建设一个普遍安全的世界，建设一个共同繁荣的世界，建设一个开放包容的世界，建设一个清洁美丽的世界，最终实现构建人类命运共同体的美好愿景作出更大贡献。

일대일로 건설 이니셔티브
진전, 공헌 및 전망

(8개 언어로 국내외 발표)
2019년 4월 22일

일대일로건설공작영도소조판공실

목 차

서문

2013년 9월과 10월, 시진핑(习近平) 주석은 카자흐스탄과 인도네시아를 순방하면서 "실크로드 경제벨트와 21세기 해상 실크로드"를 함께 건설하자는 중대한 제안을 잇달아 내놓았다.

중국정부는 "일대일로 건설추진 공작영도소조"를 창설하고, 국가발전개혁위원회에 "영도소조판공실"을 설치했다. 2015년 3월 "실크로드 경제벨트와 21세기 해상 실크로드 공동건설 추진을 위한 비전과 행동"을 발표하였으며 2017년 5월 베이징에서 「제1회 일대일로 국제협력 정상포럼」을 성공적으로 개최하였다. 그리고 「보아오 아시아포럼 연차총회」, 「상하이협력기구 칭다오 정상회의」, 「중국·아프리카협력포럼 베이징 정상회의」, 「중국국제수입박람회」 등도 잇달아 개최했다.

5년여 동안 일대일로를 함께 건설하자는 제안은 점점 더 많은 국가와 국제조직의 적극적인 호응을 얻었으며 국제사회의 폭넓은 관심을 받는 등 영향력이 나날이 커지고 있다.

일대일로를 함께 건설하자는 제안은 중국에서 발원하여 세계의 것이 되었으며, 역사에 뿌리를 두고 더욱더 미래 지향적으로 나가는 것이다. 아시아·유럽·아프리카 대륙에 중점을 두고 모든 파트너에게 개방한다.

일대일로를 함께 건설하자는 것은 서로 다른 국가와 지역·발전단계·역사전통·문화종교·풍속습관을 뛰어넘는 평화발전과 경제협력의 이니셔티브이다. 지정학적 연합이나 군사동맹을 하는 것이 아니라, 개방적 포용과 공동발전을 도모하는 것이다. 문을 닫고 "작은 울타리"나 "중국클럽"을 만들려는 것이 아니다. 이데올로기의 경계선을 긋지 않고 제로섬 게임을 하지 않으며 각국이 참여를 희망하면 모두 환영한다.

일대일로를 함께 건설하는 것은 함께협의(共商)·함께건설(共建)·함께나눔(共享)을 원칙으로 한다. 평화협력·개방포용·호학호감(互學互鑒)을 상생번영의 실크로드 정신으로 이끌어 가며, 정책소통·시설연통·무역창통·자금융통·민심상통을 중점으로 한다. 일대일로는 이미 "이념에서 행동"으로 "비전에서 현실"로, "제안에서 전 세계"에 환영받는 공공재로 전환되었다.

2018년 8월, 시진핑 주석은 베이징에서 일대일로 건설 5주년 좌담회를 주재한 자리에서 일대일로 건설은 '수묵화'를 그리는 구상 단계에서 이미 정성들여 세밀하게 그리는 '공필화'(工筆畵) 단계로 옮겨가고 있으므로 질(質) 높은 발전으로 전환하여 연선국가 국민들을 행복하게 하고, "인류운명공동체"를 구축할 것을 제시했다.

Ⅰ. 진전(進展)

2013년 이래, 일대일로는 정책소통(政策溝通), 시설연통(施設聯通), 무역창통 (貿易暢通), 자금융통(資金融通), 민심상통(民心相通)을 주요내용으로 하여 착실하게 추진하고 있으며 상징적인 조기성과가 나타나기 시작했다. 참여국가는 실질적인 이익을 얻었으며, 일대일로에 대한 동질감과 참여도가 지속적으로 높아지고 있다.

1. 정책소통

정책소통은 일대일로 건설의 중요한 보장이며, 손을 맞잡고 함께 건설하는 행동을 형성하는 중요한 선도자이다. 5년여 동안 중국은 유관국가 및 국제조직과 충분히 소통하고 협조하여, 일대일로에 대한 광범위한 국제협력의 공감대를 형성하였다.

1) 일대일로는 국제조직의 중요한 문건에 채택

일대일로의 그 핵심이념은 이미 유엔(UN), 주요 20개국(G20), 아시아태평양경제협력체(APEC), 그리고 기타 지역조직 등의 관련 결의안에 채택되었다. 2015년 7월, 상하이협력기구(SCO)는 「상하이협력기구 회원국원수(元首) 우파(Ufa)선언」을 발표하고, 실크로드 경제벨트 건설에 관한 제안을 적극 지지했다. 2016년 9월, 「G20항저우정상회의성명」은 글로벌 인프라연계 연맹 이니셔티브 건립에 관한 건을 통과시켰다.

2016년 11월, 유엔은 193개 회원국의 만장일치로 일대일로 등 경제협력 제안을 환영한다는 결의안을 채택하고, 국제사회에 일대일로 건설을 위해 안전한 환경을 보장하여 줄 것을 호소했다. 2017년 3월, 유엔 안보리는 2,344호 결의를 만장일치로 채택하고 일대일로 건설을 통해 지역경제협력을 강화하여 줄 것을 국제사회에 호소하였으며 처음으로 인류운명공동체 이념을 결의안에 포함 시켰다.

그리고 2018년 「중국·중남미포럼 제2차 장관회의」, 「중국·아랍국가협력포럼 제8차 장관회의」, 「중국·아프리카협력포럼 정상회의」 등을 잇달아 개최하여 「중국·중남미 일대일로에 관한 특별성명」, 「중국·아랍국가 일대일로 건설협력 행동선언」, 「더욱 친밀한 중국·아프리카 운명공동체 구축에 관한 베이징선언」 등과 같은 중요한 성과를 이루어 냈다.

2) 일대일로 참여국가와 국제기구 매년 증가

일대일로의 틀 아래 각 참여국가와 국제조직은 구동존이(求同存異)이 원칙에 입각하여, 경제발전계획과 정책에 대하여는 충분한 교류를 진행하고, 경제협력계획과 조치는 협의하여 제정한다. 2019년 3월 말 기준, 중국정부는 125개국,[1] 29개 국제기구와 173건의 협력문건을 체결했다. 일대일로 참여국가는 이미 아시아, 유럽에서 아프리카, 중남미, 남태평양 등으로 뻗어 나가고 있다.

3) 일대일로는 전문분야와 협력을 순차적으로 추진

디지털 실크로드 건설은 이미 일대일로의 중요한 구성 부분이 되었다. 중국은 이집트, 라오스, 사우디아라비아, 세르비아, 태국, 터키, 아랍에미리트 등과 함께 「일대일로 디지털경제 국제협력 이니셔티브」를 발기하고, 16개국과 디지털 실크로드건설 협력 강화 협의서에 서명했다. 그리고 「일대일로 건설 표준연통(联通)행동계획(2018~2020년)」을 발표하고, 49개국 및 지역과 85개의 표준화 협력 협정을 체결하였다.

일대일로 세무협력의 장기적 효과 메커니즘이 날로 성숙하고 있는 가운데, 중국은 일대일로 세무협력회의를 개최하고, 「아스타나 일대일로 세무협력 이니셔티브」를 발표하였다. 세무협정협력 네트워크 참여국가는 111개 국가이다.

중국과 49개 연선국가는 공동으로 「일대일로 국가 지적재산권 실무협력 촉진에 관한 공동성명」을 발표했다. 중국은 법치협력 국제포럼을 개최하고 「일대일로 법치협력 국제포럼 공동의장 성명」을 발표했다. 그리고 일대일로 에너지 장관회의를 개최하고 18개 국가와 공동으로 「일대일로 에너지협력 파트너관계 건립」을 선언했다. 또한 「일대일로 농업협력의 비전과 행동」 및 「일대일로 해상협력 구상」 등을 발표하였으며, 「국제 상사법정 및 원스톱 국제상사 분쟁 다원화 해결 메커니즘」도 건립했다.

2. 시설연통

시설연통은 일대일로의 우선 방향이다. 해당 국가의 주권존중과 안전배려의 기초위에서 각국이 공동으로 노력하여, 철도·도로·해운·항공·파이프라인·공간종합정보네트워크 등을 핵심으로 하는 전방위적이고 다층적 복합형 인프라 네트워크의 형성이 가속화하고 있다. 또한 지역 간 상품·자금·정보·기술 등의 거래

---

1   2020년 1월 기준, 138개국, 30개 국제조직과 200건의 협력문건 체결

원가가 대폭 낮아져, 지역 자원요소의 자유로운 이동과 최적화 배치를 효과적으로 촉진시켜, 상생협력의 발전을 실현했다.

1) 국제경제협력회랑과 통로건설이 뚜렷한 진전을 얻었음

신아시아·유럽대륙교, 중국·몽골·러시아, 중국·중앙아시아·서아시아, 중국·인도차이나반도, 중국·파키스탄, 방글라데시아·중국·인도·미얀마 등 6대 국제경제협력회랑은 아시아경제권과 유럽경제권으로 연결된다. 각국은 호련호통(互聯互通) 동반자 관계 건립 및 강화로 효율적이고 원활하게 아시아·유럽 대륙 시장을 구축하는 데 중요한 역할을 했다.

■ 신아시아·유럽대륙교 경제회랑

5년여간, 신아시아·유럽대륙교 경제회랑 지역협력이 날로 심화하고 있다. 개방적이고 포용적이며 상생번영의 동반자 관계가 새로운 수준으로 향상되어 아시아·유럽 두 대륙의 경제무역 교류를 강력히 추진하였다. 「중국·중동부유럽국가협력 부다페스트요강」과 「중국·중동부유럽국가협력 소피아요강」은 중동부유럽 호련호통(互聯互通) 플랫폼과 유럽투자계획의 틀에서 실제적인 협력을 순차적으로 추진한다고 발표하였다. 헝가리~세르비아 철도가 착공되었으며, 중국서부~카자흐스탄~러시아~서유럽 국제도로가 기본적으로 건설되었다

■ 중·몽·러 경제회랑

중·몽·러 3국은 철도·도로·국경 통상구(口岸)를 중심으로 초국경 인프라 네트워크 형성을 적극적으로 추진한다. 2018년 3국은 「중·몽·러 경제회랑 건립에 관한 공동추진 메커니즘 양해각서」를 체결하고 3자협력 사업 메커니즘을 더욱 완비하였다. 중·러통장(同江)~샤렌닌스꼬야 철도교량 중국 측 공사는 이미 2018년 10월에 완공하였다. 헤이허(黑河)~블라고베셴스크 도로교량 건설은 순조롭게 추진하고 있다. 중국~러시아기업연합체는 모스크바~카잔 철도 프로젝트의 기본설계를 완료했다.

3국이 서명하여 비준한 「아시아도로망 국제도로운송에 관한 정부 간 협정」은 효력을 발생했으며, 중·몽·러(얼렌하오터) 초국경 육상케이블 시스템사업은 이미 완공했다.

■ 중국~중앙아시아~서아시아 경제회랑

5년여간, 이 회랑은 에너지협력·인프라 호련호통(互聯互通)·경제무역과 생산 능력 등의 합작 분야에서 협력이 심화되고 있다. 중국과 카자흐스탄·우즈베키스탄·터키 등 국가와는 양자 간 국제도로운수협정을 체결했고, 중국·파키스탄·카자흐스탄·키르기스스탄, 중국·카자흐스탄·러시아, 중국·키르기스스탄·우즈베키스탄 등과는 다자 간 국제도로운송 협의 혹은 협정을 잇달아 체결하는 등 중앙아시아, 서아시아 지역의 인프라 건설을 끊임없이 완비하고 있다.

「중국·사우디아라비아 투자협력포럼」은 일대일로와 사우디아라비아 '2030비전' 간 산업결합을 추진하여 총 280억 달러가 넘는 합작계약을 체결했다. 중국과 이란은 각 분야에서의 독특한 강점을 발휘하여 도로·기초시설·에너지 등 분야의 맞춤형 협력을 강화해 나가고 있다.

■ 중국~인도차이나반도 경제회랑

5년여간 이 회랑은 인프라 호련호통(互聯互通)과 초국경경제합작구 건설 등 방면에서 큰 진전을 이루었다. 쿤밍~방콕 간 전 노선을 관통하는 도로, 중국~라오스 철도, 중국~태국 철도 등의 프로젝트도 안정적으로 추진하고 있다.

중국~라오스 경제회랑 건설을 시작했다. 태국 동부경제회랑과 일대일로를 빠르게 결합하며 중국과 캄보디아·라오스·미얀마·베트남·태국CLMVT) 간 경제협력도 착실하게 추진하고 있다. 중국·아세안(10+1)협력, 란찬강·메콩강 협력체와 메콩강지역경제협력체(GMS)가 발휘하는 적극적인 역할이 점점 뚜렷해지고 있다.

■ 중국~파키스탄 경제회랑

에너지, 교통인프라, 산업단지협력, 과다르항을 중심으로 한 협력사업을 확정하여 실시하고 있다.

중국과 파키스탄은 「중·파경제회랑공동협력위원회」를 구성하고, 정례회의 체제를 구축했다. 일부 사업은 순조롭게 추진하고 있으며 과다르항의 항구와 도로 원활화, 페샤르~카라치 고속도로건설, 카라콤프도로 2기 확충공사, 라호르 철도교통 오렌지라인, 카심항 1,320메가와트 발전소와 같은 중점 프로젝트를 착공하여 일부 프로젝트는 이미 성과를 얻고 있다. 중국~파키스탄 경제회랑은 제3자 협력의 물꼬를 트고 있고, 많은 국가가 이미 참여했거나 참여를 희망하고 있다.

■ 방글라데시~중국~인도~미얀마 경제회랑

5년여 동안, 방글라데시~중국~인도~미얀마 경제회랑 4개국은 공동프로젝트의 틀 아래, 공동으로 회랑 건설을 추진하고 있으며, 메커니즘과 제도건설, 인프라 호련호통(互聯互通), 무역과 산업단지협력, 국제금융개방협력, 인문교류와 민생협력 등 방면에서 중점적인 프로젝트를 연구하고 계획을 수립했다. 중국~미얀마 양국은 공동으로 중국~미얀마 경제회랑 공동위원회를 창립하였으며, 중국~미얀마 경제건설에 관한 양해각서와 뮤즈~만달레이 철도사업 타당성 검토문서 및 차우크퓨경제특구 심수항(深水港)프로젝트 건설 협정을 체결했다.

2) 인프라 호련호통(互聯互通)수준 크게 향상

"도로가 통하면, 모든 산업이 번창한다." 인프라의 투입 부족은 개발도상국 경제발전의 걸림돌이며, 시설연통 건설을 가속화하는 것은 일대일로를 함께 건설하는 데 있어서 중요한 영역이며 핵심적 내용이다.

■ 철도협력

중국~라오스 철도, 중국~태국 철도, 헝가리~세르비아 철도, 자카르타~반둥 철도 등의 협력 사업에 중점을 둔 지역 간, 대륙 간 철도 네트워크 건설은 큰 진전을 이루었다. 범아시아 철도 동선(東線), 파키스탄 1호철도 간선확충, 중국~키르기스스탄~우즈베키스탄 등의 프로젝트는 전기(前期)연구를 적극 추진하고 있으며, 중국~네팔 국제철도는 이미 예비타당성 검토를 완료했다. 중국~유럽화물열차는 다국 간 협력을 통해 국제화물 열차운행 체제를 구축했다. 중국·백러시아·독일·카자흐스탄·몽골, 폴란드와 러시아 등 7개 국가 철도공사는 「중국~유럽화물열차협력심화에 관한 협약」을 체결했다. 2018년 말 기준, 중국~유럽 간 화물열차는 이미 아시아·유럽대륙 16개 국가, 108개 도시에 걸쳐 누적 운행 1.3만 회, 운송화물 110만 개 컨테이너를 초과했다. 중국에서 출발한 화물열차의 적재율은 94%에 달하고, 중국에 도착하는 화물열차의 적재율은 71%에 달한다. 연선국가와 국경 통상구(口岸) 통관협력을 추진하여 통관 편리화를 향상시켜 평균검사율과 통관 시간이 50% 이상 향상되었다.

■ 도로협력

중국~몽골~러시아, 중국~키르기스스탄~우즈베키스탄, 중·러(다롄~신시베리아), 중국~베트남 국제도로 직통 운송 시범사업을 성공적으로 개최하였다.

2018년 2월, 중국~키르기스스탄~우즈베키스탄 간 국제도로운송이 상시화 운행에 들어갔으며, 중국~베트남 베이룬강도로 제2교량을 개통하였다. 중국은 「국제도로운송협약(TIR)」에 정식으로 가입했으며, 15개 연선국가와 「상하이협력 기구 회원국 정부 간 국제도로운송 편리화 협정」을 포함한 18건의 양자·다자 간 국제운송 편리화 협정을 체결하였다. 또한 「메콩강 지역 화물 편리화 및 인원 국경왕래 운송 협정」을 시행하는 등 적극적인 진전을 이루었다.

■ 항만협력

파키스탄 과다르항은 컨테이너 정기선을 개통하였으며, 항구의 부대시설이 완공되어 30여 개 업체를 유치하였다. 스리랑카 함반토타항 경제특구를 산업단지로 지정하고, 계획의 내용을 확정하는 등 전기(前期)단계 공정을 마무리했다. 그리스 피레우스항은 중요한 중계 허브항으로 건설하며, 3기 항구 건설이 곧 완공된다. 아랍에미리트 칼리파항 2기 컨테이너 선적부두는 2018년 12월에 정식으로 개항하였다.

중국과 47개 연선국가는 38개의 양자 간 지역항운 협정을 체결했다. 중국 닝보(寧波) 항운교역소는 '해상 실크로드 운항 지수'를 지속으로 보완하여, 16+1무역 지수와 16닝보 항구 지수를 발표했다.

■ 항공운송

중국은 126개 국가 및 지역과 양자 간 정부 항공운송 협정을 체결했다. 룩셈부르크·러시아·아르메니아·인도네시아·캄보디아·방글라데시·이스라엘·몽골·말레이시아·이집트 등 국가와 항공운수권 배정을 확대했다. 5년여에 걸쳐 중국과 연선국가 간 새롭게 증가한 국제 항공노선은 1,239개로, 신규 개통한 국제 항공노선 총량의 69.1%를 차지한다.

■ 에너지 시설 건설

중국은 연선국가와 협력 기본협의서와 양해각서를 체결하고, 전력·오일가스·원자력 발전·신에너지·석탄 등의 분야에서 광범위한 협력을 전개하였다. 관련 국가와 공동으로 오일가스관을 안전하게 유지하며, 국가와 지역 간 에너지 자원의 최적화 배치를 촉진한다.

중·러 원유관과 중국~중앙아시아 천연가스관을 안정적으로 운영하며, 중·러 천연가스관 동선(東線)은 2019년 12월 부분적인 공급을 실현하고, 2024년부터 전 노선에 공급한다. 중국~미얀마 오일가스관이 전 노선을 관통한다.

■ 통신시설 건설

중국~미얀마, 중국~파키스탄, 중국~키르기스스탄, 중국~러시아 초국경 광케이블 정보망 건설이 눈에 띄게 진전되었다. 중국은 국제전기통신연합과 「일대일로 전기통신 및 정보통신분야 협력강화에 관한 의향서」를 체결했다. 그리고 키르기스스탄·타지키스탄·아프가니스탄과 실크로드 광케이블 협력 협정을 체결하고, 실질적인 실크로드 광케이블사업을 가동했다.

3. 무역창통

무역창통은 일대일로의 중요한 내용이다. 일대일로는 연선국가와 지역의 무역·투자 자유화와 편리화를 촉진하였다. 거래원가와 비즈니스 원가를 낮추고 발전 잠재력을 방출하여 각 국가의 경제 글로벌화 참여의 폭과 깊이를 한층 높였다.

1) 무역·투자 자유화와 편리화 수준의 지속적 향상

중국이 발기한 「일대일로 무역창통 이니셔티브」에 83개 국가와 국제기구가 적극적으로 참여하고 있다. 세관검사검역 협력이 끊임없이 발전 심화하고 있다. 2017년 5월 「제1회 일대일로 국제협력 정상포럼」을 개최한 이래 중국은 연선국가와 100여 건의 협력문건을 체결하고, 50여 종의 농산물 식품검역 진입허가를 실현하였다. 중국은 카자흐스탄·키르기스스탄, 타지키스탄 등과 농산물 빠른 통관 '녹색통로' 건설을 적극 추진하여 농산물 통관시간을 90% 단축했다.

중국은 외자진입을 더욱 완화한다. 고(高)표준의 국제경영환경을 조성하며, 전 세계에 개방된 12개의 자유무역시험구[2]를 설립하였다. 동시에 자유무역항 건설을 모색하여 연선국가의 중국 투자를 이끌어 낸다.

중국의 평균 관세수준은 세계무역기구 가입 시 15.3%에서 7.5%로 낮아졌다. 중국은 아세안·싱가포르·파키스탄·그루지야 등 여러 국가와 자유무역협정을 체결하거나 업그레이드 하였으며, 유라시아경제연합과는 경제무역협력 협정을 체결하고, 연선국가와 자유무역네트워크 체계를 점진적으로 형성하고 있다.

2) 무역규모 지속적 확대

2013~2018년 간 중국과 연선국가 화물무역 수출입 총액은 6조 달러를 초과

---

2   2019년 4월22일 발표이후 6개자유무역시험구 추가 지정, 현재 18개임

했다. 연평균 성장률은 같은 기간 중국 대외무역 증가속도보다 높으며, 중국 화물무역 총액의 27.4%를 차지한다. 그중에서도 2018년, 중국과 연선국가 간 화물무역 수출입 총액은 1조 3,000억 달러로 전년 동기대비 16.4% 증가했다.

중국과 연선국가 간 서비스무역은 작은 것에서 부터 큰 것으로 안정적인 발전을 하고 있다. 2017년, 중국과 연선국가 간 서비스무역 수출액이 977.6억 달러로 전년 동기대비 18.4% 증가하였으며, 중국 서비스무역 총액의 14.1%를 차지하며, 2016년 1.6% 보다 높다.

세계은행 연구팀은 일대일로에 잠재적으로 참여하는 71개 국가의 무역영향에 대한 분석을 했는데, 일대일로 참여국가 간의 무역거래를 4.1%증가 시키는 것으로 나타났다.[3]

3) 무역방식 혁신 프로세스 가속화

초국경 전자상거래 등 새로운 업종과 신모델은 무역원활화를 추진하는 중요한 신성장 동력이다. 2018년 중국세관 초국경 전자상거래 관리 플랫폼을 통한 소매 수출입 상품총액은 203억 달러로 전년 동기대비 50% 증가했는데, 이중 수출은 84.8억 달러로 전년 동기대비 67%, 수입은 118.7억 달러로 39.8% 증가했다.

실크로드 딜러들의 협력에 힘입어, 중국은 17개 국가와 양자 간 전자상거래 협력체제를 건립하였으며, 브릭스 국가 등 다자 간 메커니즘 아래 전자상거래협력 협정을 체결함으로써 기업 간 연결과 브랜드 육성의 실질적 행보를 빠르게 하고 있다.

4. 자금융통

자금융통은 일대일로의 중요한 버팀목이다.

국제 다자 금융기관 그리고 각종 상업은행들은 끊임없이 혁신 투융자 모델을 모색하고 있다. 다양한 융자 루트를 적극적으로 넓히며, 일대일로를 건설하기 위하여 안정적이고 투명하며 질 높은 자금제공을 지지한다.

1) 신형 국제투융자 모델 탐색

일대일로 연선 인프라건설과 생산능력 협력의 잠재력은 매우 크나, 융자가 부족한 부분을 시급히 해결해야 한다. 국가별 국부펀드와 투자펀드가 점점 더 중요한

---

3 Suprabha Baniya, Nadia Rocha, Michele Ruta. Trade Effects of the New Silk Road: A Gravity Analysis. WORLD BANK Policy Research Working Paper 8694, January 2019.

역할을 하고 있다. 최근 몇 년 동안 아랍에미레이트 아부다비 투자국과 중국투자유한책임회사 등의 국부펀드는 연선국가 주요 신흥경제국에 대한 투자규모가 현저히 증가하였다.

실크로드기금과 유럽투자기금이 공동 투자하는 중국·유럽공동투자펀드는 2018년 7월에 실질적인 운용을 개시해 5억 유로 규모를 투자하여 일대일로와 유럽투자계획 간 결합을 촉진했다.

2) 다자 금융협력 지지 작용이 뚜렷함

중국 재정부와 아르헨티나·러시아·인도네시아·영국·싱가포르 등 27개국 재정부는 「일대일로 융자 지도원칙」을 확정했다. 이 지도원칙에 따라 각 국가는 금융자원이 해당 국가와 지역의 실제 경제발전에 사용되도록 지원한다. 인프라 호련호통(互聯互通), 무역·투자, 생산능력 협력 등의 분야에 대한 융자 지원을 중점적으로 확대한다.

중국인민은행과 세계은행그룹 산하 국제금융공사·미주개발은행·아프리카개발은행과 유럽부흥개발은행 등 다자 개발기구는 공동으로 융자활동을 전개하여 2018년 말까지 총 100여 개의 프로젝트에 투자하였으며, 투자지역은 70여 개 국가와 지역에 이르고 있다.

2017년 11월, 중국~중동부유럽은행연합체를 설립하였으며, 회원국은 중국·헝가리·체코·슬로바키아·크로아티아 등 14개 국가의 금융기관이다. 2018년 7월과 9월, 중국~아랍국가금융협력은행연합체와 중국~아프리카국가금융협력연합체를 설립하여, 중국과 아랍국가·아프리카국가 간 첫 다자 금융협력 메커니즘을 건립했다.

3) 금융기관 협력 지속적 향상

일대일로 건설 중에서, 정책성 수출신용보험은 활용도가 광범위하여 인프라와 기간산업 건설을 지원하는 데 독특한 역할을 했다. 상업은행은 다양한 예금흡수, 회사융자, 금융상품, 무역대리, 신탁 등에서 강점을 가지고 있다. 2018년 연말 기준, 중국수출신용보험공사가 연선국가에 대한 수출과 투자로 지원한 누적금액은 6,000억 달러가 넘는다.

중국은행·중국공상은행·중국농업은행·중국건설은행 등 중국계 은행은 연선국가와 광범위한 거래은행 관계를 맺고 있다. 독일 상업은행은 중국공상은행과 협력양해각서를 체결하였다. 독일 상업은행은 독일은행 중에 처음으로 일대일로

협력은행에 가입하였다.

4) 금융시장 시스템 향상

연선국가는 장기적인 안정, 상호 번영을 위한 금융협력 관계가 부단히 심화하고 있다. 다양한 혁신금융상품이 꾸준히 출시되면서 일대일로 건설 융자루트가 크게 넓어졌다.

중국은 은행 간 채권시장 대외개방 정도를 부단히 향상 시키고 있다. 2018년 연말 기준, 판다채 발행 규모는 2,000억 위안에 이른다.

중국수출입은행은 전 세계 투자자들에게 20억 위안의 "채권통" 녹색금융채권을 발행하였으며, 브릭스신개발은행은 최초로 30억 위안의 녹색금융채권을 발행하여 녹색실크로드 건설을 지원하고 있다.

증권선물거래소 간의 증권, 업무, 기술협력을 착실하게 추진하고 있다. 2015년, 상하이증권거래소·도이칠란드거래소그룹·중국금융선물거래소가 공동 출자하여 중국~유럽국제거래소를 설립했다. 상하이증권거래소는 카자흐스탄 아스타나 국제금융센터관리국과 협력협정을 체결하고, 아스타나 국제거래소 설립에 공동 투자하기로 합의했다.

5) 금융 연계성의 지속 발전

이미 11개 중국계 은행은 28개 연선국가에 76개의 일급기구를 설립했으며, 22개 연선국가에서 온 50개의 은행은 중국에 7개의 법인은행과 19개의 외국은행지점, 그리고 34개의 대표부를 설립하였다. 2개의 중국 증권회사는 싱가포르, 라오스에 합작회사를 설립하였다.

중국은 잇달아 20여 연선국가와 통화스와프를 체결했다. 7개 연선국가와는 위안화 국제결제시스템을 건립하였고, 35개 연선국가의 금융감독당국과 협력문서를 체결하였다.

위안화 국제결제투자·거래·준비기능이 안정적으로 향상되어 위안화 국제화결제시스템(CIPS) 업무범위는 40개 연선 국가와 지역에 이른다. 중국~국제통화기금조직연합능력센터는 "일대일로 재경발전연구센터"를 설립했다.

5. 민심상통

민심상통은 일대일로의 인문적 기초이다. 평화, 안녕, 풍요롭고, 더욱 아름다운 생활을 추구하는 것은 각국 국민의 공통된 꿈이다. 5년여간, 각국은 다양하고 광범위한 공공외교와 문화교류를 전개하여, 상호 이해와 동질감을 증진시켰으며, 일대일로를 건설하기 위한 견실한 민의기반을 굳건히 하였다.

1) 문화교류 형식의 다양화

중국과 연선국가는 예술제·영화제·음악제·문물전·도서전 등을 상호 개최하였으며, 도서·방송·영상물의 명품창작과 방송협력을 전개했다. 실크로드 인터내셔널극장·박물관·예술제·도서관·미술관 연맹이 잇달아 결성되었다.

중국은 동유럽·아세안·러시아·네팔·그리스·이집트·남아프리카등 국가와 지역 간 공동으로 '문화의 해' 행사를 개최하였다. 그리고 실크로드관광·중앙아프리카 문화포커스 등 10여 개의 문화교류 브랜드를 형성하였다. 실크로드(돈황)국제문화박람회·실크로드국제예술제·해상 실크로드 등 대형문화축제를 창설하였으며, 연선국가에 17개의 중국문화센터를 설립했다. 그리고 인도네시아·미얀마·세르비아·싱가포르·사우디아라비아 등 국가와 문화유산협력 문건에 서명했다. 중국·카자흐스탄·키르기스스탄은 공동으로 창안(長安)~톈산(天山)회랑 도로망을 실크로드 문화유산으로 등재를 신청하여 등재를 받았으며, 일대일로 매체협력연맹 설립도 적극 추진하고 있다.

실크로드 연선국가 민간조직 협력네트워크 멤버가 이미 310개에 달하며, 민간우호협력의 중요한 플랫폼이 되었다.

2) 교육훈련 성과 풍부

중국은 실크로드 중국 정부 장학금 프로젝트를 추진하고 있다. 24개 연선국가와 고등교육 학력학위 상호인정 협약을 체결했다. 2017년 연선국가의 3만 8,700명이 중국정부 장학금을 받아 중국에 유학왔으며, 전체 장학생의 66%에 이른다. 홍콩·마카오특별행정구에는 일대일로 관련 장학기금을 각각 설립했다. 54개 연선국가에 공자학원 153개와 공자학당 149개를 설립하였다. 중국 과학원은 연선국가에 석박사 과정 학생 장학금과 과학기술 양성반을 설립하여, 이미 5,000명이 훈련을 받았다.

3) 관광협력 점진적 확대

중국은 여러 국가와 함께 '관광의 해'를 개최하여, 실크로드 관광시장 보급연맹·해상 실크로드 관광보급연맹·만리다도(萬里茶道) 국제관광연맹과 같은 관광협력 메커니즘을 창설했다.

57개 연선국가와는 상호 비자면제 협정을, 15개국과는 19건의 비자 간소화 협정을 체결했다. 2018년 중국 출국 관광인원은 1억 5천만 명에 달하며, 중국 입국 외국인 관광객은 3,054만 명에 달한다. 러시아·미얀마·베트남·몽골·말레이시아·필리핀·싱가포르 등이 중국의 주요 관광객 내원(來源)시장이 되었다.

4) 위생건강 협력 발전 심화

「제1회 일대일로 국제협력 정상포럼」을 개최한 이래, 중국과 몽골, 아프가니스탄 등 국가는 세계보건기구(WHO), 빌&멜린다게이츠재단 등 비정부기구와 잇달아 56건의 위생건강 협력 추진을 위한 협약을 체결했다. 2017년 8월, 일대일로 및 건강실크로드 고위급 세미나를 베이징에서 개최하고, '베이징성명'을 발표하였다. 중국은 란창강~메콩강 국가와 에이즈·말라리아·뎅기열·독감·결핵병 등을, 중앙아시아 국가와 포충병·페스트 등 동물원성감염증 등을, 서아시아 국가와는 척수성소아마비염 등에 대하여 예방·방제 활동을 전개하고 있다.

중국은 잇달아 많은 안과 의료팀을 캄보디아·미얀마·라오스·스리랑카 등 국가에 파견하여 '광명의 길' 캠페인을 벌이고, 단기 의료팀을 피지·탕가·미크로네시아·바누아투 등 태평양 섬나라에 파견해 의료봉사 활동을 벌였다.

35개 연선국가에 중의약 해외 센터를 건립하였고, 43개의 중의약 국제협력 기지를 건설했다.

5) 재해구호 ·원조 및 빈곤구제 지속 추진

「제1회 일대일로 국제협력 정상포럼」 개최 이래, 중국은 연선 개발도상국가에 20억 위안의 식량을 긴급 지원하고, '남남협력기금'에 10억 달러를 증자하였으며, 「100개 행복한 정원」, 「100개 사랑과 도움」, 「100개 재활지원」 프로젝트를 실현하였다. 원외(援外)문물협력 보호와 해외연합고고학 협력을 전개하여, 6개 국과 8개 원외(援外)문물협력 프로젝트, 12개국과 15개 연합고고학 프로젝트를 추진하였다.

중국은 라오스에 지진 모니터링을 위한 계기설비를 제공하여 방진 및 재해 방지 능력을 향상시켰다. 그리고 캄보디아, 네팔에서 사회 조직협력 프로젝트 24개를 추진하여 현지의 민중생활을 개선하는 데 일조를 하고 있다.

6. 산업협력

일대일로는 다원화된 투자를 전개할 수 있도록 지지하고, 제3자시장 협력을 장려하며, 보혜(普慧)발전·공유 발전의 산업·공급·서비스·가치사슬의 형성을 추진하여, 연선국가의 가속화 발전을 위한 새로운 동력을 제공한다.

1) 중국의 연선국가에 대한 직접투자 안정적 증가

2013~2018년 동안, 중국기업의 연선국가에 대한 직접투자가 900억 달러를 넘어섰고, 연선국가에서 대외도급공사 완성 매출액은 4,000억 달러가 넘는다.

2018년, 중국기업의 연선국가에 대한 비금융류 직접투자는 156억 달러로 전년 동기대비 8.9% 증가하여 같은 기간 총액의 13%를 차지하였으며, 연선국가에서 대외도급공사 완성 영업액은 893억 달러로 같은 기간 총액의 53%를 차지한다. 세계은행은[4], 연선국가의 외국인 직접투자 총금액은 4.97% 증가할 것으로 예측했다. 그중 연선국가 내부의 외국인 직접투자 증가는 4.36%, OECD국가의 외국인 직접투자 증가는 4.63%, 비 연선국가 외국인 직접투자 증가는 5.63%이다.

2) 국제 생산능력 협력과 제3자시장 협력 안정적 추진

연선국가는 국제 생산능력 협력이라는 막대한 시장수요를 빠르게 발전시켰고, 중국은 관련국가와 시장화·전방위적인 생산능력 협력 추진에 적극적으로 호응하여, 연선국가의 산업구조 업그레이드 실현과 산업발전의 차원을 높였다.

현재 중국은 이미 카자흐스탄·이집트·에티오피아·브라질 등 40여 개국과 생산능력 협력문건에 서명했다. 그리고 아세안·아프리카연맹·중남미 및 카리브지역 국가공동체 등 지역조직과 맞춤형 생산능력 협력을 체계적으로 추진하고 있다.

중국은 프랑스·이탈리아·일본·스페인·포르투갈 등 국가와 제3자시장 협력문건을 체결했다.

3) 협력단지 발전 가속화

중국의 각종 기업은 시장화·법치화 원칙에 따라 자주적으로 연선국가에 협력단지를 함께 건설한다. 이들 국가는 중국의 개혁개방 이래 각종 개발구·공단을 통한 경제성장의 경험과 방법을 참고하여 현지의 경제발전을 촉진시켜 연선국가를 위해 새로운 세입원과 일자리를 창조하였다. 동시에, 중국은 카자흐스탄, 라오스와는 중국~카자흐스탄훠얼궈쓰(신장) 초국경협력센터, 중국~라오스모한(원

---

4 Maggie Xiaoyang Chen, Chuanhao Lin. Foreign Investment across the Belt and Road Patterns, Determinants and Effects. WORLD BANK Policy Research Working Paper 8607, October 2018.

난)·모딩(라오스)초국경경제합작구 등을 건립하고, 기타 국가와도 협력하여, 초국
경경제합작구 건립을 착실히 추진하고 있다.

II. 공헌

일대일로는 인류운명공동체 구축에 초점을 두고, 함께협의(共商), 함께건설(共
建), 함께나눔(共享)을 원칙으로 한다. 글로벌 거버넌스의 변혁과 경제 글로벌화
를 위해 중국이 공헌했다.

1. 함께협의(共商) : 중국이 제안하여 세계화

「함께협의」는 '모두의 일은 모두가 협의하여 하자'는 것으로, 평등한 참여를 강
조하고, 충분히 협의하며, 평등한 자기 의사를 바탕으로 충분한 대화와 소통을
통해 인식의 공통점과 협력의 합류점, 공동발전의 역점사항을 찾았다.

■ 국제화를 위한 플랫폼과 매개체

2017년 5월, 「제1회 일대일로 국제협력 정상포럼」이 베이징에서 성공적으로 개
최되었다. 29개국의 정상과 정부수반을 포함하여 140여 개 국가와 80여 국제기
구의 1,600여 명이 포럼에 참석하였다. 포럼은 정책소통 등 5개 세션, 76개 항
목, 297개 프로젝트로 구성되었으며, 이 프로젝트는 모두 실현되었다. 2019년
4월, 「제2회 일대일로 국제협력 정상포럼」이 베이징에서 연속하여 개최된다. 「일
대일로 국제협력 정상포럼」은 이미 각 참여국가와 국제조직이 교류를 심화하고,
신뢰를 증진하며, 밀접하게 왕래하는 중요한 플랫폼이 되었다. 2018년 11월 '제
1회 중국국제수입박람회'가 172개 국가 및 지역과 국제조직, 3,600여 개 해외기
업이 참가한 가운데 성공적으로 개최되었다. 그리고 4500여 명의 정치·경제·학
계·연구기관의 귀빈은 '홍차오국제경제포럼'에서 대화와 교류를 통해 '홍차오 소
리'[5]를 냈다.

중국은 실크로드박람회 및 중국동서부협력투자무역상담회, 중국·아세안박람
회, 중국·유라시아박람회, 중국·아랍국가박람회, 중국·남아시아박람회, 중국
동북아박람회, 중국서부국제박람회 등 대형 전시회를 개최했다. 이것은 중국과
연선국가 간 협력의 중요한 플랫폼이 되고 있다.

---

5   중국의 개혁개방 성과를 높이 평가하고, 보호무역주의 배격, 지속 가능한 발전에 대하여 의견을 같이했다.

■ 다자 협의체와 공조강화

일대일로는 평화와 발전의 시대적 흐름에 발맞추어 평등협상과 개방포용을 견지하고, 연선국가의 기존 국제메커니즘 기반위에서 상호 이익협력을 촉진한다. 중국은 주요 20개국, 아시아태평양경협력체, 상하이협력기구, 아시아유럽회의, 아시아협력대화, 아시아교류 및 신뢰구축회의, 중국·아세안(10+1), 란창강·메콩강협력체, 메콩강지역경제협력체, 광역두만강개발계획, 중앙아시아지역경제협력, 중국·아프리카협력포럼, 중국·아랍협력포럼, 중국·중남미·카리브국가 공동체포럼, 중국·중동부유럽(16+1)협력 메커니즘, 중국·태평양 섬나라 경제발전협력포럼, 세계경제포럼, 보아오 아시아포럼 등 기존의 다자 협력 메커니즘을 충분히 활용하여 상호존중·상호신뢰의 기초위에 각국과 일대일로의 실질적 결합과 협력을 추진했다.

■ 공공외교 대화 메커니즘 구축

중국은 연선국가의 정당·의회·싱크탱크·지방·민간·상업·언론·대학 등과 공공외교를 통해, 일대일로와 연계한 다양한 소통, 대화, 교류, 협력을 추진했다. 중국 공산당과 세계 정당 간 고위급 대화회를 개최하고, 일대일로와 관련한 의제에 대하여 깊은 의견을 교환했다. 또한 관련국가와 일대일로 싱크탱크협력연맹, 실크로드 국제 싱크탱크 네트워크, 대학교 싱크탱크연맹 등을 잇달아 조직했다. 영국·한국·일본·영국·싱가포르·카자흐스탄 등 국가와 일대일로 연구기구를 설립하고, 다양한 포럼과 세미나를 개최했다.

중국은 외국대학과 협력하여, 일대일로 연구센터, 협력발전학원, 공동훈련센터 등을 설립하고, 일대일로를 함께 건설하기 위한 국제화 인재를 양성했다. 외국 언론과 교류협력을 강화하고, 매스미디어포럼·합작영화촬영·공동취재 등을 통해 일대일로 홍보활동을 강화하여, 국제사회가 일대일로 관련 정보를 적시에 이해할 수 있도록 하였다.

2. 함께건설(共建) : 아름다운 정원 만들기

일대일로에 함께하는 국가와 지역은 모두 평등한 참여자, 건설자, 공헌자이며, 책임과 리스크의 공동 담당자이다.

■ 공동협력을 위한 융자 플랫폼 건설

중국이 발기한 아시아인프라투자은행은 2016년 개업 이래, 국제 다자 개발 체계에서 점점 더 중요한 역할을 담당하여, 국제사회의 폭넓은 신뢰와 인정을 받고 있다. 2018년 말 기준, 아시아인프라투자은행은 당초 57개 창립멤버에서 각 대륙으로 퍼져나가 93개 멤버로 발전하였다. 누적 대출 승인금액은 75억 달러이며, 기타 400억 달러 투자유치를 유발하였다. 35개의 프로젝트를 승인하였으며, 수혜 국가는 인도네시아·파키스탄·타지키스탄·아제르바이잔·오만·터키·이집트 등 13개국에 달한다. 아시아인프라투자은행은 본연의 사명을 이행하는 동시에, 다른 다자 개발은행과 함께, 일대일로를 건설하는 데 도움이 되는 중요한 다자 플랫폼의 하나가 되었다.

2014년 11월 중국 정부는 400억 달러를 출자하여 실크로드기금을 설립하겠다고 발표했고, 2017년 5월에는 실크로드기금에 1,000억 위안의 증자를 발표하였다. 2018년 말까지 실크로드기금협정 투자금액은 약 110억 달러이며, 실제 출자금액은 약 77억 달러이다. 그리고 실크로드기금 20억 달러를 출자하여 중국·카자흐스탄 생산능력협력기금을 설립했다.

2017년, 중국은 일대일로 PPP(민관협력투자사업) 협력 메커니즘을 건립하고, 유엔유럽경제위원회와 협력 양해각서를 체결하였다. PPP 공동추진 모델은 일대일로 건설에 더 잘 응용된 협력 프로젝트이다.

■ 3자시장 협력 강화

일대일로는 개방포용과 실질적 효과가 있는 3자시장 협력 추진에 힘쓴다. 중국 기업과 각국 기업 간 상호보완적 우세를 촉진하여, "1+1+1〉3"의 윈-윈을 실현한다.

2018년 '제1회 중국·일본 3자시장 협력포럼'[6]과 '중국·프랑스 3자시장 협력 지도위원회 2차회의'가 성공적으로 개최되었다.

영국 힝클리 원전 등 협력사업은 순조롭게 착지하였으며, 중국중처(中國中車)와 독일 지멘스는 이미 몇몇 중점 프로젝트에 대해 3자협력의 공감대를 형성했다.

3. 함께나눔 : 실질적 혜택 향유

함께나눔은 협력자의 이익과 배려를 동시에 돌보는 것이다. 이익의 접점과 협력의 최대 공약수를 찾아 협력의 성과가 쌍방에 복을 주고, 혜택이 모두에게 돌아

---

6 중국과 일본은 2018년 5월 '중일 제3자시장 협력에 관한 각양해서'를 체결하고 2018년 10월 26일 중국 베이징에서 "중·일 제3자시장 협력포럼"을 공동으로 개최했다. https://baidu.com中日第三方市場合作论坛(검색일: 2020. 3. 2)

가게 한다. 일대일로는 "당신이 지고, 내가 이기고 혹은 당신이 이기고, 내가 지는 제로섬 게임"이 아니라 상생번영이다.

■ 발전성과와 혜택이 연선국가에 고루 미침

세계경제 성장에 대한 중국경제의 기여율은 여러 해 동안 30% 좌우를 유지했다. 최근 몇 년 동안, 중국의 수입수요는 급속히 확대되어, 국제무역 번영에 갈수록 크게 이바지하는 동시에 대중국 수출은 연선국가의 경제성장을 이끌었다.

중국의 화물과 서비스무역 연간 수입액은 모두 전 세계의 10% 정도를 차지하고 있다. 2018년 중국의 화물무역 수입은 14.1조 위안으로 전년 동기대비 12.9% 증가했다.

2018년 중국의 대외 직접투자는 1,298.3억 달러로 전년 동기 대비 4.2% 증가했고, 연선국가에 대한 직접투자는 매년 증가한다.

일대일로를 함께 건설하는 협력의 틀 아래, 중국은 아시아·아프리카·중남미 등 광범위한 개발도상국가들이 인프라 건설의 강도를 높이고 있는 것을 지지한다. 세계경제 발전의 과실(果實)은 개발도상국가들이 얻고 있다.

세계은행 연구팀의 양적 무역모형 결과에서 나타나듯이, 일대일로 건설로 발전 중인 동아시아 및 태평양 국가의 GDP는 평균 2.6%~3.9% 증가할 것이다.[7]

■ 연선국가 민생 개선

중국이 연선국가에 빈곤감소·농업·교육·위생 환경보호 등 분야의 민생을 지원하는 것은 일대일로의 범주에 포함된다. 중국은 중국·아프리카 빈곤감소 혜민(惠民) 협력 계획과 동아시아 빈곤감소 협력시범 등의 활동을 전개하였다.

메콩강 물부족 문제를 적극적으로 실시하고 있다. 연선국가가 가뭄재해에 대응할 수 있도록 돕고, 태국, 미얀마 등 국가에는 홍수방지기술을 제공하고 원조했다.

중국은 세계보건기구와 일대일로 위생분야 협력을 위한 양해각서를 체결하고, 중국·아프리카공공위생협력계획과 중국·아세안 공중위생 인재육성 백인(百人) 계획 등의 프로젝트를 실시했다. 연선국가와 협력하여 수천 명의 공중위생관리 및 질병통제요원을 배양하였다. 관련 국가 5,200여 명의 백내장 환자를 대상으로 무료 시력회복 수술을 해주었다. 매년 주변국가 3만 여 명의 환자들에게 양질의 의료서비스를 제공하고 있다.

---

7 François de Soyres, The Growth and Welfare Effects of the Belt and Road Initiative on East Asia Pacific Countries, WORLD BANKGROUP, October 2018 Number 4.

중국 중의약팀은 잇달아 캄보디아·코모로·토고·상투메프린시페·파푸아뉴기니 등 국가에서 말라리아의 빠른 퇴치방안을 실시하고 있다.

■ 과학기술 혁신을 촉진하고 성과를 연선국가로 이전

중국은 연선국가와 46개의 과학기술 협력협정을 체결했으며, 중국~아세안, 중국~남아시아 등과 과학기술 파트너 계획을 잇달아 가동해, 아세안·남아시아·아랍·중앙아시아·중동부유럽과 5개지역 기술이전 플랫폼을 건립하고, 일대일로 국제과학조직연맹을 발족했다.

연선국가의 청년 과학자들이 단기과학연구사업 및 연선국가 과학기술훈련과 관리인원 등의 방식을 통해 중국에서 일함으로써, 다층적이고 다원화된 과학기술 인문교류 체제를 형성하였다. 2018년, 500명의 연선국가 청년 과학자가 중국에서 연구하는 것을 받아들였으며, 훈련과학기술 관리인원은 1,200명이 넘는다. 중국은 연선국가와 베이더우(北斗)위성항법시스템, 위성통신시스템과 위성기상 원격탐지기술 서비스 등의 우주비행 국제협력을 적극적으로 전개하고 있다.

■ 녹색발전 추진

중국은 "파리협정"을 견지하면서 일대일로는 초지일관 녹색생태이념을 갖고 추진한다. 중국은 유엔환경계획과 녹색 일대일로 건설 양해각서를 체결하고, 30여개 연선국가와 생태환경보전을 위한 협력협정을 체결했다. 녹색 실크로드 건설은 이미 유엔의 2030년 지속가능발전 어젠다의 중요한 경로로 실행되었다. 100여개의 관련국가와 지역에서 온 파트너가 공동으로 일대일로 녹색발전국제연맹을 설립했다.

중국은 2016년 "G20 의장국"을 맡으면서, 녹색금융을 G20의제로 선정하고, G20녹색금융 종합보고서"를 발표했다. 또한 녹색 실크로드 사자(使者) 계획을 적극적으로 실시하여, 이미 연선국가의 2,000명을 훈련시켰다.

중국은 「일대일로 녹색건설추진에 관한 지도의견」, 「일대일로 생태환경보호 협력기획」을 발표하고, 일대일로 녹색책임과 녹색표준 실행을 추진하고 있다.

4. 비전 : 인류운명공동체 구축

일대일로는 아름다운 미래를 추구하는 인류의 공통된 염원에 부응한다. 국제사회는 갈수록 일대일로가 주장한 "인류운명공동체 구축"의 이념에 공감한다. "인류운명공동체"를 구축하는 것은 세계경제 발전의 수요와 인류문명의 진보라는 큰 방향에 부합한다. 일대일로는 "인류운명공동체"의 중요한 실천 플랫폼이다.

■ 중국에서 발원하여 세계화로 승화

일대일로는 서로 다른 지역, 서로 다른 발전단계, 서로 다른 문명을 초월하여 개방적이고 포용적인 플랫폼이며, 각 지역이 함께 만드는 글로벌 공공재이다.

일대일로 목표는 인류공동의 미래를 지향하고, 최대한 비 경쟁성과 비 배타성을 견지해, 국제사회의 글로벌 거버넌스 공정성, 평등성, 개방성, 포용성 추구에 부응한다. 일대일로는 중국이 오늘날 세계를 위해 제공하는 중요한 공공재이다.

구테흐스 유엔 사무총장은, 일대일로는 유엔 새천년계획의 거시목표와 동일하며, 모두 세계에 제공하는 공공재라고 밝혔다.

일대일로는 무역거래와 인적교류를 촉진할 뿐만 아니라, 각국 간의 이해증진, 문화적 장벽을 감소시키며, 궁극적으로는 평화·화합 및 번영을 실현한다.

■ 글로벌 거버넌스 변혁을 위해 중국이 방안을 제공

오늘날 세계는 성장 동력 부족, 거버넌스 정체와 발전 불균형 등의 도전에 직면해 있다. 일대일로는 개방포용·공동발전의 방향을 뚜렷하게 나타낸다. 사회제도와 문화의 차이, 문명의 다양성 존중, 다원적 문화의 공존을 견지하며, 서로 다른 경제 발전수준 국가의 상호보완적 장점과 상생번영을 강조한다. 발전조건 개선, 발전기회 창출, 발전동력 증진, 발전성과 나눔에 힘쓴다. 글로벌 거버넌스 실현, 글로벌 안전, 글로벌 발전연동을 추진한다. 오랫동안 단일 거버넌스 성과가 나타나지 않았던 어려움을 해결하는 데 주력한다.

■ 연선국가의 장래와 운명이 굳게 연결되어 있음

인류는 단지 하나의 지구를 갖고 있고, 각 국가는 하나의 세계에 공존한다. 인류가 공동으로 직면하고 있는 다양한 도전에 대응하기 위해, 세계평화 번영발전의 아름다운 미래를 추구한다. 세계 각국은 고난을 같이하며, 영광과 치욕을 함께한다. 항구적인 평화, 보편적 안전, 공동번영, 개방포용, 아름답고 깨끗한 세상을 만들어 나간다.

인류운명공동체 이념은 이익공생(利益共生), 정감공명(情感共鳴), 가치공감(價值共識), 책임공동부담(責任共擔), 윈-윈발전 등이 내포돼 있다.

일대일로는 위험이 닥쳤을 때 서로 돕고, 평등을 중시하며 정(情)을 돈독히 한다. 구동존이(求同存異), 포용호양(包容互諒), 대화소통, 평등교류를 견지하며,

다른 사람의 발전을 자신의 기회로 간주한다.

중국은 연선국가는 물론 세계의 발전기회와 결합시켜 발전성과가 협력 쌍방과 각국 및 지역에 고루 미치도록 한다.

중국은 40년 개혁개방 중에서 참고할만한 많은 경험을 축적했다. 중국은 이데올로기와 발전 모델을 수출할 계획은 없지만, 일대일로를 통해 다른 나라와 발전 경험을 나누고, 연선국가와 아름다운 미래를 함께하기를 희망한다.

III. 전망

지금 세계는 대발전(大發展) 대변혁(大變革) 대조정(大調整)의 시기에 처해있으며, 평화·발전·협력은 여전히 시대의 흐름이다.

미래를 전망하면, 일대일로는 수많은 문제와 도전에 직면해 있을 뿐만 아니라 역사상 유례가 없는 기회와 발전으로 가득차 있다. 이것은 다방면에 걸친 이니셔티브로서 한마음 한뜻으로 힘을 합칠 필요가 있다. 이것은 미래가 걸린 이니셔티브로 꾸준한 노력이 필요하다. 이것은 인류행복에 관한 이니셔티브로서 세심한 보살핌을 필요로 한다.

우리는, 시간의 변천과 각 방면의 공동 노력에 따라 일대일로는 반드시 착실하게 안정적으로 멀리 나아갈 것이며, 평화의 길·번영의 길·개방의 길·녹색의 길·혁신의 길·문명의 길·청렴의 길이 되어, 경제 글로벌화를 더욱 개방적이고 포용적이며, 보혜(普惠)적이며 균형적이고, 상생발전의 방향으로 추진해 나갈 것이라 믿는다.

1. 평화의 길

고대 실크로드는 평화로울 때 흥하고, 전쟁 때 쇠락했다. 일대일로는 평화안녕의 환경과 불가분의 관계이다. 일대일로는 상호존중·공평정의·상생협력의 신형 국제관계를 건립하고, 대화를 회피하지 않으며, 동맹(同盟)을 맺지 않는다. 각국은 서로의 주권·존엄·영토보전을 존중한다. 서로의 발전과정과 사회제도, 핵심 이익과 중대 관심사를 존중한다.

평화안보는 일대일로의 기본전제이자 보증이다.

각국은 공동·종합·협력·지속 가능한 안보관 수립이 필요하며, 함께 건설하고 함께 공유의 안보구도를 조성해야 한다. 충돌을 해소하고 정치적 해결을 위해 힘을 써야 하며, 조정 알선에 노력하여 공평한 정의를 견지해야 한다. 테러 방지에 힘을 쏟아야 하고, 지엽적인 것과 근본적인 것을 함께 다스려, 빈곤낙후와 사회 불공평을 퇴치한다. 냉전적 사고와 제로섬 게임, 강권정치를 버리고 테러리즘과 분리주의, 극단주의를 단호히 배격하는 것이 필요하다.

국가주권, 영토보전, 안보안정 등 중대한 핵심적 이익을 다루는 문제에 대해서는 서로를 지지한다. 대화로 분쟁을 해결하고, 협상으로 이견을 해소하며, 협력을 증진하고, 상호불신을 줄인다.

각국은 사이버보안·국제범죄·마약밀매 등 "3대 단속"과 합동법집행, 안전보안 등 방면의 협력을 심화할 필요가 있다. 지역경제 발전과 국민의 안락한 생활을 위한 양호한 환경을 조성한다. 중국은 항상 지역과 세계평화를 지키고 공동발전을 촉진하는 확고한 힘이 있다.

중국은 평화발전의 길을 견지하고 있으며, 독립적이고 자주적인 평화 외교정책을 확고히 신봉하여, 각 국가와 국민이 스스로 선택한 발전의 길과 실행하는 대내외 정책을 존중한다. 결코 각국의 내정에 간섭하지 않고, 자신의 의지를 상대방에게 강요하지 않으며, 자국의 이익을 타국의 이익보다 중시하지 않는다. 중국은 일대일로의 순조로운 추진을 보장하기 위해서, 연선국가와 공동으로 분쟁 해결 체제와 안전 리스크 경보통제 메커니즘을 구축하고, 응급처치작업 메커니즘을 제정한다. 일단 분쟁이 발생하면, 당사자는 서로의 이익에 대해 소통 교류하며, 대화하는 것이지 대립하는 것이 아니다.

일대일로를 건설하기 위하여 양호한 발전환경을 조성할 뿐만 아니라, 각 국가는 공동으로 서로 핵심이익을 존중하며, 이견의 평화적 해결을 위한 조화로운 세계 건설을 추진한다.

2. 번영의 길

발전은 모든 문제를 해결하는 최선의 방안이다. 일대일로는 발전이라는 근본적인 문제에 초점을 맞추고, 각국의 발전 잠재력을 방출하여, 경제융합·발전연동·성과공유를 실현한다. 일대일로는 세계 다극화, 경제 글로벌화, 문화 다양화, 정보화 사회의 흐름에 발맞추어 글로벌 자유무역 체제와 개방형 세계경제의 수호에 힘쓴다.

연선국가의 시장규모와 부존자원은 각각의 장점이 있고, 상호보완성이 뛰어나며 잠재력이 커 협력전망이 밝다. 각국은 각 측의 이익과 배려를 충분히 고려하는 기초위에서 공감대를 형성하여 공감대를 행동으로 전환하고, 상호간에 전략·계획·플랫폼·프로젝트의 결합을 추진하는 방향에 따라 많은 가시적 성과와 상호보완적 장점을 실현하여 공동번영 발전을 촉진한다.

일대일로는 지속적으로 호련호통(互聯互通)에 중점을 둔다.

관건적 통로·연결점·프로젝트에 초점을 맞추고, 도로·철도·항구·항공·우주·
오일가스관·전력·네트워크통신 등 분야를 중점적으로 추진하여, 각 국가와 공동
으로 육상·해상·항공·인터넷 4위 일체의 상호연계를 추진한다.

중국은 각국과 일대일로 공간정보회랑 건설을 희망한다. 경제무역 분야에서의
연선국가와 상호번영을 심화하고, 양자·다자 간 투자·무역 규모를 확대한다. 산
업협력을 깊이 있게 하며, 경제무역산업협력단지를 공동으로 잘 조성한다. 신공
업 혁명의 새로운 기회를 발전시키고, 신성장 동력·신기업 형태를 육성하여 경제
성장의 활력을 증진시킨다.

「제2회 일대일로 국제협력 정상포럼」 기간에 중국은 관련 국가와 생산능력과 투
자협력 중점 프로젝트 리스트를 체결할 것이다.[8]

안정적이고, 지속 가능하며, 리스크 통제가 가능한 금융시스템을 구축한다. 투
자와 융자모델을 혁신하고, 정부와 사회자본 협력을 확대한다. 다원화 융자체계
와 다층적 자본시장을 건설하고, 보혜(普惠)금융을 발전시켜, 금융서비스 네트워
크를 완비한다.

3. 개방의 길

개방은 사회발전을 촉진시키고, 폐쇄는 낙후를 초래한다. 한 나라에 대해 말하
자면, 개방은 누에고치가 깨서 나비가 되는 것과 같이, 일시적인 진통을 겪겠지
만, 새 생명으로 바뀌는 것이다. 일대일로는 개방을 지도행동으로 하여, 경제성
장과 균형발전 문제를 해결하려고 노력한다. 일대일로는 다 같이 혜택과 이익을
공유하는 것을 견지한다. 개방형 협력의 장을 마련하여, 개방형 세계경제 형성을
추진한다.

일대일로는 평화발전과 경제협력을 함께 건설하자는 것이지, 지정학적 연합이
나 군사동맹을 하는 것이 아니다. 개방적 포용과 공동발전의 과정이지, 문을 닫
아걸고 작은 울타리 혹은 "차이나클럽"을 만드는 것이 아니다. 이데올로기로 경계
를 긋지 않고 제로섬 게임을 하지 않는다.

어떠한 정치체제, 지역환경, 발전단계, 문화배경을 막론하고, 모두 일대일로에
가입할 수 있으며, 함께협의·함께건설·함께나눔의 상생번영을 실현한다.

중국은 규칙에 기초한 개방·투명·포용·비차별적인 다자 무역 체제를 유지하고

---

8 4월22일"공헌과 전망을 발표하고, 4월25일 제2회 국제협력포럼을 개최했다.

강화한다. 무역·투자 자유화와 편리화를 촉진하며, 연선국가와 함께 고(高)표준의 자유무역지대를 조성하여, 경제 글로벌화의 건전한 발전을 추진한다. 동시에, 일대일로는 발전 불균형·거버넌스 딜레마·정보격차·분배격차 등을 해소하고, 세계 각국의 발전기회를 균등하게 함으로써, 발전성과를 각국 국민이 공유하도록 하는 데 주력한다.

일대일로 건설 과정 중에서 중국이 개방하는 문은 더욱 커질 수밖에 없다. 중국은 세계 각국과 공동발전의 새로운 기회를 가져다주고자 하며, 각국과 자국(自國)의 국정(國情)에 맞는 개방형 경제를 적극적으로 추진하여, 함께 손잡고 인류운명공동체 구축이라는 목표를 향해 끊임없이 매진하고 있다.

4. 녹색의 길

일대일로는 녹색발전 이념을 실천하고, 녹색·저탄소·순환(循环)·지속 가능한 생산 생활방식을 선도하며, 생태환경보호 협력강화와 생태환경 리스크 방비에 힘쓴다. 연선국가, 정부, 기업과 대중의 녹색 공감대 및 상호 이해와 지지를 증진하고, 공동으로 2030년 지속 가능한 발전목표를 실현한다.

연선각국은 우호적 환경을 견지하며, 생태문명과 녹색발전 이념을 경제무역 협력에 전면적으로 융합하여, 생태환경 보호와 경제무역 협력이 상생하는 양호한 녹색발전 구조를 형성하기 위해 노력한다.

각국은 생산발전, 생활부유(富裕), 생태가 양호한 문명발전의 길을 끊임없이 개척한다. 에너지절약 및 배출감소 협력을 실시하고, 기후변화에 공동 대응한다.

생태환경보호 지원정책을 제정하여 시행하며, 에코시스템 보호와 복구를 강화한다. 녹색금융 발전을 모색하고, 환경보전·생태적관리를 현대 금융시스템에 유기적으로 융합한다.

중국은 연선국가와 생태환경보호 협력 추진을 희망한다. 더 많은 나라들과 녹색 실크로드 건설을 위한 협력문서를 체결하며, 일대일로 녹색발전국제연맹을 확대하고, 일대일로 지속 가능한 도시연맹을 건설하기 위해 노력할 것이다.

녹색산업 협력시범기지, 녹색기술교류와 이전기지, 기술시범보급기지, 과학기술단지 등 국제 녹색산업 협력 플랫폼을 건설한다.

환경 친화적 공급사슬을 만들고, 국가공원건설 협력교류를 전개하여, 연선국가와 우리가 함께 가지고 있는 정원을 잘 보전 한다.

5. 혁신의 길

혁신은 발전을 촉진하는 중요한 역량이다.

일대일로는 혁신을 향한 동력이 필요하다. 5년여간 중국과 연선국가는 혁신적인 환경을 최적화하여 왔다. 혁신자원을 모으고 과학기술 혁신협력을 강화하여 과학기술과 산업·금융 간 깊은 융합을 지속적으로 촉진할 것이다. 21세기 이래, 전 세계의 과학기술 혁신은 전례 없는 활성화 시기에 진입하였으며 새로운 과학기술 혁명과 산업변혁이 글로벌 혁신 판도를 바꾸어 글로벌 경제구조를 새롭게 하고 있다.

일대일로는 대부분 공업화 초·중급 단계에 처해있는 국가를 위해 전 세계 산업 사슬과 가치사슬을 평등하고 합리적으로 융합하는 새로운 계기를 제공했다.

각종 요소자원이 연선국가 간에 공유되고 유동적으로 재결합 된다. 각 국가는 각각의 비교우위를 활용하여 기술선도응용연구·하이테크제품연구개발과 전환에 중점을 두고 끊임없이 혁신적인 발전을 향해 전진하고 있다.

일대일로는 연선국가 혁신발전의 새로운 플랫폼이며, 도약식 발전을 실현하는 구동력으로 세계경제 발전의 신성장 동력이 될 것이다.

중국은 연선국가 간 연동발전과 협력으로 도전에 대응하며, 이미 다양한 국가·계층·군중으로 하여금 개방형 세계경제 발전 중에서 경제 글로벌화의 성과를 공유할 수 있도록 할 것이다.

디지털 경제는 농업경제, 공업경제 다음으로 주요한 경제형태이다. 지금 세계는 더 넓은 범위, 더 깊은 범위의 과학기술 혁명과 산업의 변혁을 겪고 있다. 현대 정보기술은 부단히 새로운 진전을 이루고 있으며, 디지털 경제가 활발히 발전하여 각국의 이익이 더욱 긴밀하게 연결된다.

일대일로는 혁신적인 구동(驅動)발전을 견지하고 있으며 각 측과 인공지능·나노기술·양자컴퓨터 등 첨단분야의 협력을 강화하고, 빅데이터·클라우드 컴퓨팅·스마트시티 건설을 추진하여, 21세기의 디지털 실크로드로 연결한다.

연선국가 청년 과학자들이 단기 과학연구 및 과학기술 훈련과 관리인원 방식으로 중국에 와서 일을 하며, 다층적이고 다원화된 과학기술 인문교류 메커니즘을 형성한다. 국가급 연합과학연구 플랫폼을 통하여, 장기적이고 안정적인 과학기술 혁신 협력 메커니즘을 심화시켜, 연선국가의 과학기술 혁신능력을 향상시킨다.

일대일로 기술이전 협업 네트워크를 구축하고, 지역혁신 일체화 발전을 촉진한다. 지적재산권은 혁신 구동발전의 기본적 보장이다. 연선국가의 지적재산권을 존중하여, 지적재산권을 보다 효과적으로 보호하고 사용할 수 있도록 추진함으로써, 높은 수준의 지적재산권 보호 체계를 구축한다.

6. 문명의 길

문명교류는 문명의 간격을, 문명호감(文明互鑒)은 문명충돌을, 문명공존은 문명우세를 뛰어넘으며, 각국이 서로 이해하고 존중하며 신뢰하도록 하는 것이다.

고대 실크로드는 각국 민족이 왕래하는 창구를 열어 인류문명이 진보한 역사의 장을 썼다. 일대일로의 두터운 문명의 저력과 포용의 문화이념은 연선국가가 서로 같은 방향으로 가면서 상호 학습할 수 있는 토대를 제공함으로써, 서로 다른 국가, 서로 다른 문화, 서로 다른 역사적 배경을 가진 사람들 간의 깊은 교류를 촉진시켰다. 인류가 민족·문화·제도·종교를 초월하여, 새로운 차원에서 감응(感應)·융합(融合)·상통(相通)하게 함으로써 인류운명공동체 구축을 공동으로 추진한다.

일대일로는 연선국가와 교육·과학기술·문화·위생·체육·언론·관광 등의 분야에서 폭넓은 협력을 전개하고, 정당·청년·사회조직·싱크탱크·여성·지방교류를 함께 촉진한다. 초보적으로 화합하면서도 부화뇌동하지 아니하며 다원일체(多元一體)의 문명 공동번영 발전태세를 형성하였다.

중국은 연선국가 및 유관 국제기구와 함께 다층적 인문협력체제 구축하기를 희망하며 더 많은 협력 플랫폼을 만들고 더 많은 협력채널을 개척한다.

교육협력을 추진하여 유학생 상호파견을 크게 확대하고, 합작학교의 수준을 높인다. 일대일로 국제싱크탱크협력위원회와 일대일로 매체협력연맹을 잘 건설한다. 지속적으로 역사문화 유산보호, 문화재 원외협력, 공동 고고학 협력을 전개한다. 박물관 교류협력을 추진하고, 공동으로 실크로드의 특색을 살린 관광상품을 개발한다.

정당·민간조직 교류를 강화하며, 여성·청년 등 단체교류를 밀접하게 하여 포용발전을 촉진한다.

「제2회 일대일로 국제협력 정상포럼」 기간에 중국 유관부문과 유엔아동기금회 공동으로 어린이를 사랑하고, 발전을 공유하는 지속 가능한 발전목표 실현촉진 협력 이니셔티브를 발기할 것이다.

중국 사회조직은 '실크로드 한가족' 프로젝트를 시작하여, 연선 각 국가의 사회조직과 공동으로 민생분야의 협력을 추진한다. 중국은 지속적으로 연선 발전도상국가에 대하여 능력의 범위에서 지원과 도움을 준다.

7. 청렴의 길

청렴은 일대일로의 도덕적 양심이며 법률 레드라인이다. 연선국가는 청렴하고 고효율적인 현대 경영 환경 조성을 위해 공동으로 협력을 하며, 일대일로 건설 프로젝트에 대한 감독관리와 위험을 방지하고 투명한 공공자원교역(交易) 프로세스를 규범화 한다. 프로젝트 입찰·시공건설, 운영관리 등 과정에서 관련 법규를 엄격히 준수하며, 권력을 이용하여 경제적 이득을 얻으려는 공간을 제거하고, 양호한 시장 질서를 구축한다.

각국은 부패 척결을 위한 국제교류협력을 강화해야 한다. 「유엔반부패협약」 등 국제협약과 관련 양자조약을 바탕으로 사법 법집행 협력을 확대하며, 양자 인도조약 및 사법협조 협정체결과 이행을 추진하여, 보다 긴밀하고 편리한 사법 법집행 협력 네트워크를 구축한다.

각국은 기업 자율의식 강화 수요에 따라, 준법감시 관리체계와 청렴문화 육성체계를 구축하고, 청렴 리스크를 예방하고 통제하며, 상업뇌물행위를 단호히 저지한다. 정부, 기업, 국제사회의 3자가 공동으로 노력하여, 효과적인 조치를 취해, 부패분자의 입국거절과 부패자산 반환 등 공조체제를 건립하여, 부패사슬을 끊고 반부패 방어선을 구축하는 데 힘을 모은다.

중국은 각국과 반부패 법치체계와 메커니즘 건설을 완비하고, 끊임없이 상업환경을 개선하여, 지속적 상업뇌물 행위를 단속한다. 연선국가와 반부패 법률 법규 결합과 반부패 실질적 협력을 심화한다.

대외개방의 국책사업인 글로벌 시장 진출(走出去)전략에 대응한 해외 진출기업의 청렴한 교육훈련과 기업 준법 경영관리를 강화한다.

중국은 연선국가와 공동으로 일대일로를 청렴의 길로 만들기 위해 노력하기를 희망한다. 세계의 흐름은 기세가 드높다. 역사의 흐름에 순응하여 구현된 일대일로의 가치관과 발전관은 전 세계 인류운명공체를 구축하려는 요구에 부합하며, 연선국가 국민들이 발전의 기회를 공유하고 아름다운 생활을 만들고자 하는 간절한 소망에 부합하기도 한다.

시간의 흐름에 따라 일대일로는 한층 더 강한 생명력과 창조력을 잘 나타낼 것이다. 일대일로는 그동안의 구상단계와 구체적인 실천을 통하여 오랫동안 성과를 얻을 수 있도록 고품질, 고표준, 고수준으로 발전할 것이다. 항구적이고 평화로운 세계를 만들기 위해 보편적이고 안전한 세계, 함께 번영하는 세계, 개방적이고 포용적인 세계, 아름답고 깨끗한 세계를 건설하여, 궁극적으로 인류운명공동체 구축이라는 비전을 실현하는데 더 큰 공헌을 한다.

저자 전홍진(全洪鎭)
. . . .

현재 연변대학교 객좌교수로 재직 중이다.
중국 지린대학교(吉林大学)에서 경제학 석·박사 학위를 취득하였다.
주 지린성 강원도경제무역사무소 수석대표(8년 6개월), GTI국제박람회 추
진단장, 글로벌투자통상국장을 역임하는 등 20여 년 이상 통상, 투자, 교류
업무에 종사하고 있는 실무와 이론을 겸비한 중국과 동북아 지역(GTI) 전
문가이다.

■ 주요 논문
「環東海地区的經濟合作與發展」(2006)
「東北亞跨國地方間經濟合作研究」(2009)
「대두만강계획과 강원도」(2009)
「동북아 지역 경제협력 증진과 GTI역할 강화방안」(2014, 공저)
「중국의 신(新) 실크로드 전략 일대일로(一帶一路)와 강원도」(2017)
「일대일로와 연계한 동북아 해운항로 활성화」(2018)
「광역두만개발사업 협력과 지원을 위한 입법 제언」(2020, 공저)

■ 편저
동북3성개황(1999년, 2000년)
길림성투자무역가이드(1999년, 2004년, 2005년)

■ 언론기고(2020)
한국「GTI에 북한 복귀 필요하다」, 중국 吉林省海洋經濟與旅游產業開發是
"一帶一路"北向新通道的新典范 등

■ 창설주도
중국 창춘코리아타운(2005), GTI지방협력위원회(2011)
GTI국제박람회(2013)

■ 수상
한중수교 20주년 고마운 한국인상(2012년 중국 길림신문)